Helge Janßen

Grundberührung

Roman

MOHLAND

Bibliografische Information der Deutschen Bibliothek
Die Deutsche Bibliothek verzeichnet diese Publikation in der Deutschen Nationalbibliografie; detaillierte bibliografische Daten sind im Internet über http://dnb.ddb.de abrufbar.

Helge Janßen
Grundberührung

1. Auflage 2011

Titelbild: Helge Janßen
Lektorat: Heike Hartmann-Heesch
Herstellung: Büchermaus, 25862 Goldebek
Verlag: MOHLAND Verlag D. Peters Nachf.
Dorfstraße 9, 25862 Goldebek
www.mohland-online.de

ISBN: 978-3-86675-151-4

Helge Janßen,

einer unserer „jüngeren" Autoren, kommt gleich mit einem neuen, modernen Schifffahrts-Roman daher, der sich lesen lassen kann. Spannung, Action, Sachkenntnis und Drive bis zur letzten Seite! Janßen ist in Wirklichkeit ein „alter Hase" in der Branche. Seit 30 Jahren schrieb er für die *Yacht* und für *Delius Klasing* zahlreiche Artikel, neun Sachbücher zum Thema Seesegeln und zwei Filmdrehbücher (Segeln macht frei) für den NDR. Jetzt, im Unruhestand, hat er sich auf den Roman gestürzt, der sich - wie sollte es anders ein - mit den Schiffen, der See und den Menschen an Bord beschäftigt.
Sein Fachwissen zum Thema bezieht er auch aus seiner Seefahrtszeit bei der deutschen Handelsmarine und aus zahllosen weltweiten Seereisen mit Fähren und Kreuzfahrtschiffen aller Art und Größe.
Janßen lebt und schreibt in Travemünde, der schönen Tochter der alten Hansestadt Lübeck. Und wenn er gerade mal nicht schreibt, dann reist er mit Ehefrau Silke durch die weite Welt.

Prolog

Viele Jahrhunderte lang, eigentlich während der gesamten Epoche der menschlichen Seeschifffahrt, galt die sogenannte Nordwestpassage als unbefahrbar.
Dafür war das Klima dort im hohen Norden Kanadas verantwortlich, das mit seinen Temperaturen weit unter dem Gefrierpunkt das ganze Jahr über für unpassierbares Eis sorgte. Hinzu kamen die berüchtigten Stürme von der Behringstraße im Westen bis zur Westküste Grönlands im Osten des Gebietes. Sie führten zu starken Strömungen, die das Eis zu gefährlichem Packeis zusammenschoben, welches die Schiffe, die es versuchten, einfach zerquetschte.

Dass dennoch immer wieder versucht wurde, einen Seeweg nördlich um den nordamerikanischen Kontinent herum zu finden, lag an dem unendlich weiten und auch gefährlichen anderen Seeweg von der Ost- zur Westküste beider Amerikas, nämlich dem um Kap Hoorn (den Panamakanal gibt es ja erst seit 1914).

Die ersten Seefahrer, die das Risiko einer Passage auf sich nahmen, waren die klassischen Entdecker Roald Amundsen und Henry Larsen; die meisten anderen gaben auf, überwinterten gefangen im Eis oder kamen in dem eisigen Frost der monatelangen Stürme bei finsterster Nacht um wie 1845 der tragische Henry Larsen und 1928 schließlich auch Amundsen.

Erst in jüngster Zeit – 1993 - gelang es dem deutschen Abenteurer Arved Fuchs mit seinem kleinen Segelschiff bei seinen privaten Expeditionen diese Passage – wenn auch in jahrelanger Mühe und Plage – zu durchfahren. Auch große und starke Eisbrecher schafften es. Dass es überhaupt gelang, hängt mit dem unübersehbaren Klimawandel der Erde zusammen. Heute zeigt sich die Nordwestpassage während einiger Sommermonate oft fast ganz eisfrei. Ganzjährig können große Frachtschiffe mit starken Maschinen und entsprechenden Eisverstärkungen der Rümpfe den Weg ebenfalls schaffen – zur Not in Begleitung großer Eisbrecher.

Dieser Roman beruht auf einer wahren Begebenheit, die sich im Jahre 1996 in den Gewässern der Nordwestpassage zugetragen hat. Erstmals nach dem erfolgreichen Kreuzfahrtschiff *WORLD DICOVERER* 1985 hatten sich private Reeder nun erneut auf das Revier gestürzt, um wagemutigen Passagieren auf kleineren Kreuzfahrtschiffen die Nordwestpassage als besonderen Kick zu verkaufen. Schon bei der ersten Reise eines deutschen Kreuzfahrtschiffes kam das Schiff allerdings bei einer Grundberührung fest.

Bei den Recherchen nach den genauen Ursachen dieser Havarie durch den Autor verweigerten leider sowohl die Reederei als auch die Seeunfalluntersuchungsbehörde und das Bundesarchiv in Koblenz jede Einsicht in Unterlagen und Ergebnisse der Verhandlung vor dem Seeamt Emden.

Die wenigen zutage gekommenen Fakten stammen aus Veröffentlichungen der *Deutsche Schifffahrtszeitung* in ihrer Rubrik „Täglicher Hafenbericht" vom 3. und 11. September sowie vom 22. Oktober 1996.

1

Im Chefbüro der bremischen Traditionsreederei *Atlantic Lloyd* erwartet Reeder Hans Heinrich Langenkamp seinen neuen Kommodore.
Eigentlich ist dieses Amt eines dienstältesten Chef-Kapitäns der privaten Handelsschifffahrt mit dem Ende der großen Luxusdampferära in den Dreißigerjahren des vorigen Jahrhunderts ausgestorben.

Dass Langenkamp den Begriff und die damit verbundene Position bei seiner Reederei wieder einführt, hat vor allem Marketing-Gründe: Bei den gutbetuchten Kreuzfahrtgästen kommt es nämlich bestens an, nicht nur von einem Kapitän an Bord willkommen geheißen zu werden, sondern das Dinner am Tisch des Kommodore einnehmen zu dürfen, sobald man die entsprechende Einladung dazu erhalten hat. Die ist denn auch nicht selbstverständlich: Nur einer kleinen, handverlesenen Schar langjähriger Stammpassagiere wird diese Ehre erwiesen.

Es sind übrigens gleichzeitig diejenigen, die in der teuersten Kabinenkategorie reisen, in den 36 Luxussuiten der „Kommodore Class" auf dem Brückendeck nämlich. Mit Panoramafenstern und Balkon. Mit eigener Bar. Mit eigenem Salon und täglichem Champagnerfrühstück. Langenkamp führt die Tatsache, dass alle Luxussuiten der *ARGO* bei der bevorstehenden, ohnehin enorm teueren Seereise seit langem ausgebucht sind, auch auf seine Kommodore-Idee zurück.

Der zweite Anlass entspringt Langenkamps Wunsch, seinen ältesten Kapitän zu ehren, der seine letzte und anspruchsvollste Reise mit dem neuen kleinen Erlebnis-Kreuzfahrtschiff der Reederei, der *ARGO*, unternehmen wird, bevor er nun mit fast 70 Jahren in den wohlverdienten Ruhestand geht.

Allerdings hat eben diese Idee den Reeder Langenkamp auch in eine arge Bedrängnis gebracht. Denn bei der Jungfernreise der nagelneuen *ARGO* von Bremen nach Fort Lauderdale/Florida und weiter über Los Angeles und Seattle nach Anchorage/Alaska ist der auserwählte Kapitän Herrmann Schröder – der bisher nur Frachter fuhr - in der *Miraflores*-Schleuse des Panamakanals einem

Herzinfarkt erlegen. Trotz sofortigen Eingreifens des Bordarztes Dr. Eugen Groth konnte Schröder nicht gerettet werden.

Langenkamp sah sich plötzlich nicht nur seines Kommodore in spe beraubt, sondern auch drohenden Unannehmlichkeiten mit der Witwe und dem Sohn Herrmann Schröders ausgesetzt. Hatte er dem Alten nicht allzu sorglos das neue Schiff anvertraut, ihn geradezu gedrängt, obschon er von dem labilen Gesundheitszustand Schröders wusste?

Nun aber steht der Name des toten Kommodore Schröder mit Foto als Werbe-Ikone im Verkaufsprospekt für diese aufsehenerregende Reise, die zum ersten Mal in der Geschichte der Passagierschifffahrt durch die eisige Nordpolarwelt der Nordwestpassage führen soll. Undenkbar aber für Langenkamp, dessen Ableben bekannt zu geben. Langenkamp ahnte schaudernd die Schlagzeilen: Der mit großem Publicity-Aufwand installierte Kommodore des jüngsten deutschen Luxus-Liners stirbt im Dienst auf der Kommandobrücke! Das würde weder der Reisebranche noch der Öffentlichkeit verborgen bleiben. Und schon gar nicht der argwöhnischen Missgunst seiner stets wachsamen Mitwettbewerber!

Jetzt war guter Rat teuer gewesen.

Doch wäre Langenkamp seinem Ruf als knochenharter, geschäftstüchtiger Patriarch des *Atlantic Lloyd* untreu geworden, wäre ihm nicht umgehend die naheliegende, wenn auch etwas waghalsige Lösung eingefallen.

In der Hierarchie seiner zwölf Kapitäne zwei Ebenen niedriger, dennoch aber ebenfalls ein Schröder, rangiert Herrmann Schröders Sohn Kurt, der seit einigen Jahren das Kommando auf dem *Atlantic Lloyd*-Frachter *ALKOR* innehat.

Wenngleich um etliches jünger, glich er doch seinem verblichenen Vater in seiner äußeren Erscheinung. Und da nur wenige Eingeweihte im Voraus von der Ernennung Herrmann Schröders zum Kommodore wussten, konnte der Trick gelingen. Wichtig war es, jedes Aufsehen zu vermeiden. Es musste lediglich ein Schröder her. Und zwar sofort!

Der Reeder ließ Kurt Schröder sofort in Yokohama ablösen und nach Bremen fliegen. Die Maschine, die den Ersatzkapitän hinbrachte, nahm Schröder auf dem Rückflug mit.

Sodann überreichte er der Witwe Herrmann Schröders bei der Beisetzung ihres Gatten mit schmeichelnden Worten ein 1. Klasse Ticket für die Reise der *ARGO*, die nun von ihrem Sohn Kurt geführt werden würde. Damit hatte er nicht nur das Kommodore-Problem gelöst. Sondern auch die Familie Schröder besänftigt.

Ein anderes Problem löste er indes nicht, sondern er verdrängte es nur: Kurt Schröder ist ein ordentlicher und zuverlässiger Frachterkapitän. Erfahrung mit Repräsentation vor anspruchsvollen Passagieren besitzt er nicht. Ob er den besonders schwierigen nautischen Anforderungen der bevorstehenden Reise der *ARGO* gewachsen sein würde, konnte Langenkamp nur hoffen. Ihm bleibt nur die Erwartung, dass Schröder sich gewissenhaft vorbereiten würde und im Übrigen in die Fußstapfen seines Vaters würde treten können. Und schließlich ist da noch der Erste Offizier mit seinem Patent AG für große Fahrt, der ihn jederzeit bei der Schiffsführung der *ARGO* unterstützen kann. Zur Beruhigung seines nicht ganz reinen Gewissens suchte er im Geist nach bewährten Lebensweisheiten, die er alsbald fand. Sagte man nicht: „Der Apfel fällt nicht weit vom Stamm?"

Wenn Kurt ein echter Schröder war, dann konnte doch eigentlich nicht viel schief gehen ...

2

Hätte ein unvoreingenommener Betrachter beide Kapitäne Schröder früher einmal nebeneinander sehen können, so würde er Reeder Langenkamp wohl in seiner Wahl zunächst bedenkenlos zugestimmt haben.

Die beiden Männer hatten sich - obschon sie 25 Lebensjahre trennten - sehr geähnelt. Beide von kräftiger Statur, mit den gleichen früh ergrauten, aber noch vollen Haaren, aufrechter Haltung und ruhigem Wesen, entsprachen sie schon den Erwartungen, die Menschen mit dem Begriff „Kapitän" wohl verbinden mögen.

Verborgen blieb indes jedem Betrachter, dass die beiden Männer grundverschieden waren.

Vielleicht hätten nicht einmal sie selbst ihre Unterschiede nennen können. Nur eine vermochte dies: Valerie Schröder, Ehefrau des einen und Mutter des anderen. Ihr Leben lang hatte sie zwischen Vater und Sohn gestanden. Herrmann Schröder - ganz Familienoberhaupt, Erzieher, Ernährer - war stets streng darauf bedacht gewesen, seinen Sohn nach seinen Maximen zu formen, die da lauteten: Disziplin, Pflichtgefühl, Verantwortung, Unbeugsamkeit und Führungswille.

Selbst aus der Ferne seines Lebens als Kapitän auf großer Fahrt war es ihm stets gelungen, die Zügel fest in seiner Hand zu behalten, indem er seine Frau dazu zwang, in langen Briefen über Wachsen und Werden des einzigen Sohnes detailliert zu berichten, die seinerseits prompte Antwortbriefe mit genauesten Anweisungen zur strengen Erziehung auslösten.

Weilte er - einmal jährlich - für einige Wochen auf Urlaub im heimatlichen Oldenburg, dann überzeugte er sich - zum Beispiel durch intensives Abfragen seines Schulwissens - persönlich vom Erfolg seiner ferngesteuerten Maßnahmen. Jede Nichtbefolgung seiner Anweisungen deckte er schonungslos auf und ahndete sie mit drakonischen Strafen gegen beide – Mutter und Sohn - mit dem Erfolg, dass die mit der Zeit mehr als drei Kreuze machten, sobald der allmächtige Kapitän an Bord seines Schiffes zurückkehrte.

Glücklicherweise schmiedete der väterliche Druck wenigstens eine Schicksalsgemeinschaft zwischen Mutter und Sohn: Valerie

Schröder gab ihrem Kind bei all der ihr abverlangten Strenge auch jene Liebe, der Menschen so dringend bedürfen, um gesund an Geist und Seele aufzuwachsen. Und als der erwachsene Sohn das Elternhaus verließ, da glaubte sie sich sicher, dass sie dieser Aufgabe gerecht geworden war. Woher hätte sie auch etwas ahnen sollen von dem Trauma, das der junge Mann seit geraumer Zeit geschickt vor jedermann zu verbergen gewusst und welche Lösung seiner Probleme er für sich selbst entdeckt hatte.

Er begann damit, seine scheinbare Minderwertigkeit in Alkohol zu ertränken, der ihm ein treuer und willfähriger Freund wurde.

Das Verhältnis zwischen Vater und Sohn änderte sich zum Besseren, als Kurt Schröder sich ebenfalls der Seefahrt zuwandte.

Warum er das tat, scheint unklar. Vielleicht fasste er diesen Entschluss, um in den Augen des strengen Vaters endlich Wohlgefallen zu finden? Herrmann Schröder wertete es jedenfalls als seinen größten Erziehungserfolg. Er hörte aber nicht etwa damit auf, sich brieflich über den beruflichen Werdegang seines Filius informiert zu halten und sparte auch weiterhin nicht mit Ratschlägen, wenngleich diese nicht mehr den Charakter von Anweisungen hatten.

Als sonderlich freundschaftlich empfand der Junior diese Briefe natürlich nicht, enthielten sie doch jedes Mal die Mahnung des Alten, ihm unbedingt nachzueifern. Am liebsten unterstrich er seine Tüchtigkeit, wenn er wieder einmal zu einem neuen Kommando auf einem noch größeren Schiff befördert worden war. Immer dann aber schlossen die väterlichen Schreiben mit der skeptischen Frage, ob es der Sohn wohl jemals und irgendwann auch so weit bringen werde.

Trotz – oder wegen? - dieses nicht nachlassenden Stresses erklomm Kurt zäh und verbissen die lange und mühsame Karriereleiter vom Matrosen über die Seefahrtsschule, die Prüfungen zum Navigationsoffizier und schließlich das Patent AG für Große Fahrt, ohne dass die mahnenden und skeptischen Briefe seines Vaters versiegten.

Eines Tages reichte es Kurt Schröder.

Als er in der Fachzeitschrift „Schiff und Hafen" die Stellenanzeige des *Atlantic Lloyd* las, drehte er den Spieß um, schickte spontan seine Bewerbung ab, bekam den ausgeschriebenen Posten eines Kapitäns und machte sich an die „Verfolgung" seines alten Herrn. Niemals vergaß er dessen Gesicht, als sein Schiff bald darauf in Bombay unmittelbar hinter dem Frachter *ASTRA* seines Vaters an die Pier ging. Zum allerersten Mal in seinem Leben nahm Herrmann Schröder da seinen Sohn Kurt gerührt in die Arme.

Aber nach diesem einmaligen Ausrutscher, der ihn selber erschreckte, tat es auch niemals wieder.

Kurt Schröder hatte seit diesem denkwürdigen Erlebnis aber wenigstens endlich seine Ruhe vor Vater Herrmann, dem Despoten.

Endlich frei und losgelöst von allen Bevormundungen schipperte er mit allerlei Ladungen um die Welt. Zuerst in der Trampfahrt mit häufig wechselnden und manchmal ungewissen Zielen, später in der Linienfahrt mit Stückgut und schließlich auf dem Containerschiff *ALKOR*.

Er führte nun das einsame Leben eines Kapitäns auf Großer Fahrt.

Ohne soziale Kontakte an Bord, die es bei den multinationalen Besatzungen aus meist fernöstlichen Menschen kaum geben konnte.

Ohne die Liebe einer Frau, die er während der kurzen Urlaube zu Hause kaum kennenlernen konnte.

Aber auch ohne die vielfältigen Verpflichtungen eines berufstätigen Familienvaters an Land.

Schröders Dasein auf See verlief in der Eintönigkeit seiner Brückenwachen von jeweils acht bis zwölf und zwanzig bis vierundzwanzig Uhr, wenn das Schiff unter Selbststeueranlage die Weiten der Meere durchmaß.

Seine Freiwachen verbrachte er in der gemütlichen Kapitänskajüte bei seinen in jedem Hafen mit anderen deutschen Schiffen getauschten Büchern und Videokassetten.

Man servierte ihm seine Mahlzeiten in der Offiziersmesse.

Man wusch ihm seine Wäsche.

Man säuberte seine Kammer.

Man las ihm jeden Wunsch von den Augen ab.

In den Häfen kümmerten sich die Agenten der Reederei und seine Offiziere um das Lösch- und Lagegeschäft.

Die immer kürzeren Liegezeiten an den oft weit außerhalb der

Hafenstädte gelegenen Containerterminals unterbanden fast jede Gelegenheit zu einem Landgang.

Was machen Kapitäne auf Großer Fahrt aus ihrem eintönigen Leben?

Manche basteln Schiffsmodelle.

Andere beobachten Albatrosse.

Etliche schreiben Tagebücher.

Viele surfen via Satellit im Internet.

Einige schaffen den Absprung zum Lotsendienst.

Wenige wechseln in einen fremden Beruf an Land.

Kurt Schröder las viel.

Und trank.

Wodka.

Auch viel.

Aus diesem Leben riss ihn der Anruf seines Reeders, der ihn in seinem bisherigen Kapitänsleben noch niemals an Bord angerufen hatte. Mit der Nachricht vom Tode seines Vaters. Und mit dem Befehl, sofort nach Bremen zu kommen. Um anstelle des Vaters Kommodore zu werden.

Da gehorchte Schröder.

Was sonst hätte er tun sollen?

Hatte er nicht immer gehorcht?

3

Um 14 Uhr an diesem regnerischen Bremer Schmuddeltag Ende Juni erreicht Kurt Schröders Zug aus Frankfurt den Bremer Hauptbahnhof.

Der Kapitän übergibt sein Gepäck einem Dienstmann mit der Bitte, damit am Taxistand auf ihn zu warten. Eilt dann in das winzige Zigarrengeschäft in der Halle, wo er einen Fünferkarton mit Wodkafläschchen ersteht, wechselt hinüber in die Herrentoilette, erbricht den Karton, entnimmt ihm ein Fläschchen, schraubt hastig die Deckel ab und stürzt es hinunter. Während er sich gründlich Gesicht und Hände wäscht, sich die Fingernägel reinigt und sorgfältig sein Haar kämmt, erwartet er ungeduldig die Wirkung des Getränks.

Endlich breitet sich das ersehnte Wohlgefühl in seinem Körper aus. Wärme durchströmt ihn, innere Ruhe, Gelassenheit, Frieden und neue Kraft kehren ein. Rasch wirft er das leere Fläschchen und den leeren Karton in einen Papiereimer, verstaut die restlichen vier - getrennt voneinander, damit sie nicht klirren - in den Innentaschen seiner Anzugjacke und schaut selbstbewusst in den großen Spiegel über den Waschbecken. Was er sieht, stimmt ihn zufrieden. Sekundenlang widersteht er dem festen Blick seiner klaren Augen. Fort ist auch das unruhige Zittern seiner Hände. Ja - es funktioniert. Immer noch. Unverändert. Und das nun seit vielen, vielen Jahren.

Bald darauf betritt er durch das wuchtige Eichenportal das alte Reedereigebäude seines Dienstherrn.

„Ah - der neue Kommodore!"

Die Sekretärin Sybille Beckmann führt Kurt Schröder ins Allerheiligste, in das Büro des Reeders Hans Heinrich Langenkamp, aus dessen Fenstern man den herrlichen Blick über den Bremer Hafen bis hinaus zur Weserbiegung genießt. Schröder wirkt trotz zwanzigstündiger Flugreise und zweimaligem Umsteigen mit großem Gepäck nicht besonders abgekämpft.

„Willkommen zu Hause, Herr Schröder. Das darf ich doch sagen, obwohl Sie kaum Zeit haben werden, es zu genießen. Übrigens - noch einmal persönlich mein Beileid zum Tode ihres Vaters. Wie geht es Ihrer Frau Mutter, wenn ich fragen darf? Ach bitte, nehmen wir doch erst mal Platz. Einen Drink, Kapitän? Whisky? Oder etwas anderes?"

Schröder folgt Langenkamp in die Polsterecke des Büros, wartet, bis der Alte sitzt.

„Danke - nein. Fühle mich im Dienst und da ...".

„Sehr löblich. In allen Ihren Dienstleistungszeugnissen stand ja auch immer wieder „Nüchternheit an Bord ohne Tadel". Damit wir das gleich klären, mein Lieber: Als Kapitän haben Sie ja schon lange keine derartigen Zeugnisse mehr erhalten. Aber jetzt muss ich Ihnen im Rang eines Kommodore erst recht mein absolutes Vertrauen entgegenbringen. Sie werden nämlich an Bord keine Wache mehr zu gehen brauchen. Und außerdem, (jetzt zieht ein verschmitztes Schmunzeln über Langenkamps Gesicht) „werden sie kaum noch nüchtern sein auf der *ARGO.*"

Schröder stutzt, errötet sichtlich. Das wiederum wundert den Reeder. Er weiß nicht, warum. Aber er beeilt sich, seine Worte klarzustellen.

„Nun, Schröder, in Ihrer neuen Eigenschaft als erster Repräsentant meiner Gesellschaft an Bord müssen Sie sich täglich bei den Passagieren sehen lassen. Da bleibt es nicht aus, dass man zu einem Drink an die Bar gebeten wird. Oder dass Sie einen Toast auf besondere Ereignisse bei den Passagieren auszubringen haben. Können Sie so was eigentlich? Ganz abgesehen vom Commodores Dinner zu Beginn jeder Ihrer Reisen und am Commodores Table an jedem Abend, wo es sich einfach gehört, die Begrüßungsansprachen mit einem Glas Champagner in der Hand zu halten. Das fördert im Übrigen natürlich auch den Getränkeumsatz der Gäste, vergessen Sie das bitte nicht!"

Schröder, der sich nicht wohl fühlt in seiner Haut, nimmt keine Stellung zu den Äußerungen des Reeders, was diesem nicht weiter auffällt - er hat selbst zu viel zu sagen und die Zeit ist knapp.

„So - und nun zu einem kleinen festlichen Ereignis, bitte!"

Langenkamp drückt ein Messingknöpfchen auf dem Tisch der Besucherecke. Augenblicke später öffnet sich die Tür. Herein treten die Chefsekretärin Sybille Beckmann mit einem Tablett voller gefüllter Champagnergläser, drei Prokuristen, die Leiter der technischen, nautischen und Personalinspektion, der Chef der Passageabteilung und der Betreuer der *ARGO*-Crew aus dem Personalbüro. Man versammelt sich im Halbkreis. Langenkamp nimmt das Wort: „Liebe Mitarbeiter, wir führen hier heute unseren Kapitän Kurt Schröder, der ja bisher die *ALKOR* fuhr, in sein neues Amt als Kommodore auf der *ARGO* ein. Eigentlich hätte es ja sein Vater sein sollen, was unter den gegebenen Umständen leider nicht mehr möglich ist. Seien wir dem alten Herrn dankbar, dass er uns wenigstens seinen Sohn hinterlassen hat, der - wie ich sehr hoffe - seinem Vater alle Ehre macht."

Jemand räuspert sich vernehmlich und eine Spur zu laut. Einige Mitarbeiter tauschen unverhohlen missbilligende Blicke aus. Langenkamp kennt ihren Unmut, denn mit seiner Personalentscheidung müssen sich mindestens zwei seiner langjährigen und deutlich älteren Kapitäne brüskiert fühlen, die ältere Rechte auf den Posten eines Kommodore hätten. Dennoch fährt er unbeirrt fort.

„Die vor Ihnen liegende Reise der *ARGO* wird Ihnen, Herr Schröder, einiges abverlangen. Wie Sie alle wissen, soll sie mit einer kleinen Schar treuer und abenteuerlustiger Passagiere von Cambridge Bay über 600 Seemeilen durch den schwierigsten Abschnitt der legendären Nordwestpassage nach Resolute führen.

Diese arktischen Gewässer im eisigen Polarmeer galten noch bis vor kurzem als absolut unbefahrbar, denn nach den großen Polarforschern, von denen die meisten im ewigen Eis ihr Leben ließen, gab es niemanden, der die Passage ohne Schäden an Schiff und Besatzung bezwungen hat. Inzwischen hat sich allerdings manches verändert.

Die Schiffe von heute sind zwar nicht unbedingt besser geeignet als ihre Vorgänger. Aber die zunehmende Erwärmung der Erde hat auch die Eisbarrieren dort oben in Kanada so weit abschmelzen lassen, dass ein starkes Schiff mit den entsprechenden Eisverstärkungen eine gute Chance hat, durchzukommen. Wenn - tja, wenn es sorgfältig geführt wird. Ihr Vater, lieber Schröder, hätte das wohl vermocht. Nun liegt es an Ihnen, uns hier in Bremen und Ihren Passagieren zu beweisen, dass Sie der richtige Mann an Bord der *ARGO* sind...".

Mit diesen Worten tritt der Reeder hinter den Kapitän, nimmt dem überraschten Mann forsch sein Ziviljackett ab und wirft es lässig über die Lehne des nächsten Sessels.

Dabei fällt eines der Wodkafläschchen aus dessen Innentasche, kollert zwei endlose Sekunden lang langsam über den Teppichboden und verschwindet unter dem Sessel. Für den Augenblick hält alles ungläubig den Atem an. Doch Langenkamp, der das unglaublich peinliche Geschehen offenbar nicht bemerkt hat, öffnet einen der Wandschränke und kehrt strahlend mit einer dunkelblauen Uniformjacke zurück, in die Schröder nun hineinschlüpfen muss.

Der tut es mit sichtlichem Unbehagen, schielt dabei mit rotem Gesicht nach dem Schnapsfläschchen.

Die Ärmel des Jacketts zieren je vier goldene Streifen, deren obere zusätzlich mit einem goldenen Stern verziert sind. Sie wiederholen sich in den Schulterstücken. Da der nahezu erstarrte Schröder es nicht selbst tut, knöpft Langenkamp ihm den Zweireiher zu. Dann ergreift er Schröders rechte Hand und schüttelt sie fest.

„Hiermit ernenne ich Sie zum Kommodore des *Atlantic Lloyd*. Ich wünsche Ihnen Glück und Erfolg. Und - gerade für die vor Ihnen liegende Reise - immer eine Handbreit Wasser unter dem Kiel! Stoßen wir nun alle mit Herrn Schröder an!"

Die Stimmung bleibt eisig: Niemand folgt Langenkamps Aufforderung. Wortlos nehmen die Teilnehmer der Zeremonie die Gläser von dem Tablett. Niemand richtet das Wort an Kurt Schröder. Die meisten sehen zu Boden. Schweigend trinkt man einen Schluck.

Zum Zeichen, dass die Feier beendet ist, wendet sich der Chef abrupt seinem Schreibtisch zu. Nur Schröder bleibt auf einen entsprechenden Augenwink des Chefs zurück.

Kaum schließt sich Tür hinter dem letzten Mitarbeiter, da nimmt Langenkamp erneut das Wort. Schröder erblasst, denn nun wird er wohl erbärmlich abgekanzelt und zur Rede gestellt werden. Langenkamp wird das peinliche Malheur mit der Flasche kaum entgangen sein. Sichtlich ärgerlich sieht der Reeder ihn an.

Doch es kommt anders.

„Nehmen Sie es nicht persönlich, Schröder: Meine Damen und Herren Führungskräfte haben es schon Ihrem Vater nicht leicht gemacht, gewisse Hackordnungen beim Lloyd zu durchbrechen. Na - zum Glück habe ich immer noch das letzte Wort.

Übrigens: Hier steht Ihr Aktenkoffer mit nautischen und technischen Unterlagen über die Nordwestpassage und über Ihr neues

Schiff bereit. Sie brauchen also den Spießrutenlauf bei dem üblichen Briefing durch unsere Inspektoren nicht zu fürchten, sondern können sich die nötigen Kenntnisse auf dem langen Flug nach Kanada selbst aneignen. Und nun, mein Lieber: viel Glück. Und enttäuschen Sie mich nicht!"

Erleichtert drückt Schröder jetzt des Reeders Hand, bückt sich nach dem Griff des Koffers, und sucht gleichzeitig eine Chance, in den Besitz des Fläschchens unter dem Sessel zu gelangen. Vergeblich. Ahnt er schon, dass er dem vom Chef erwähnten Spießrutenlauf ebenfalls nicht entgehen wird?

4

Am Sonderschalter für die First Class und Business Class Passagiere der *CANADAIR* in Frankfurt am Main versammelt sich allmählich eine Schar erlesener Fluggäste. Schon ihre Ausstattung zeigt, dass es sich um wohlhabende, wenn nicht sogar um reiche Leute handeln muss. Hochglanzkoffer von *Rimowa*, Tragetaschen Marke *Luis Vuitton* und edle Kaschmir-, Pelz- und Ledermäntel wetteifern mit eleganten Frisuren der Damen und teuren Kameras der Herren.

Etliche scheinen sich zu kennen, denn Neuankömmlinge werden mit Wangenküsschen, herzhaftem Handschlag und Schulterklopfen begrüßt. Kenner der Medienlandschaft von Presse, Funk und Fernsehen mögen sogar einzelne Mitglieder der Gruppe als bekannte Persönlichkeiten einordnen.

Wie zum Beispiel den schneidig-sportlichen, häufig in der Boulevardpresse schreibenden und im TV zu sehenden freiberuflichen Sensationsreporter Ralf Steinhaus (50), der nicht nur einen sechsten Sinn für Katastrophen, Schicksale, Skandale und Tragödien sondern auch einen eigenen Düsenjäger zu besitzen scheint: Wie sonst gelängen ihm stets die ersten Fotos an den Orten des Schreckens, spräche er meist noch vor ihrer Fahrt ins Krankenhaus (oder zum Scheidungsanwalt?) mit den bedauernswerten Opfern?

Bemerkenswert auch Steinhaus' bildschöne Ehefrau, die Psychologin Dr. Sylvia Steinhaus (44), Chefärztin und Miteigentümerin einer neurologischen Privatklinik, außerdem bekannte Wohltäterin für Kriegswaisenkinder und deshalb sogar gerne gesehen als Spendensammlerin bei der pharmazeutischen Industrie.

Aus dem Showgeschäft der immer lässig lächelnde, berühmte Jongleur, Verwandlungskünstler, Zauberer und Parodist El Gordo (27), der in Sekundenbruchteilen die Rolex vom Handgelenk eines auf die Bühne gebetenen Zuschauers an seines beamt, in gekonnter Maske George W. Bush persifliert oder aus drei Metern Höhe einen Kopfsprung auf den Bühnenboden hinlegt, ohne sich ein Haar zu krümmen, geschweige denn das Genick zu brechen.

Nicht allgemein bekannt, aber doch sehenswert, andere Personen, die etwas abseits stehen, ohne deswegen unbeachtet zu bleiben. Die sorgfältig und dezent geschminkte alte Dame etwa mit dem vollen weißen Haar und der aufrechten Haltung in ihrem langen schwarzen Veloursmantel ist die Witwe Valerie Schröder. Sie hat die Reise auf dem Schiff ihres Sohnes, des neuen Kommodore, geschenkt bekommen und die das erfahren, freuen sich für sie.

Von manchen Damen um die fünfzig aus den Augenwinkeln betrachtet wird auch Dimitrios Kiriakoulis (48), leitender technischer Schiffsoffizier auf dem Weg zu seinem neuen Arbeitsplatz. Der mittelgroße, drahtige Grieche mit den ausdrucksvollen, dunklen Augen unter dem grau melierten, kurzen Haar strahlt eine Art von Melancholie aus, die mütterlich-frauliche Beschützer- und andere Instinkte weckt.

Ein paar Männer und eine junge Frau fallen nicht durch Extravaganz auf, sondern eher durch das Gegenteil davon, denn sie weisen sich durch das Tragen von Allwetterjacken und Cargojeans, durch mehr oder weniger voluminöse Rucksäcke, durch klobige Trekkingstiefel oder Joggingschuhe aus.

Einer von ihnen ist Professor Wolf Semmelmann (50), Meeresbiologe aus Kiel mit einigen seiner Assistenten und Doktoranden. Sie gehen mit wissenschaftlichen Aufträgen zur Eis- und Klimabeobachtung an Bord.

Die Gruppe ist nun auf 148 Personen angewachsen und kommt in Bewegung, als der Schalter mit seiner Leuchtschrift „Sonderflug MS *ARGO* Ottawa/Cambridge Bay“ eröffnet. Den Abflug verkündet die Tafel mit 19 Uhr 30. Bis dahin ist es noch eine Stunde. Nachdem das Gepäck abgefertigt ist und die Fluggäste eingecheckt sind, zerstreut sich die Schar in dem weiträumigen Flughafen und eine Hostess bleibt allein zurück. Es fehlen noch drei Personen.

Die kommen abgehetzt in der allerletzten Minute, gerade, bevor sie zum Mikrofon greifen will, um sie ausrufen zu lassen. Es sind Menno Trenkner, der Kreuzfahrtdirektor der *ARGO*, und der Kartograf Werner Popp vom Bundesamt für Seeschifffahrt und Hydrografie.

Der letzte ist Kurt Schröder, der einen schwer beladenen Gepäckwagen schiebt. Er reist mit vier Koffern und fast dreißig Kilo

Übergewicht, denn er soll wochenlang für die bereit ausverkaufte Weiterreise über Westgrönland, die US-Ostküste und in die Karibik an Bord der *ARGO* bleiben.

Am Gate bittet man zuerst die Kreuzfahrtpassagiere an Bord des *CANADAIR* Jumbo: Man hat ihnen die gesamte First Class mit 40 Sitzen und dahinter eine sogenannte Premium Class reserviert und versorgt sie schon mal mit einem Glas Champagner ...

Kurt Schröder, der in einem Einzelsessel der letzten Reihe in der First Class sitzt, lehnt den Begrüßungssekt der Stewardess ab und bittet stattdessen um ein Glas Mineralwasser. Das trinkt er mit einem Zug aus. Als die Maschine auf die Startbahn rollt und auch die Flugbegleiter angeschnallt sind, beugt er sich, scheinbar neugierig, zum Fenster und füllt das Glas geschickt und für jeden Beobachter unsichtbar mit den beiden Wodkafläschchen aus den Innentaschen seines Jacketts auf. Eigentlich sollten es ja drei sein. Schröder hofft, dass eine diskrete Putzfrau das dritte Fläschchen aus Reeder Langenkamps Chefzimmer ungesehen verschwinden lässt.

Dass es sich zu diesem Zeitpunkt längst in falschen Händen befindet, ahnt er nicht ...

5

Nach dem opulenten Abendessen in der Ersten Klasse des CA-*NADAIR* Jumbo wird es bald still unter den Passagieren.

Die meisten lassen sich von den Stewardessen leichte Mohairdecken und Kopfkissen reichen, klappen ihre voluminösen Schlafsessel in die Waagerechte und versuchen, den langen Nachtflug über den Nordatlantik so komfortabel wie möglich zu verschlafen.

Einige sehen an den kleinen Bildschirmen in den Sitzlehnen vor sich einen der zahlreichen angebotenen Spielfilme.

Und Sylvia Steinhaus blättert gedankenverloren in der Vogue. Sie hat sich auf die Reise gefreut. Auf eine neue Nähe zu ihrem Mann gehofft. Auf Rettung ihrer Liebe, die durch sein und auch ihr berufliches Engagement zu sterben droht. Aber Ralf Steinhaus hat sich gleich nach dem Dinner wortlos in die Sky Bar auf dem Deck über der First Class verdrückt, wo er - wie sie genau weiß - in der Gesellschaft irgendwelcher anderen Nachtschwärmer mindestens drei große Whisky trinken wird. Das tut er übrigens immer, wenn er nicht gerade im Internet recherchiert, in der Weltgeschichte herumtelefoniert, Redakteure nervt oder eine seiner schockierenden Reportagen vorbereitet, die ihn berühmt und reich gemacht haben.

Tag und Nacht jagt dieser Mann hinter den wildesten Gerüchten des internationalen Jetset her. Jahrein, jahraus rast Steinhaus umher, um als Erster die packendsten Bilder (am liebsten die schlimmsten – „Only bad news are good news!") im Kasten zu haben. Damit hat er Hunderttausende verdient. Und sie meistens überschwenglich verlebt.

In den letzten beiden Jahren ist es allerdings ein wenig ruhiger geworden um den rastlosen Reporter.

Nicht immer erschien er früh genug am Tatort. Immer seltener erwiesen sich seine Informanten als zuverlässig und treu. Immer öfter kauften die Chefredakteure ihre Storys anderswo. Hat er etwa den Zenit des Erfolgs überschritten? Sinkt sein Stern am Journalistenhimmel schon?

Ist das der Grund, der Steinhaus dazu bewogen hat, diese außergewöhnliche Reise auf der *ARGO* zu buchen?

Krachendes Packeis und majestätische Eisberge. Fantastisches Nordlicht. Mit dem *Zodiac* Schlauchboot auf Eisbärpirsch.

Oder hofft er womöglich sogar, während der kommenden zwei Wochen im ewigen Eis nicht nur dieses Naturabenteuer zu erleben? Nicht allein die Launen eines unberechenbaren Eisganges? Sondern mehr. Eine Havarie? Eine kleine Katastrophe? Das alles konnte doch geschehen.

Warum sonst hatte die Reederei jede Buchung von der schriftlichen Erklärung eines jeden Passagiers abhängig gemacht, dass er auf eigene Gefahr an Bord gehe und keine Garantie für eine erfolgreiche, gefahrlose, pünktliche und planmäßige Durchfahrt dieser Nordwestpassage bekam, wie auch die Reederei keinerlei weitergehenden Schadensersatz leistete außerhalb des reinen Transports zum und vom Schiff sowie während der Fahrt selbst?

Dann aber wäre er doch genau in seinem Element. Als erster an der Reling. Mit den tollsten Aufnahmen. Mit der authentischen Story. Endlich wieder eine echte Steinhaus-Sensation! Er würde wachsam sein. Sehr wachsam.

Sylvia Steinhaus legt das Magazin weg und sieht sich um. Jetzt schlafen wohl alle rundherum. Ihr Blick schweift hinüber zu dem Einzelsessel an der linken Kabinenseite. Der Mann dort drüben ist der einzige, dessen Gesicht sie in dem schummerigen Licht der Nachtbeleuchtung sehen kann. Es ist ihr zugewandt und er schläft unter fest geschlossenen Lidern. Deswegen kann sie ihn auch ungeniert betrachten. Und je länger sie es tut, desto sicherer ist sie sich, dass sie ihn schon gesehen hat. Ja - dass sie ihn kennt. Dieses energische Kinn. Die niedrige Stirn unter dem grauen Kurzhaar. Die markante Nase. Und als die große *Boeing* einmal heftig rumpelnd eine Turbulenz durchfliegt, der Mann kurz die Augen öffnet und mit seiner rechten Hand mechanisch den Sitzgurt nachzieht, da weiß sie, wer er ist. Es muss jetzt fast fünfundzwanzig Jahre her sein, da haben sie beide das Bremer Gymnasium besucht. In der Theater AG haben sie zusammen ein Stück von Theodor Storm aufgeführt. Im Sommer ist er mit ihr auf der Weser gesegelt. In einer Bö kenterte seine Jolle und er hat sie - ganz der romantische Retter - auf seinen starken Armen filmreif an das Ufer getragen. Dort haben sie sich im hohen Schilf geliebt. Ihre Romanze dauerte fast ein Jahr und wenn es nach ihr gegangen wäre, dann hätte sie diesen tollen Kerl gerne später als Ehemann gehabt. Sie erinnert sich daran, dass er als Abiturient ein Studium anstrebte, wie sie selbst auch. Aber aus irgendeinem ihr schleierhaften Grund war er dann doch vorzeitig abgegangen, um zur See zu fahren. So haben sie sich aus den Augen verloren.

Was macht dieser Mann jetzt an Bord der Maschine nach Kanada? Noch dazu in der teuren ersten Klasse? Hat er etwas mit der *ARGO* zu tun? Wenn sie nur auf seinen Namen kommen würde. Kurt hieß er. Aber wie weiter ...?

6

Langenkamp scheint nicht besorgt.

Was bedeutet das kleine Wodkafläschchen denn, das seine Sekretärin vor ihn auf die Schreibtischkante gestellt hat?

„Herr Langenkamp, ist Ihnen wirklich nichts aufgefallen? Das war doch überdeutlich. Jeder hat es gesehen. Die Kollegen sind einhellig der Meinung, dass Sie irgendetwas unternehmen müssen. Also, wenn das wahr ist ..."

„Wenn was wahr ist, Frau Beckmann? Stammt dieses - dieses Dingsda wirklich aus Herrn Schröders Jackett? Hier in meinem Zimmer haben heute mindestens fünf weitere Männer gesessen, mit denen ich Besprechungen hatte. Sie wissen das. Nun machen Sie mal nicht die Pferde scheu, ja?"

„Aber ...".

„Nein - kein Aber! Außerdem: Wie stellt sich denn die geschätzte Kollegenschaft das vor? Soll ich Herrn Schröder vielleicht an Bord der *ARGO* anrufen? Und ihm auf den Kopf zusagen, dass er - tja, was denn eigentlich? Dass er seinen Wodka bei mir vergessen hat? Und sich den sofort abholen soll? Selbst wenn Ihre Vermutung zuträfe: Ich werde doch den Kommodore nicht vor den Passagieren, vor der ganzen Besatzung, ja - in der ganzen Reedereibranche bloßstellen. Nein, nein, Frau Beckmann. Ich wünsche im Hause kein Wort mehr zu hören von dieser, dieser Diffamierung. Geschweige denn, außerhalb des Hauses. Geben Sie das bitte so weiter, ja? Das ist dann alles!"

Trotz dieser klaren Anweisung des Chefs summen beim *Atlantic Lloyd* längst alle Drähte. Und nur drei Stunden später piepst an Bord der *ARGO* in Cambridge Bay das Satellitentelefon. Dort ist es zu diesem Zeitpunkt neun Uhr morgens. Der schwedische Zahlmeister nimmt das Gespräch an der Rezeption auf dem Hauptdeck an.

„Motorvessel *ARGO*, Sven Persson, good morning?"

„Moin, Herr Persson, hier ist Ingo Matthies, Bremen."

„Hallo, Herr Matthies. Was kann ich tun für Sie, so früh am Morgen?"

„Tja - das kann ich Ihnen noch gar nicht mal sagen. Ist vielleicht ... äh ... Herr Mangelsdorff zu sprechen?"

„Der Dritte Offizier? Moment, ich stell mal in seine Kammer durch, gesehen hab ich ihn heute früh noch nicht." Die Leitung knackt ein bisschen, während Matthies wartet.

„Ja, Mangelsdorff?"

„Hallo, Günther, hier ist Ingo, Bremen, moin, moin!"

„Mensch Ingo, alter Freund! Das ist ja nett, Dich mal zu hören, du. Na - wie ist er denn, Dein erster Törn auf dem neuen Luxusliner!"

„Tja, toll. Macht schon Spaß. Allerdings: Klönen geht im Moment nicht. Ich will es kurz machen. Ich hab 'ne Nachricht für Dich, aber ich fürchte, keine gute."

Jetzt wird der Freund aus Bremen ganz leise, sodass der dritte Offizier ihn fast nicht mehr versteht.

„Du, ich kann Dich kaum hören, kannst Du `n bisschen lauter..."

„Nee, kann ich eigentlich nicht. Also, Du musst mir schwören, dass Du nicht quatscht, von wem Du die Info hast. Ist das klar?"

„Mensch, das klingt ja spannend. Aber gut – okay. Denn schieß mal los!"

„Also – das ist so: Wir glauben hier in der Reederei, dass der neue Käptn, also ich meine der Kommodore, der Kurt Schröder, dass der bestimmt ein Trinker ist ..."

Stille in der Leitung.

„Hallo, Günther: Bist Du noch dran?"

„Ja, bin ich. Du meinst ... 'n Alkoholiker? Mann, das wär ja, das ist ja ..."

„Ja, das meinen wir auch. Ich weiß nun ja nicht, was du... was Ihr an Bord nun machen wollt. Der Alte hier will jedenfalls nichts unternehmen, hat jedes Gerede strikt verboten. Aber ich finde, das kann man doch nicht so einfach unter den Teppich kehren, oder ...?"

„Ja ... äh, nein – aber wie seid Ihr ihm denn draufgekommen? War er etwa ... war er besoffen? Im Büro? Bei Langenkamp?"

„Nein - das nicht, aber ... aber ... also, er hatte 'ne Flasche Schnaps unterm Jackett versteckt. Weißt Du, und die ... die ist rausgefallen, gerade als der Alte ihm die neue Uniform, also als er die anziehen sollte. Und da haben wir natürlich alle, die dabei waren, gedacht, ich meine ... hau mich bloß nicht in die Pfanne, Günther, sonst kann ich hier meine Sachen packen ...!"

„Also, wenn hier einer in die Pfanne gehauen würde, dann ja wohl eher ... na, mach Dir mal keine Sorgen, Ingo."

„Gibst Du dann mal vorsichtig Laut, was aus der Sache wird an Bord, Günther?"

„Worauf Du Dich verlassen kannst, Ingo!"

Günther Mangelsdorff grübelt zehn Minuten. Zwanzig. Er fährt jetzt seit zehn Jahren zur See. Betrunkene Seeleute – vom einfachen Matrosen bis zum Wachoffizier - haben ihn öfter umgeben. In der wochenlangen trostlosen Einsamkeit des Bordlebens auf hoher See betranken sich viele Seeleute während ihrer Freiwache. Das konnte man vielleicht hinnehmen.

Aber er sah noch niemals einen Kapitän, der so pflichtvergessen gewesen wäre, um sich dem Alkohol hinzugeben, während er bei Tag und Nacht die gewaltige Verantwortung für ein Schiff, seine Ladung und die auf ihm fahrenden Menschen trug.

Wenn es also wahr ist, was sein Freund Ingo ihm da aufgetischt hat, dann kann, nein – dann darf die Reise der *ARGO* nicht beginnen. Nicht durch die Stürme der Fahrwasser, von denen er gehört hat. Nicht durch das Packeis der Nordwestpassage, das er jetzt schon fürchtet.

Und schon gar nicht mit einem Schiffsführer, der ...

Länger als eine Stunde vermag der junge Dritte Offizier der *ARGO* das ungeheuerliche Gerücht seines Freundes nicht für sich zu behalten. Leider gibt es nicht viele Menschen auf der *ARGO*, denen er es endlich erzählen kann. Sein Englisch beschränkt sich auf das nötige nautische Vokabular, das er für seinen Beruf auf der Brücke und im fremden Hafen braucht. Außerdem ist er noch neu an Bord. Und dann gibt es außer ihm nur drei weitere Deutsche in der Crew.

Da ist der Bordarzt Dr. Groth, der noch nicht eingetroffene Cruising Director Herr Trenkner und ein älterer Matrose, Klaus Dunker. Zu ihm hat er den einzigen engeren Kontakt, denn Dunker ist ihm als Rudergänger der Hundewache zugeteilt, sodass sie schon viele Nächte zusammen im Ruderhaus verbracht haben. Dunker aber ist ein Windhund. Natürlich verspricht er hoch und heilig zu schweigen.

Doch am Abend des gleichen Tages weiß der halbe Dampfer Bescheid, denn Dunker macht sich beim Mittagessen in der Mannschaftsmesse seinen spanischen, norwegischen, griechischen, indonesischen und polnischen Seemannskollegen gegenüber wichtig, die er alle zu höchster Geheimhaltung ermahnt und die alle nichts Eiligeres zu tun haben, als das Gerücht - national gefärbt, umgedichtet und aufgebauscht - zu verbreiten.

So erfahren es die Chinesen in der Wäscherei und die Griechen in der Maschine, die indonesischen Köche und die tschechischen Kellner, der dänische Bootsmann und die estländische Barfrau. Und die flüstert es zuletzt ihrem Lover Silvio Gabianes ein, dem portugiesischen Ersten Offizier der *ARGO*.

Dabei hätte es eigentlich nur einer wissen dürfen. Allein Bordarzt Dr. Groth hätte ein Garant dafür sein können, dass dem Kommodore - wenn das Gerücht zutraf und Schröder ein Problem mit Alkohol hatte - geholfen wurde. Vielleicht langsam. Wahrscheinlich wirksam. Vor allem aber schweigsam.

8

Kurt Schröder erwacht mit leichten Kopfschmerzen um zwei Uhr morgens in seinem Schlafsessel an Bord der *CANADAIR* 747, erbittet von der Stewardess eine doppelte „Bloody Mary" aus Tomatensaft, Wodka und Gewürzen und schläft kurz darauf wieder ein.

Ralf Steinhaus kehrt erst gegen drei Uhr - ziemlich betrunken - aus der Skybar zurück, setzt sich neben seine schlafende Frau, stöpselt umständlich die Ohrhörer ein und sucht einen Film, der zu seiner durchaus gelösten Stimmung passt.

Zwei weitere Stunden später weckt die Crew die Fluggäste, denn es wird Zeit für das Frühstück. Um 9 Uhr 30 Ortszeit berichtet der Captain aus dem Cockpit von schönem Wetter in Ottawa, setzt den Jumbo weich auf und entlässt die meisten seiner 355 Passagiere zu den Gepäckbändern.

Die 148 Gäste nach Cambride Bay bittet man in die Transitlounge, wo man ihnen die Wartezeit bis zum Weiterflug mit Getränken und Snacks vertreibt.

Kommodore Schröder steht mit einem unglaublich gesund aussehenden Cocktail an einem der großen Fenster und sieht beim Betanken eines Jets zu, als er das Spiegelbild einer Frau gewahrt, die zu ihm tritt.

Sie ist ihm an Bord der *Boeing* nicht aufgefallen, aber jetzt dreht er sich sofort zu ihr um. Sylvia Steinhaus hat seit dem Frühstück nach seinem Namen gegrübelt. Nun lächelt sie ihn an.

„Sie sehen aus, als hießen Sie Kurt Schröder. Habe ich recht?"

Schröder sieht in das schöne Gesicht. Nimmt ihre Ausstrahlung wahr. Selbstsichere Eleganz. Eine Frau von Welt. Nein - er erkennt sie nicht.

„Das ist allerdings richtig, ja. Aber ich ..."

„Es ist lange her. Unser Gymnasium in Bremen. Unsere Aufführung in der Aula. Der Schimmelreiter. Und dann ..."

Schröder runzelt die Stirn. Tritt einen Schritt auf sie zu.

„Ah - ist das wahr? Sind Sie etwa ..., ja dann sind Sie doch ... Sylvia. Sylvia Kluge!"

„Nein", lacht sie, „nicht mehr Kluge. Jetzt Steinhaus, aber sonst stimmt's."

Jetzt nimmt Schröder die ihm entgegengestreckte Hand, verbeugt sich zu einem etwas linkischen Handkuss. Sie errötet ein wenig. Wie ein Schulmädchen – reizend!

Langsam kommt auch ihm die Erinnerung: Die kleine Sylvia! Schon damals war sie die Hübsche mit einer erotischen Ausstrahlung, die die halbe Schule hinter ihr her sein ließ. Schröder gewann das Rennen, weil keiner ein Segelboot hatte. Aber er! Es wurde eine heiße Jugendliebe, die fast ein Jahr dauerte.

Als könne Sylvia Steinhaus seine Gedanken lesen, legt sie ihm die Hand auf den Arm und beugt sich an sein Ohr: „Das Weserwasser war wirklich sehr kalt damals, nicht? Schade, dass Du mich nicht öfter im Schilf gewärmt hast ..."

Jetzt ist es Kurt Schröder, der rot wird. Schnell wechselt er das Thema. Die beiden erklären sich gegenseitig ihr nächstes Vorhaben und Frau Dr. Steinhaus ist nicht wenig überrascht, als sie erfährt, dass Kurt für die nächsten zwei Wochen ihr Kapitän sein wird. Den Kommodore hat er – bescheiden – nicht erwähnt.

Als Schröder hört, Sylvia sei Ärztin in der Neurologie, da ändert sich sein bisher freundlich-vertrauter Gesichtsausdruck beinahe dramatisch, sodass die Frau erschrickt: Stimmungsumschwünge sind ihr im medizinischen Alltag allgegenwärtig. Aber hier ist sie im Urlaub, nicht im Dienst und erst recht nicht in der Gegenwart eines ... eines ... Patienten! Oder sollte sie sich in einer Ahnung täuschen, die ihr eben dies möglich erscheinen lässt?

Eine Durchsage durchtrennt ihrer beider Gedanken.

Schröder fängt sich blitzschnell. Man verabschiedet sich belanglos „Bis nachher" und „Wir sehn uns wieder in der First Class?"

Jeder geht seiner Wege.

Kurt Schröder sucht einen der etwas abgelegenen Duty Free Shops auf und kauft zwei Literflaschen finnischen Wodka, die er sorgfältig in den Innentaschen seines Trenchcoat verstaut.

Sylvia Steinhaus sucht ihren Mann, der an der Lounge Bar in einer nicht mehr ganz leisen Herrenrunde Whisky on the Rocks trinkt. Enttäuscht und traurig gibt sie ihr Vorhaben auf, ihm von dem sensationellen Wiedersehen mit ihrem Schulkameraden zu berichten.

Bevor Schröder sich zum Transitschalter nach Cambridge Bay begibt, sucht er wieder einmal den Waschraum auf. Routiniert füllt er einen Vorrat aus der Literflasche in seine drei Portionsfläschchen um, trinkt einen kräftigen Schluck direkt aus der großen Flasche, sieht prüfend sein Spiegelbild an und geht.

Er glaubt nicht, dass ihm irgend jemand ansieht, welches Problem er mit sich herumschleppt, das sich anschickt, ihm irgendwann - und vielleicht schon in Kürze - das Genick zu brechen. Nein - er glaubt noch nicht einmal überhaupt an das Problem!

Hätte er in diesem Augenblick das besorgte Gesicht von Dr. Sylvia Steinhaus entdeckt und es richtig gedeutet, dann wäre dies vielleicht der Beginn seiner Rettung geworden ...

9

In der Offiziersmesser der *ARGO* scheint die Luft zu knistern.

Da sitzt nämlich der Dritte Offizier Günther Mangelsdorff wie ein Häufchen Unglück vor seinem direkten Vorgesetzten, dem Ersten Offizier und beißt sich verzweifelt auf die Unterlippe aus lauter Selbstverachtung, weil er seine Schnauze nicht hat halten können.

Genau zwei Stunden hat es gedauert, bis die Indiskretion Silvio Gabianes erreicht hat.

Aber aus der einfachen Vermutung des Personalsachbearbeiters Ingo Matthies in Bremen war an Bord etwas viel Schlimmeres entstanden:

So wie sich auf A. Paul Webers berühmter Lithographie „Das Gerücht" der Lindwurm bösartig durch Straßenschluchten windet, aus tausend Fenstern immer neugierigere Augen und Ohren auf sich ziehend, so ist die Nachricht durch die Kette der Mitwisser zum bösartigen Dolch des Rufmordes mutiert.

Ein jeder hat ein bisschen mehr gewusst als sein Zuflüsterer. Immer neue sensationelle Ausschweifungen haben die Runde gemacht.

Hemmungslose Neugier hat mit hämischer Bosheit gewetteifert. Und je länger es dauert, bis die Maschine mit den Neuankömmlingen an Bord – unter ihnen auch der neue Kapitän – Cambridge Bay erreicht, desto schlimmer wird sich dessen Ankunft an Bord gestalten. Schadensbegrenzung wäre angesagt. Aber wie?

Gabianes kanzelt erst einmal Mangelsdorff ab, der in sich zusammensinkt, wohl ahnend, dass das nächste Dienstleistungszeugnis seines Chefs ihm seine seemännische Offizierslaufbahn gründlich versauen wird. Ferner verbietet er ihm jede weitere Äußerung über das Thema und droht, ihn sonst achtkantig über Bord zu werfen.

Dann greift er zum Telefon auf der Anrichte und ruft sämtliche an Bord befindlichen Offiziere in die Messe. Innerhalb von zehn Minuten versammeln sich daraufhin trotz der späten Abendstunde der Zweite und der Dritte Offizier, drei Ingenieure, der Zahlmeister und der Bordarzt.

Silvio Gabianes ergreift sofort das Wort.

„Meine Herren, mich erreicht soeben ein ungeheuerliches Gerücht, das leider offenbar schon seit einigen Stunden die Runde auf diesem Schiff macht. Danach soll der neue Kapitän Herr Kurt Schröder, der morgen in aller Frühe mit den Passagieren hier eintreffen wird, ein Alkoholproblem haben. Wir stehen vor der Aufgabe zu entscheiden, wie wir alle als Mitglieder der Schiffsleitung verantwortungsvoll damit umzugehen haben.

Aus meiner Sicht gibt es drei mögliche Verhaltensweisen, die ich mit Ihnen diskutieren will. Zuerst müssen wir feststellen, ob dieses Gerücht zutrifft. Aber wie machen wir das?

Danach kommt die Frage, was wir tun, falls das Gerücht sich als wahr herausstellt. Ich kann in meiner Eigenschaft als zweithöchster nautischer Offizier den Kapitän absetzen, wenn durch sein Handeln eine ernste Gefahr für Schiff und Besatzung entsteht. Das nannte man früher Meuterei und mir ist äußerst unwohl bei dem Gedanken.

Sollte sich das Gerücht aber als ein solches herausstellen und nicht wahr sein, dann werden wir alle bedauern, es überhaupt geglaubt zu haben. Denn dann kann uns der Beschuldigte zur Wiederherstellung der Disziplin und seiner Ehre alle von Bord jagen. Bitte, sagen Sie jetzt Ihre Meinung!"

Einen Augenblick lang herrscht eine atemlose Stille, in der man die berühmte Stecknadel hätte fallen hören können, wäre die Offiziersmesse der *ARGO* nicht mit dickem Teppichboden ausgelegt gewesen und hätten nicht die Hilfsdiesel, Klimaanlagen und Lüfter mit ihrem auf jedem Schiff allgegenwärtigen Geräuschbild dies verhindert.

Schiffsarzt Dr. Groht findet als erster seine Stimme wieder. Er erklärt, als ältester Offizier an Bord und als Mediziner habe er keine Sorge, den Kapitän vertraulich auf das unerhörte Gerücht anzusprechen. Ob der dies aber gegebenenfalls zugeben würde, wagt er zu bezweifeln. Denn dann müsse Kurt Schröder seine Sachen wieder einpacken und umgehend das Schiff verlassen, womit seine Karriere als Kapitän und Kommodore wohl beendet sein dürfte. Deshalb rät er, den Kapitän erst einmal zu beobachten. Vielleicht sei sein Alkoholproblem so offensichtlich, dass er schon bald Fehler mache. Und dann könne man immer noch die Reederei einschalten und die Entscheidung nach dort abschieben.

Die Meinung des Arztes wird allerdings von der übrigen Runde sofort als nicht ratsam und undurchführbar abgelehnt. Mehrere Offiziere fragen, wie lange man denn auf einen eventuellen Fehler des Schiffsführers warten will. Wenn die *ARGO* erst einmal in den schwierigen und auch nicht ungefährlichen Gewässern der Arktis ist, dann wäre es zu spät. Und wie soll man ihn dort überhaupt von Bord bekommen? Oder sollte man den Kapitän etwa in die Arrestzelle stecken, die es für alle Fälle auch auf diesem Schiff gibt?

Während sich die Ingenieure nicht zu einer Stellungnahme entschließen und auch der Zahlmeister nur mit den Achseln zuckt, meldete sich ausgerechnet Mangelsdorff zu Wort.

Er hat schließlich das Gerücht in Umlauf gebracht und will gerne versuchen, seinen Fehler - wenn auch nicht wieder gutzumachen, so doch ein wenig abzumildern. Er hat im Vorfeld dieser außergewöhnlichen Reise versucht, sich in die nautische Problematik der Nordwestpassage einzuarbeiten. Da hat er gelesen, dass auf jedem Schiff, das diese Reise unternähme, ein erfahrener Lotse mitfährt, der die Schiffsleitung bei der Navigation berät. Damit werden doch der Kapitän und die Offiziere entlastet, weil sich wohl niemand gegen die Ratschläge dieses Lotsen aussprechen würde. Und so könne man vielleicht das Problem des Kapitän Schröder – wenn es denn wirklich existiere, was er selbst sich inzwischen kaum noch vorstellen könne – aus der Schiffsführung heraushalten.

Dieser Argumentation des jungen Nautikers wird zu mindestens nicht sofort widersprochen. Vielmehr ist es nun der Zahlmeister, der sich doch zu Wort meldet.

„Meine Herren, ich bin unserem jungen Kollegen dankbar für seinen umsichtigen Beitrag. Mir scheint, der Mangelsdorff liegt gar nicht so falsch. Und ich möchte noch einen anderen Gesichtspunkt anmerken: Da Herr Schröder ja außer der Aufgabe der Schiffsleitung auch noch die nicht unwichtige Funktion eines Kommodore innehat, wird ihm vielleicht für die Nautik einfach die Zeit fehlen. Wenn ich das richtig einschätze, dann wird er mehr Zeit mit den Passagieren in den Salons verbringen müssen als auf der Kommandobrücke oder im Kartenhaus. Und falls sein Problem wirklich existiert - wo ist er dann besser aufgehoben, als an der Bar?" Der Zahlmeister grinst bei diesen vermeintlich treffenden Worten selbstzufrieden über das ganze Gesicht.

Aber niemand wagt zu lachen.

Schließlich ergreift Dr. Groth erneut das Wort. Auch er lobt die Äußerungen von Günther Mangelsdorff, gibt jedoch auch dem Zahlmeister recht. Schließlich meint er:

„Wir sollten Sie bitten, Herr Gabianes, in Ihrer Funktion als Stellvertreter des Kapitäns auf der Brücke zu sein, wann immer sich der Kommodore Schröder dort aufhält. Ich selbst werde versuchen, ihn in eine Therapie einzuführen, wenn das nötig erscheint."

Und an den Zahlmeister gewandt fügt er böse hinzu: „Alkoholismus ist eine Krankheit, meine Herren. Darüber zu lachen und abfällig über den Kranken zu urteilen, zeugt eigentlich nur von dummem Hochmut. Und der kommt bekanntlich vor dem eigenen Fall!"

Beim Verlassen der Offiziersmesse um 23 Uhr 30 sagt der Zweite Ingenieur zum Dritten Ingenieur leise, damit ihn niemand hören soll, er wünsche sich den Kommodore jetzt schon zum Teufel, denn mit einem solchen Schiffsführer zwischen den Eisbergen der Arktis herumzuschippern, erinnere ihn fatal an den Untergang der *TITANIC*. Und den Maschinenraum treffe es - fünf Meter unter der Wasserlinie - immer zuerst!

10

Sylvia Steinhaus hat in dieser Nacht ihren Mann für sich in der First Class, denn der weiterführende Flug von Ottawa nach Cambridge Bay verfügt nicht über eine Skybar und das Flugzeug ist kein Jumbo, sondern eine für VIP-Flüge ausgerüstete Sonder-*Boeing* 727. Man hat viel Platz und jeden Komfort, denn die Maschine ist ziemlich leer.

Nachdem Ralf Steinhaus seinen Whiskyrausch vom Nachmittag ausgeschlafen und sein erstklassiges Steak verputzt hat, ist er ansprechbar, als seine Gattin ihm von ihrem Wiedersehen mit dem Jugendfreund erzählt. Richtig wach wird der Sensationsreporter allerdings erst durch die Nachricht, dass Kurt Schröder nicht nur ihr gemeinsamer Kapitän auf der *ARGO*, sondern auch noch der im Reiseprospekt groß angekündigte Kommodore ist. Und seine Begeisterung kennt keine Grenzen, als Sylvia ihm den Freund zeigt.

Hätte Schröder nicht tief in seinem Sessel geschlafen, Ralf Steinhaus hätte sicher nicht gezögert, ihm an Ort und Stelle sein erstes Interview aufzudrängen. So aber fragt er zunächst einmal seine Gattin aus, um auch die letzten Einzelheiten ihrer früheren Begegnung zu erfahren. Wenig erbaut hört er von der erotischen Eskapade im Schilf der Weser, kann aber nichts einwenden, da er und Sylvia sich seinerzeit noch nicht gekannt hatten. Sylvia verschweigt ihm allerdings, dass sie sich um Kurt Schröder sorgt.

Denn sie hat für einen winzigen Augenblick seinen Gesichtsausdruck gesehen, der sie bedrückt. Dieser Mann verbirgt etwas vor seiner Umwelt. Sie kann nicht sagen, was es sein könnte. Noch nicht!

Kurt Schröder verbringt diese Nacht in unruhigem Halbschlaf, immer wieder aufgeschreckt durch finstere Gedanken und zunehmende Sorgen.

Was hat er eigentlich in diesem Flugzeug verloren?

Warum hat er sich überhaupt auf dieses Abenteuer eingelassen?

War nicht der Anlass, nämlich seinem Vater endlich zu zeigen, was in ihm steckte, durch dessen Tod gegenstandslos geworden?

Wer interessierte sich denn noch dafür, ob er – Kurt Schröder – das Zeug zu einem Kommodore hat? Und es sogar wurde?

War seine Ernennung nicht ausschließlich durch die Notlage entstanden, in der sich sein Reeder angeblich befand?

Musste er etwa noch über seines Vaters Tod hinaus Anweisungen Dritter Folge leisten, die ihn jetzt eigentlich den Teufel scheren sollten?

Unter Schweißausbrüchen versucht Schröder sodann, sich seine neue Aufgabe vorzustellen.

Er, der biedere Frachterkapitän in der Rolle eines glamourösen Repräsentanten der Reederei vor einem handverlesenen, ebenso anspruchsvollen wie übersättigten Publikum, das auf der Jagd nach dem neuesten Kick - einer Arktisreise mit zweifelhaftem Ausgang - nur das Beste gelten lässt!

Er, der alle Weltmeere kennt und deren endlose Weite nicht fürchtet, in dem engen und Jahrhunderte lang für zahllose Schiffe tödlichen Schlauch der Nordwestpassage mit ihren sich ständig verändernden Untiefen, tückischen Strömungen, Packeisbarrieren und Stürmen!

Er, der es gewohnt ist, unbemerkt von einer gleichgültigen internationalen Mannschaft als einziger Deutscher an Bord seinen Wodka zu trinken, wann immer er ihn zu brauchen meint!

Er, der stets reichliche Vorräte dieses Getränks an Bord seiner Frachter verbergen konnte und in dieser Nacht nicht weiß, wie er dies auf der *ARGO* bewerkstelligen soll!

Schließlich schaudert es Schröder auch vor dem auf ihn zukommenden Übermaß an neuen Aufgaben, die in den ersten wenigen Tagen auf ihn einstürzen werden.

Er wird – in weißer Galauniform – alle seine 148 Passagiere während eines Defilees persönlich begrüßen müssen.

Sich dann der 120-köpfigen Besatzung vorzustellen haben.

In kürzester Zeit sein Schiff bis in dessen letzte Winkel inspizieren müssen und dabei nichts übersehen dürfen.

Sich auf die nautischen Anforderungen der Reise vorbereiten und deshalb Wetter- und Eisberichte, Strömungskarten und Tidenpläne zu verinnerlichen haben.

Zur Erledigung aller diesen Aufgaben wünscht er sich, über mindestens eine Woche Zeit zu verfügen. Aber er weiß schon, dass er nur noch zwei Tage hat ...

Flug 1414 der *CANADAIR* erreicht Cambridge Bay durch dichte Schneewolken. Die Maschine schaukelt in den heftigen Böen zwischen schwarzen Gebirgen mit gauweißen Gletscherzungen zur Landebahn hinab, die man erst unmittelbar vor der Landung sieht und auf der das Flugzeug ziemlich hart aufsetzt, sodass auch der letzte Passagier hellwach ist.

Erleichtert über das Ende der 19 Stunden langen Anreise erheben sich die Passagiere der ARGO und die übrigen Fluggäste aus ihren Sesseln, recken sich genüsslich und geben ihrer Erleichterung Ausdruck, nun endlich an Bord des Schiffes zu gehen.

Im lauten Gedränge der das Flugzeug verlassenden Menschen verliert Sylvia Steinhaus den Kommodore aus dem Blickfeld. Gerne hätte sie beobachtet, ob sich der Mann ebenso freut wie sie. Auf sein Schiff. Auf seine neue Aufgabe. Auf die Ehrerbietung durch seine Besatzung, die Bewunderung seiner Passagiere.

Doch auch später in der Halle kann sie Schröder nirgendwo entdecken und wendet sich schließlich mit ihrem Mann den Gepäckbändern zu, denn die vielen Koffer und Taschen mit ihrer Kleidung und Ralfs umfangreicher Fotoausrüstung und dem Laptop müssen von ihnen eigenhändig durch den Zoll und die Immigration gebracht werden.

Kurt Schröder, der sich während des ganzen Fluges weder seinen Passagieren zu erkennen gegeben noch ein Gespräch mit den an Bord der *Boeing* befindlichen Mitarbeitern der Reederei oder gar mit seiner Mutter gesucht hat, hält sich auch jetzt nach der Landung am Ziel bedeckt.

Hatten manche gehofft, ihn schon bei der Landung in seiner neuen Uniform zu erblicken, so wartet er ab, bis alle im Transferbus zur *ARGO* sitzen.

Erst dann geht Schröder zu den letzten vier, einsam auf dem Gepäckband rotierenden Koffern, lädt sie auf einen Karren und schiebt damit zum Taxistand. Er tut dies nicht, ohne abermals seinen Wodkavorrat um eine weitere Literflasche ergänzt zu haben.

Beim Zoll fordert man ihn höflich auf, seine Gepäckstücke zu öffnen, was er ohne Zögern mit der größten Ruhe tut. Der Wodka entlockt dem müden Zöllner nur ein ebensolches Grinsen.

Dann schiebt Schröder den schweren Karren unbehelligt zu den wartenden Taxen und fährt - eine halbe Stunde nach allen anderen - an Bord.

Während der kurzen Fahrt zum Hafen versucht Kommodore Kurt Schröder ein letztes Mal, sich seiner Situation und seiner Gefühle bewusst zu werden. Das Ergebnis seiner Gedanken empfindet er selbstkritisch als niederschmetternd.

Noch nie hat er eine Aufgabe so ungern, ja - geradezu widerwillig übernommen!

Nie zuvor ist er unsicherer gewesen, was zu tun das Beste wäre.

Ist dieser Augenblick nicht ein Wendepunkt in seinem Leben?

Ist es schon zu spät, das Richtige zu tun?

Was - wenn er einfach umkehrt?

In diesem Augenblick, da sich eben die unnachsichtige Miene seines Vaters in sein Gedankenbild drängen will, um ihm den ultimativen Rat zu erteilen, dem er schließlich immer - wenn auch zwanghaft - gefolgt war, bremst sein Taxi neben dem prächtigen, hell erleuchteten und über die Toppen geflaggten Schiff. Das Schiff sieht einladend aus. Ohne Frage.

Doch niemand steht an der Reling.

Niemand erwartet ihn.

Die Passagiere sind längst an Bord.

Der Transferbus ist abgefahren.

Einsam steigt Schröder aus.

Wuchtet eigenhändig - weil ihm der sture Taxifahrer nicht hilft - seine Koffer aus dem Wagen.

Beginnt, sich ein wenig zu ärgern.

Entlohnt den Fahrer ohne Trinkgeld.

Fragt sich, wer er denn ist, dass er so behandelt wird.

Sieht im selben Moment ein, dass jeder so behandelt wird, wie er es verdient. Er hätte sich in ein bestimmtes Licht setzen müssen. Eben dies hat er nicht getan, weil er es nicht gekonnt hat. Auch das - so sagt er sich - wird er ändern müssen.

Dann gibt er sich einen Ruck.

Plötzlich mutig, geht Kommodore Kurt Schröder forsch die Gangway hinauf.

Er wird versuchen, sein Bestes zu geben!

11

Um 16 Uhr Bordzeit herrscht am Frontdesk des Zahlmeisters auf dem Hauptdeck das übliche, geordnete Chaos eines Passagierschiffes bei der Einschiffung.

Die Gäste müssen namentlich begrüßt werden, Kabinenschlüssel sind auszuhändigen, Wege zu weisen, Gepäck zu versorgen, tausend Fragen zu beantworten und das alles in einer möglichst zwanglosen Atmosphäre, die Ruhe, Geborgenheit, Freundlichkeit und Kompetenz ausstrahlt. Schließlich wird die *ARGO* für ihre anspruchsvollen Passagiere während der nächsten zwei Wochen ihr Zuhause sein: Man darf sie auf keinen Fall enttäuschen! Und jeder einzelne Passagier gibt schon jetzt zu erkennen, dass er die eigentliche Hauptperson an Bord der *ARGO* ist.

Enttäuscht sind allerdings Zahlmeister Sven Persson und Chefhostess Helga Behrends, weil der Käptn fehlt. Was ist los? Warum kam er nicht mit dem Transferbus vom Airport? War er überhaupt im Flieger gewesen? Hatte ihn jemand gesehen? Hing sein Ausbleiben etwa mit „dem Gerücht" zusammen? Das konnte ja heiter werden!

Auf dem Counter liegt schon der Plan des Cruising Directors, den dieser während des Fluges entwickelt hat und der die Einzelheiten der Einführung des Kommodore an Bord noch für den gleichen Abend vorsieht.

Neben dem Counter wartet der Messejunge der Offiziere, um den Kapitän zu seiner Kajüte auf dem Brückendeck zu begleiten und ihm jeden Wunsch von den Augen abzulesen.

Neben ihm stehen zwei junge, kräftige Matrosen in pieksauberen blauen Arbeitspäckchen, um seine Koffer zu schleppen.

Und der Mâitre de Cuisine fragt ein ums andere Mal telefonisch an, ob das Galadinner heute oder erst morgen zu servieren sei.

Endlich meldet der Jungmann an der Pforte, ein Taxi fahre vor. Sofort steht die Hostess neben ihm. Ja - der Mann da unten muss wohl der Kapitän sein. Sie beordert die Koffermatrosen nach unten. Die Stimmung am Counter des Zahlmeisters ist zum Zerreißen gespannt: Was haben die *ARGO*, ihre Crew und die Passagiere von dem Mann da unten zu erwarten?

Der Auftritt des neuen Schiffsführers gerät indes wenig spektakulär: Schröder drückt dargebotene Hände, murmelt seinen Namen, schlägt den Blick nieder und wartet ab, was mit ihm geschehen wird.

Zahlmeister und Hostess, Jungmann und Matrosen werfen sich betretene Blicke zu. Das ist ja ein komischer Heiliger! Und der soll ein Kapitän - nein, ein Kommodore sein?

Zahlmeister Persson fängt sich als Erster.

„Wenn Sie erlauben, Herr Kapitän ... äh ... Herr Kommodore ..., dann wird Sie Ihr Steward erst einmal ..."

„Sagen Sie einfach Schröder zu mir", sagte da Kurt Schröder, „solange wir unter uns sind, jedenfalls, bitte. Ich habe wenig Erfahrung mit öffentlichen Ehrenbezeugungen und ... na ja ..."

„Schön, wie Sie möchten, Herr Schröder. Sie wollen sicher erst einmal Ihre Kajüte beziehen und sich ein bisschen frisch machen? Darf ich Sie noch fragen, wie Sie den heutigen Abend gestalten werden? Unser Cruising Director Herr Trenkner hat hier seinen Plan hinterlegt. Wenn Sie sich den schon mal anschauen würden und mir möglichst bald Bescheid geben ... Wir müssen dann das Galadinner anschieben und die Passagiere benachrichtigen und was sonst so alles damit zu tun hat ..."

Schröder schluckt sichtbar. Aber dann fängt er sich.

„Ich werde mich bemühen, Ihrer Bordroutine zu folgen, Herr .. äh ... Herr ..."

„Persson, Sven Persson. Ich bin der Zahlmeister, Herr Schröder."

„Ja, danke, Herr Persson. Also, sagen Sie mir nur, wann ich mich wo einfinden muss. Dann sehen wir weiter, nicht ..."

Hilfloses Kopfschütteln füllt die Szene, nachdem der Messejunge und die Matrosen mit dem Kapitän und seinem Gepäck zu den Aufzügen verschwunden sind.

Sobald Schröder den Messejungen weggeschickt hat und in seiner Kajüte an Steuerbordseite allein ist, leert er in einem tiefen Zug seine vorletzte Flasche. Er wartet einen Augenblick die Wirkung des Getränks ab und begibt sich dann auf einen Rundgang durch sein neues Reich. Was er sieht, erstaunt ihn nicht wenig: Anstelle der ihm geläufigen, auch schon großzügigen Kapitänswohnräume auf modernen Frachtern gewahrt er hier eine geräumige Suite mit drei Kabinen. Sie ist mit edlen exotischen, seidenmatt lasierten dunklen Hölzern und Einbaumöbeln ausgestattet.

Ein kurzer Flur mit Tür zum Gäste-WC führt zum Salon. Dort gibt es einen kleinen Schreibtisch mit Aktenschrank, Laptop, Telefon, Bordsprechanlage und Monitor für die wichtigsten Alarme der Maschinen- und Sicherheitstechnik. Eine halbrunde Sitzgruppe aus feinstem Wildleder nebst zwei Sesseln, eine Bücherwand mit Glastüren, ein großer verstellbarer Couch- und Esstisch sowie mehrere Anrichten und Sideboards mit LCD-TV verbreiten eine gediegene Eleganz.

Natürlich gibt es eine große Bar mit Kühlschrank, Mixer und Icemaker.

Tageslicht fällt durch vier große, rechteckige Fenster herein, während zahlreiche Wandlampen und ein großer Deckenlüster die Nacht erleuchten werden.

Alle Räume sind mit einem edlem, blassblauen Velours ausgelegt, auf dem man gleichsam wie auf Wolken geht.

Das Schlafzimmer weist ein breites amerikanisches Bett und eine ausziehbare Schlafcouch auf. Geräumige Einbaukleiderschränke und ein Toilettentisch mit Dreifachspiegel, zwei kleine Sessel, ein Kleiderständer mit Hosenbügler, Telefon und Fernseher vervollständigen die Ausstattung.

Vom Schlafzimmer erreicht man das geräumige Bad mit Wanne und Whirlpooldüsen, Dusche, Bidet und WC. Auch hier gibt es ein Telefon sowie Föhn, Rasierspiegel, beheizte Handtuchhalter und große Spiegel.

Der Clou der Kapitänskajüte ist ein direkter Zugang vom Salon zum Brückendeck, das hier wie eine kleine Terrasse mit Tisch und Liegesesseln versehen ist. Außerdem kann der Schiffsführer durch eine weitere Tür direkt in den Kartenraum hinter dem Ruderhaus gelangen; diese Tür kann aber nur mit seinem speziellen Schlüssel geöffnet werden.

Schröder setzt sich an seinen Schreibtisch und sieht gehorsam den Plan des Cruising Director durch. Was er liest, macht ihn nicht glücklich: 19 Uhr: Empfang der Passagiere zum Galadinner im Ballroom auf dem Lloyd-Deck. Begrüßungsdrinks. Pianomusik. Smalltalk mit den Offizieren. Aushändigung der Tischordnung, Platzierung der Ehrengäste am Commodores Table.

20 Uhr: Begrüßungsansprache des Kommodore mit Ausblick auf das Kreuzfahrtprogramm durch die Nordwestpassage.

20 Uhr: Beginn des Siebengang-Galadinners, kurze Showeinlagen zwischen den Gängen, Informations-Videos auf Großbildwand, Rauchpausen, Tischmusik durch Solisten der Bordkapelle. Ab 23 Uhr: Tanz zur Musik der „*ARGO* Show and Danceband", Tanz zu Pianomusik in der Lobby, geöffnet sind auch das Bordkino mit Kurzfilmen über Island, Grönland und Kanada, das Spielcasino und alle drei Bars des Schiffes.

Schluckt Kurt Schröder schon jetzt schwer an seiner Abneigung gegen das Galadinner, so raubt ihm der letzte Programmpunkt des Cruising Directors den letzten Nerv. Da steht es nämlich tatsächlich: „Während des ganzen Abends: Ein Kommodore zum Anfassen. Kurt Schröder stellt sich seinen Passagieren hautnah!"

In diesem Augenblick steht für ihn fest, dass er sich nicht wird vereinnahmen lassen. Nicht auf diese Weise. Nicht zu diesem Zeitpunkt. Und nicht von dieser Besatzung. Er beabsichtigt, sich zunächst – wie er es immer bei der Übernahme eines neuen Kommandos gehalten hatte – seiner Mannschaft vorzustellen und sie kennen zu lernen. Denn sie, und niemand anders, ist der Garant für das Gelingen einer jeden Reise. Für ihn kommt zuerst sein Schiff, seine Besatzung und deren beider Wohl.

Erst dann ist er bereit, sich um Fracht und fremde Menschen zu kümmern. Und von dieser Maxime wird ihn niemand abbringen. Kein Reeder, kein Cruising Director, nicht einmal Rasmus, Neptun oder der liebe Gott! Schröder steht auf und geht zu seiner Bar hinüber, deren Inhalt er noch nicht inspiziert hat. Außerdem muss er seinen Wodka kalt stellen. Merkwürdigerweise ist die Bar leer. Mit Erschrecken fragt sich Schröder, ob man an Bord bereits von seinem Malheur mit dem Wodkafläschchen im Büro des Reeders weiß. Mit den Mitteln moderner Telekommunikation ist die Welt so klein wie ein Bürogebäude: Jede Nachricht erreicht jeden Ort auf dem Globus mit Lichtgeschwindigkeit. Und falls jemand in Bremen den richtigen Schluss gezogen und geschwatzt und die Nachricht per Satellitentelefon auf die *ARGO* posaunt hat - welche Personen an Bord kennen sie schon? Wem kann er offen begegnen? Und wer steht mit dem gewetzten Messer der Kompromittierung hinter dem Rücken bereit, um ihn bloßzustellen? Er hofft, es nie erfahren zu müssen. Aber er ahnt gleichzeitig, dass diese Hoffnung vergeblich sein könnte.

Trotzig trinkt Schröder - dieses Mal stilvoll aus einem Glas - einen weiteren Schluck finnischen Wodka, sucht dann die Nummer des Kreuzfahrtdirektors heraus, greift zum Telefon – und verursacht den ersten Machtkampf auf seinem neuen Dampfer.

Sein Gespräch mit ihm gerät kurz und unerfreulich: Menno Trenkner nimmt schweigend die Meinung seines Kommodore zur Kenntnis, versucht ebenso kurz wie vergebens, ihn umzustimmen und erklärt bissig, die Reederei zu informieren, dass die Passagiere gefälligst zu warten hätten, bis der Herr Kommodore geruhe, sich ihnen zuzuwenden - ihnen, die diese Reise erst möglich machten durch die immense Kohle, die sie dafür hingelegt hatten. Und die ihrer aller Gehalt bezahlten!

Beide legen verärgert die Hörer auf.

Schröders nächstes Telefonat gilt dem Ersten Offizier Silvio Gabianes, der erst gesucht und dann in der Kammer des Chief gefunden wird. Der Kapitän bittet ihn, sämtliche Offiziere zu 18 Uhr in der Offiziersmesse zu versammeln, dazu den Kreuzfahrtdirektor.

Dann öffnet Schröder den Koffer mit seinen Uniformen, duscht ausgiebig und zieht sich an.

Für das erste Treffen mit der Führungsmannschaft wählt er ein weißes Oberhemd und seine dunkelblaue Kapitänsuniform mit den üblichen vier goldenen „Kolbenringen" an den Manschetten, dazu schwarze Socken und schwarze Schuhe sowie eine schlichte dunkelblaue Krawatte mit dem golden eingestickten Signum des *Atlantic Lloyd.* Auf seine Kapitänsmütze mit dem weißen Bezug verzichtet er einstweilen. Zuletzt tauscht er seine private Uhr gegen die *Breitling Navytimer Special* aus, die er sorgfältig anhand der Digitaluhr über dem Schreibtisch auf die aktuelle Bordzeit einstellt. Sein Bild im Ankleidespiegel seines Schlafzimmers gefällt ihm. Mehr noch - es gibt ihm ein bisschen seines Selbstvertrauens zurück, auf das er sich bisher immer noch hatte verlassen können.

Warum er lediglich den Inhalt seiner Kulturtasche auf den Konsolen des Badezimmers verteilt, nicht aber seine Koffer auspackt, das weiß er selbst nicht; irgendetwas in ihm sträubt sich unterbewusst dagegen, diese Kapitänssuite jetzt schon ganz in Besitz zu nehmen.

Fühlt er sich noch als Fremder? Oder will er sich die Option eines schnellen Rückzuges von Bord der *ARGO* offen halten?

Die letzte halbe Stunde vor dem 18 Uhr-Treffen nutzt Schröder dazu, den Inhalt einer schwarzen Aktenmappe zu überfliegen:

Er versucht, sich die Namen seiner Offiziere zu merken.

Er studiert die Übersichtskarte mit der eingezeichneten Reiseroute durch die arktische Wildnis der Nordwestpassage.

Er lernt die wichtigsten Hauptdaten seines Schiffes wie Länge, Breite, Tiefgang, Verdrängung, Geschwindigkeit und Leistung der Maschinen auswendig.

Er verinnerlicht die Zahl der Motorrettungsboote und der *Zodiac*-Schlauchboote mit den Hundert-PS-Außenbordern für die Landausflüge der Passagiere.

Er studiert die lange Liste der an Bord befindlichen Navigationstechnik mit Radar und GPS, Kreiselkompass und Kurzwellenfunk, GMDSS-Sicherheitstelefonie, Seenotfunkbojen, Satellitentelefonen und Echoloten.

Dann ist es soweit. Schröder packt die schwarze Mappe ein, schaut auf seine Hände, deren zehn Finger ruhig in der Luft schweben, atmet einmal tief durch. Und begibt sich um 18 Uhr 05 ins Treppenhaus zur Offiziersmesse.

Die leisen Gespräche verstummen sofort, als er den elegantgemütlichen Raum betritt. Wer schon gesessen hat, erhebt sich. Die neun anwesenden Männer stellen sich alle an der hinteren Längsseite der Messe aufgereiht an der Wand auf, was bei Schröder für den Bruchteil einer Sekunde die Szene einer zur bevorstehenden Hinrichtung versammelten Delinquenten assoziiert. Über sein Gesicht huscht der Schatten eines Lächelns, das allerdings niemand erwidert.

Kreuzfahrtdirektor Menno Trenkner fehlt.

Nicht alle der Herren tragen ihre Uniform, was Schröder ein wenig befremdet, aber er kämpft dieses Gefühl nieder, um sich nicht gleich zu Beginn zu ärgern. Vielmehr nimmt er gegenüber seiner Mannschaft an der anderen Längsseite der Messe Aufstellung, legt seine schwarze Mappe auf den langen Tisch zwischen sich und ihnen, der ihm willkommenen Schutz und Abstand bietet, wie eine Barriere. Dann bedeutet er den Männern, Platz zu nehmen, setzt sich und sucht sich einen imaginären Punkt an der Wand über dem Kopf des etwa in der Mitte der Reihe sitzenden Ersten Offiziers. Dann beginnt er mit leiser Stimme zu sprechen, nach jedem Satz eine lange Pause einlegend.

„Tja - guten Abend, meine Herren.

„Die Umstände, weshalb ich hier auf diesem Schiff bin, dürften Ihnen inzwischen bekannt sein.

Bisher war ich als Offizier in der Handelschifffahrt, zuletzt als Kapitän auf der *ALKOR*.

Container, Stückgut, immer um die Welt `rum in mittleren Breiten.

Und nun bin ich hier.

Ich kenne dieses Schiff nicht.

Ich kenne Sie nicht.

Ich kenne die Passagiere nicht.

Ich kenne die Arktis nicht.

Wir sollen übermorgen früh auslaufen. In den Queen Maud Golf und die Victoria Strait.

Da war ich auch noch nicht.

Das bedeutet: Ich muss mich dreinfinden.

Das wird etwas dauern.

Aber ich habe einen Plan gemacht.

Zuerst möchte ich, dass Sie sich vorstellen. Jetzt, meine ich.

Morgen will ich das Schiff sehen. Vom Peildeck bis zum Wellentunne."

Dabei wird mich der jeweils zuständige Offizier begleiten.

Morgen Abend muss ich mich den Passagieren vorstellen.

Sie alle sind natürlich auch dabei – bitte.

So – das war es erstmal von mir ... tja!"

Die Offiziere haben seine Rede verfolgt. Hätte Schröder zu ihnen gesprochen und nicht zu dem imaginären Punkt an der Wand, dann hätte er ihre Stimmung erahnt und sie schon während dieser ersten fünf Minuten kennen gelernt.

Hätte er ihnen in die Augen gesehen, dann wäre ihm die ganze Skala der Gefühle begegnet, die ihm diese Crew in diesem Augenblick entgegenbrachte. Die von Argwohn und Angst über Spott bis Nachsicht hin zu Hilfsbereitschaft reichten. Diese Chance hat er vertan.

Nun sieht einer betreten zum anderen. Wer soll anfangen? Und was will der Kapitän hören? Die eisige Stille lähmt einen jeden.

Endlich beugt Silvio Gabianes sich mutig vor und lässt seine kräftige Stimme hören.

„Guten Abend, Herr Kapitän. Ich darf - glaube ich - im Namen meiner Kollegen sprechen, wenn ich Ihnen zuerst unser Mitgefühl zum Tode Ihres Herrn Vaters ausspreche. Wir ... wir haben auch verstanden, so meine ich, dass Ihre Berufung auf die *ARGO* für Sie genauso überraschend kam wie für uns. Ich meine ... äh ... also, ich habe Ihren Vater begleitet bei der Überführung bis zum Panamakanal, wo er ja dann ... ja, dann von Bord gehen musste. Leider. Und wir haben alle damit gerechnet ... nun, oder nicht damit gerechnet ... ach, was soll 's ... Der Reeder hat es angeordnet. Und jetzt sind Sie eben unser Schiffsführer. Und Sie sollen wissen, dass wir alle ..., also ... dass wir Ihnen unsere Hilfe anbieten wollen. Also, wenn Sie irgendein Problem haben, dann ... also, dann lassen Sie es am besten mich wissen. Ich werde Ihnen dann persönlich ... so gut ich kann ..."

An dieser Stelle stockt des Ersten Offiziers Rede und er schlägt den Blick nieder, so als schäme er sich seiner Ohnmacht. Jedenfalls hat er das Gefühl, es nicht vermocht zu haben, sich und seinen Kollegen eine Brücke zu bauen. Eine Brücke zu diesem Mann, der mit seiner neuen Rolle als Kapitän und Kommodore eines Luxuskreuzfahrers offenbar die größten Schwierigkeiten hat. Wenn ihn sein Gefühl nicht trügt, dann wird er - Gabianes - es sein, der zusammen mit dem Lotsen, der morgen Abend an Bord kommen wird, die *ARGO* durch die Arktis zu bringen hat.

Schröder ist es jedenfalls nicht gelungen, an Bord das Kommando zu übernehmen.

Noch nicht!

12

Der folgende Tag verläuft so, wie der Vorabend geendet hat: mühsam!

Nach der Vorstellung der neun Offiziere, die bis nach 21 Uhr gedauert hat, ist Schröder in seiner Kammer verschwunden. Er hat sich ein Abendessen nach oben bringen lassen. Auf die unverkennbar neugierig-listige Frage des Messejungen der Offiziere, ob er jetzt die Bar bestücken solle und mit welchen Getränken, hat Schröder geantwortet, dass dies keine Eile habe. Daraufhin ist der Junge grußlos gegangen. Zeigte sein Gesicht Enttäuschung? Schröder, der dieses Mal genau hingesehen hat, glaubt das. Und deutet es als ein gutes Zeichen; es scheint, als wisse wenigstens der von nichts.

Am Morgen erscheint er - gekleidet in halboffizielles Khakizeug - früh um sieben Uhr in der Offiziersmesse. Zwei Maschineningenieure und der Dritte Offizier beenden ihr Frühstück bei seinem Eintreten, grüßen förmlich und lassen ihn allein.

Schröder, der sich ausgeschlafen und kräftig fühlt, verspeist mit Appetit eine große Portion Ham and Eggs auf Toast, trinkt starken Kaffee und Orangensaft und geht an die Arbeit. Da es draußen regnet, verzichtet er darauf, auf das Peildeck zu steigen, sondern inspiziert zuerst Ruderhaus und Kartenraum, wobei ihn der Erste Offizier Gabianes begleitet, der ihn schon erwartet hat.

Der Kapitän steigert seine Beliebtheit nicht, als er einen hässlichen Kaffeefleck auf der aktuellen Seekarte moniert, dafür aber den abgebrochenen Drehknopf an einem der drei Radargeräte übersieht. Als der Regen etwas nachlässt, steigen sie doch die Leiter hoch auf das Peildeck. Sofort gewahrt Schröder den abblätternden Lack auf dem Deckel des Kastens für die Notstrombatterien der Funkanlagen, worauf er Gabianes einen Kurzvortrag über seine Auffassung von Ordnung und Sauberkeit auf „seinem" Schiff hält.

„Wenn das die Passagiere sehen ...!" Gabianes hat noch nie einen Passagier auf einem Peildeck erblickt. Anschließend klettert er in jedes einzelne der sechs großen 60 Personen-Rettungsboote und verlangt den Bootsmann zu sehen, der auf drei der Boote den

Motor anzulassen hat. Leider springen zwei der drei Motoren nicht an, weil die Batterien zu schwach sind. Schröder sieht den Bootsmann an und zieht die Augenbrauen hoch. Der Bootsmann fischt sein Bordsprechgerät aus dem Overall und ruft den Maschinenraum an, worauf zwei Maschinenassistenten mit Batterieladegeräten und Kabeln erscheinen.

Es nützt der Mannschaft der *ARGO* wenig, dass Silvio Gabianes in aller Eile per Funk im ganzen Schiff verkündet, dass der Alte ein elender Pedant ist, der jeden Furz bemängelt: So schnell sich dies herumspricht, so wenig Zeit bleibt ihnen, ihm voraus zu sein. Und obwohl der Kommodore hin und wieder verschwindet, offenbar, um neues Schreibpapier aus seiner Kammer zu holen, verfügt Schröder nach fünf anstrengenden Stunden über eine erkleckliche Mängelliste, die er seinen Offizieren eher traurig-besorgt als triumphierend unter die Nase hält: Eingetrocknete Farbtöpfe in der Farbenlast unter der Vorpiek!

Ein Haufen schmutziger Putzwolle am Ende des Wellentunnels, wo die Propellerwellen das Heck des Schiffes verläßt!

Das gesprungene Schutzglas einer Leuchtstofflampe am Hauptfahrstand der Maschinen!

Kein Papier im Drucker des Maschinenlogs!

Durchgescheuerter Läufer in einem Treppenhaus!

Kakerlakenleichen im Kühlraum neben der Mannschaftskombüse!

Die stehen gebliebene Uhr der „New York Time“ an der Rezeption!

Rostige Trommel des Ankerspills auf dem Vorschiff!

Zerlumpte Kleidung eines chinesischen Wäschereijungen!

Und so weiter - und so weiter - und so weiter ...

Die betroffenen Offiziere wischen sich mit symbolischen Gesten den Schweiß von der Stirn und den Staub aus den Augen, als Schröder sie um 14 Uhr 30 nach seiner Standpauke aus der Messe entlässt.

Seine letzten Worte haben ein unüberhörbares Stöhnen bewirkt:

„Bitte vergessen Sie nicht, pünktlich um 19 Uhr im Ballroom zum Galadinner zu erscheinen. Und zwar in Ihren besten Uniformen! Mit sauberen Fingernägeln! Wir bilden ein Spalier am Eingang und begrüßen unsere Passagiere alle mit Handschlag! Dann halte ich meine Begrüßungsansprache! An meinem Tisch erwarte ich Sie, den Ersten Offizier und Sie, den Chiefingenieur! Bis nachher!"

Am Abend dann ist Schröder jetzt zumindest äußerlich ganz der Kommodore - vor der Zeit im großen, festlich eingedeckten Speisesaal. In schneeweißer Galauniform mit goldbetresster Mütze begibt er sich persönlich auf einen letzten argwöhnischen Inspektionsgang, nimmt die Bar in Augenschein, testet die Temperatur des Champagners in den Kühlern, rückt hier und da ein Besteck oder eine Blume zurecht, übersieht - leider - das mitleidige Grinsen der Stewards und der Barfrau und baut sich fünf Minuten vor der Zeit am Eingang auf, hinter dessen goldener Absperrkordel schon eine ganze Schar festlich gekleideter Passagiere wartet. Als er auf seine Uhr sieht und der Menge mit diffusem Blick entgegenblickt, muss er wohl wie ein Pförtner wirken; jedenfalls löst er bei etlichen erfahrenen Kreuzfahrtgästen eine in seinen Augen unfeierliche Fröhlichkeit aus - die Damen kichern, während die Herren schmunzeln.

Endlich erscheinen die Offiziere. Ebenfalls in Weiß, drängen sie sich durch die stetig anwachsende Menge zu Schröder vor. Der beginnt nun pedantisch damit, jeden an eine bestimmte Stelle zu schieben, was erneut Heiterkeit erzeugt. Endlich scheint ihm alles so zu sein, wie er glaubt, es einrichten zu sollen.

Dem herbeieilenden Obersteward gelingt es gerade noch, ihn daran zu hindern, auch noch die Kordel selbst zu öffnen.

Dann beginnt das Defilee.

Artig halten die Offiziere den Passagieren ihre Hände entgegen, die sie auch begeistert drücken. Er - Schröder - bekommt von jedem Passagier den letzten Händedruck, den feuchtesten und schwitzigsten nämlich, und er ist bald dazu übergegangen, sich seine Rechte hin und wieder an einem Tischtuch abzutrocknen, das zum Glück hinter ihm von einem Stehtischchen herunterhängt. Das bleibt indes einigen Passagieren und auch dem Personal nicht verborgen, wodurch die Zahl der ihm zugedachten Händedrücke in dem gleichen Maße ab-, wie die Peinlichkeit in den Augen seiner Mitarbeiter zunimmt.

Quälend langsam zieht sich die unsägliche Prozedur hin. Der Kapellmeister der *ARGO* Show and Dance Band erlöst schließlich alle Beteiligten durch einen Riesentusch seiner vier Blechbläser mit Schlagzeuguntermalung, weil er einen Wink von Cruising Director Trenkner erhalten hat. Da bricht der Kommodore - ebenso überrascht und doch erleichtert wie die Passagiere – die Händeschüttelei ab und begibt sich zum Commodores Table. Dort setzt er sich auf seinen Platz und wartet auf seine beiden Offiziere, den Kreuzfahrtdirektor, den Lotsen und seine Ehrengäste.

Nach und nach finden die sich ein. Es sind ihrer acht und Kommodore Schröder hat sich die Namen gemerkt und die ihm vom Zahlmeister dazu gelieferten aus ihren Pässen kopierten Fotos, sodass er sie fehlerfrei zu begrüßen vermag, die Damen sogar mit einem – wenn auch etwas linkischen, weil ungeübten – Handkuss, die Herren mit einer etwas zu tiefen Verbeugung: Sensationsreporter Ralf Steinhaus im dunkelblauen Smoking mit keck blauweiß gestreifter Fliege.

Psychologin Dr. Sylvia Steinhaus in einem leuchtend roten, knöchellangen Chanelkleid, langen Abendhandschuhen und himmelhohen roten Sandaletten.

Meeresbiologe Professor Wolf Semmelmann im schwarzen Frack.

Frau Semmelmann im schwarzen Hosenanzug mit offensichtlich falschem Riesenklunker am Hals.

Universalartist El Gordo im knallgrünen Dinnerjackett und grellmagentafarbener Fliege über weißer Hose.

Gattin und Assistentin Caty La Gorda in gewagtem hautengen, schrillen Krokodesign-Overall mit Ausschnitt bis zum Bauchnabel.

Cruising Director Menno Trenkner im dunklen Nadelstreifenanzug.

Und zuletzt der kanadische Lotse John Sinclair in einer einfachen dunkelblauen Marineuniform ohne Rang- oder Ehrenzeichen.

Es naht der Zeitpunkt, da Kommodore Schröder seiner ersten Repräsentationspflicht vor seinen Passagieren nachkommen muss. Er hat diesen Augenblick gefürchtet und fühlt sich jetzt schlecht. Sein Puls jagt und ein leichter Schweißfilm beginnt, seine Stirn zu benetzen. Aus seinem Magen beschleicht ihn das bekannte Brennen, das er in den vergangenen drei Tagen öfter zu unterdrücken versucht hat und das doch meist die Oberhand gewinnt. Nicht immer ist er dazu gekommen, sich rechtzeitig für einen Moment in seine Kammer zurückzuziehen, um das Brennen und den jagenden Puls und den Schweißausbruch mit einem Schluck Wodka abzuschalten. Schröder fühlt sich einem Zusammenbruch so nahe, wie er ihn nicht erinnern kann in seinem ganzen Trinkerleben. Da sieht er aus den Augenwinkeln Menno Trenkner zu ihm treten. Was will Trenkner von ihm? Hat er in Bremen angerufen? Bringt er schlechte Nachrichten vom Reeder? Und weshalb gerade in diesem Augenblick? Ah - Trenkner will ihn fertigmachen! Ihn vor allen Augen blamieren. Der Zeitpunkt ist gut gewählt - oder?

Schröder dreht sich zu dem Kreuzfahrtdirektor und hebt die Augenbrauen. Trenkner beugt sich zu ihm nieder und spricht nahe an seinem Ohr und sehr vertraulich: „Herr Kapitän, ich ... äh ... wollte Ihnen gern meine Unterstützung anbieten. Wenn es recht ist, hier habe ich Ihnen ein Redemanuskript zusammengestellt mit den Einzelheiten zu der Reise und so weiter. Dinge, die Sie ja noch gar nicht so genau wissen können, nicht? Vielleicht wollen Sie es ... äh ... verwenden?"

Schröder sieht das Blatt Papier in Trenkners Hand schweben und denkt eine Sekunde über die Wirkung der Szene nach. Ist das wirklich ein Hilfsangebot? Warum erhält er es dann erst jetzt und nicht schon gestern, um es wenigstens lesen zu können? Was sollen seine Passagiere, seine Offiziere, seine Mannschaft von einem Kapitän - nein, von einem Kommodore denken, der nicht in der Lage ist, frei zu sprechen? Der nicht genauestens Bescheid weiß über das Unternehmen Nordwestpassage? Der einen fremden Text abliest, der erkennbar nicht aus seinem Kopf, sondern aus der Feder eines Reedereiangestellten in Bremen stammt?

In der zweiten Sekunde aber steht sein Entschluss fest. Er sieht Trenkner direkt in die Augen, schiebt entschlossen dessen Hand mit dem Manuskript beiseite, erhebt sich und bittet seine Tischgäste mit einer einladenden Handbewegung, Platz zu nehmen.

Da bringt ihm auch schon ein Steward das schnurlose Mikrofon. In dem eleganten Ballsaal, der wie an jedem Abend den Rahmen für ein festliches Bankett bilden wird, tritt jene gespannte Stille ein, die nur durch das auf jedem Schiff allgegenwärtige Geräuschbild der

Hilfsdiesel, Klimaanlagen und Lüfter mit ihrem leisen Summen aus dem tief unten liegenden Maschinenraum der *ARGO* untermalt wird.

Schröder nimmt seine weiße Mütze ab und legt sie sorgfältig hinter sich auf seinen Stuhl. Dann ergreift er mit beiden Händen das vor ihm auf dem Tisch liegende Mikro und führte es vorsichtig an seine Lippen, murmelte leise „eins, zwei ..." und erschrickt ein wenig über den aus allen Lautsprechern tönenden Klang seiner verstärkten Stimme, was hier und da ein leises, aber nicht hämisches, sondern eher verständnisvolles Lachen hervorruft.

„Ja - also dann ... guten Abend allerseits. Äh ... guten Abend, liebe Passagiere. Guten Abend, liebe ... äh Fahrgäste. Unsere Anreise aus Deutschland hierher war lang. Aber auch komfortabel. Ich weiß das, weil ich im selben Flugzeug war wie Sie. Sie konnten mich nur nicht erkennen. Weil ich nämlich nicht diese, tja ... also ... diese äh ... Uniform trug."

Gelächter aus zahlreichen Mündern, darunter manches untermalt durch ein leichtes Kopfschütteln. Auch hier und da ein Raunen.

„Ja – solche Uniformen trugen früher die Schiffsoffiziere der kaiserlichen Marine, also, ich meine, das war so um 1910, wissen Sie ... Und dann, später, nach dem ersten Weltkrieg, wurde sie meines Wissens ... Also, ich weiß das auch nur aus Büchern, nicht ... da wurde sie von Leuten getragen, die man Kommodore nannte. Das waren die alten... äh, ich meine die ältesten Kapitäne einer Reederei. Und auch die Erfahrendsten. Und die konnten sich auch nur die reichen Reeder leisten. Weil nämlich die Kommodores keine Wache mehr zu gehen brauchten. Die sollten sich nur den Passagieren zeigen, beziehungsweise ... ja, und deshalb fuhren auf solchen Schiffen noch Extra-Kapitäne mit, die eigentlich das Schiff führten. So war das damals. Nun gibt es ... jedenfalls bei uns, beim *Atlantic Lloyd*, auch wieder einen Kommodore. Und das bin ich."

Nun bricht im Ballsaal der *ARGO* schon einzelner Beifall aus. Bravo-Rufe erschallen. Aber manche der erfahrenen Passagiere können sich deutlicher Kommentare untereinander nicht enthalten. Die reichen von „Was ist das denn für ein komischer Kauz?" bis „Wo hat Langenkamp den denn ausgegraben?"

Schröder, der die Resonanz seiner Passagiere durchaus richtig deutet, fühlt sich keineswegs wohl in seiner Haut. Deshalb beeilt er sich um die seiner Meinung nach notwendige Erläuterung seiner Worte und fährt in einem etwas bekümmerten Tonfall fort.

„Ja – meine Damen und Herren – Sie lachen mit Recht, denn ich bin ja nun eben nicht der älteste Kapitän meiner Reederei. Im Gegenteil - da gibt es noch wesentlich ältere".

Das Gelächter im Saal nimmt noch ein wenig zu, wenngleich sich auch Zischlaute unter die Amüsierten mischen, die ärgerlich um Ruhe gebeten werden.

„Und eigentlich ... tja, eigentlich ... äh ... sollte mein Vater, mein Vater Herrmann Schröder, der sollte Ihr Kommodore werden. Nicht ich, Kurt Schröder. Aber dann starb mein Vater plötzlich. Auf diesem Schiff. Oben auf der Kommandobrücke. Vor vier Wochen. Im Panamakanal."

Kann die Stille noch stiller sein, als vor Kapitän Schröders ersten Worten, so ist sie es jetzt. Oder hat jemand im Maschinenraum einen Hilfsdiesel abgestellt? Oder die Klimaanlage? Schröders Stimme kommt jetzt leiser aus den Lautsprechern, aber es fühlt sich auch niemand befugt, die Verstärker nachzuregeln.

„Nun war aber bei meinem Reeder Holland in Not. Denn mein Vater, der Kommodore, der war ja schon im Reiseprospekt! Mit Bild! Und da hat der Reeder bei mir an Bord angerufen in Yokohama. Und er hat gesagt, „Schröder", hat er gesagt, „Sie müssen sofort auf die *ARGO*. Ich habe unseren Passagieren doch einen Kommodore versprochen. Und der sollte Schröder heißen. Das sind jetzt Sie! Ihr Ablöser ist schon unterwegs. Kommen Sie sofort nach Bremen!"

Die Stille im Ballsaal ist mit keinem Messgerät mehr zu dokumentieren. Die Menschen im eleganten Ballroom der *ARGO* scheinen in Erschütterung erstarrt. Hat man so etwas schon erlebt? Eine Grabrede! Mit anschließendem Galabuffet ...

Schröders Stimme aber klingt mit einem Mal so, als sei der Kommodore befreit von einer schweren Last. Lauter und modulierter, fester und weniger stockend, beinahe geübt wie ein richtiger Redner fährt er – seine Blicke in die Augen der Menschen vor ihm versenkend – fort: „Und jetzt stehe ich vor Ihnen, meine Damen und Herren. In meiner Uniform als Kommodore. Obwohl ich eigentlich nur ein einfacher Kapitän bin. Noch nie habe ich vor so vielen Menschen gesprochen. Ich hatte auch noch nie das Kommando auf einem Passagierschiff. Und niemals in der Arktis. Dies alles musste ich Ihnen heute Abend sagen. Denn ich hasse jedes falsche Spiel. Dennoch möchte ich Ihnen versichern, dass Sie sich keinerlei Sorgen zu machen brauchen. Denn ich habe hier an Bord eine gute Besatzung, die allen Anforderungen dieser Reise entsprechen kann. Mein Erster Offizier Herr Silvio Gabianes (der Erste erhebt sich und verbeugt sich nach allen Seiten) wird weitgehend die nautische Führung der *ARGO* übernehmen. Unser Chief-Ingenieur Herr Dimitrios Kiriakoulis (der Chief folgt dem Beispiel des Ersten) betreut kompetent die gesamte Bordtechnik. Der Cruising Director unserer Reederei, Herr Menno Trenkner (erhebt sich ebenfalls), wird Sie in allen Fragen der Touristik während der gesamten Reise betreuen, wozu auch alle Landausflüge und die kulturellen Veranstaltungen an Bord gehören. Und zu guter Letzt haben wir mit unserem Lotsen Mister John Sinclair (obwohl Mister Sinclair kein Wort Deutsch spricht, hat auch er das Ritual verstanden und zeigt sich den Passagieren) einen erfahrenen Nautiker an Bord, der die vor uns liegende Nordwestpassage kennt wie seine Westentasche."

Spontaner Beifall erklingt aus der Schar der Passagiere, wenngleich längst nicht von allen Anwesenden.

„Ich aber, meine Damen und Herren, werde versuchen, meiner Rolle als Kommodore gerecht zu werden, in dem ich über Ihrer aller Wohl wache und dafür sorge, dass diese Reise zu einem guten und erfolgreichen Ende geführt wird. Und ich bitte Sie schon jetzt, sich mit allen Ihren Wünschen auch direkt an mich zu wenden, wenn es Ihnen nötig erscheint."

Jetzt bekommt Kurt Schröder den Beifall, um den er sich heimlich gesorgt hat. Es erheben sich sogar einige Passagiere, um ihm stehend zu applaudieren. Ein genauer Beobachter der Szene hätte allerdings auch diejenigen Passagiere und Besatzungsmitglieder ausgemacht, die reserviert auf jede Zustimmung zu seinen Ausführungen verzichten, sondern sich besorgt mit ihren Partnern, Nachbarn oder versunken mit sich selbst beratschlagen. Auch die Reaktionen seiner Ehrengäste am Commodores Table sind nicht einheitlich positiv. Während Schröder von Sylvia Steinhaus warmherzige Blicke und lebhaften Applaus erntet und El Gordo mit Gattin Cathi frenetisch klatschen, halten sich die Offiziere am Tisch ebenso zurück wie Professor Semmelmann und Trenkner. Hätte Schröder in diesem Augenblick ein Gespür für Stimmungen entwickelt, dann wäre im zweifellos sein erster Feind an Bord der *ARGO* aufgefallen: Ralf Steinhaus macht keinen Hehl aus seiner Abneigung gegen diesen Kommodore, den er mit abschätzigen Blicken und geringschätzigen Bemerkungen zu seinen Tischnachbarn als jenen Stümper zu entlarven sucht, der in seinen Augen keinerlei Qualifikation für die vor ihm liegenden Aufgaben besitzt. Doch Schröder entgeht auch dies wie so manches andere an diesen ersten beiden Tagen an Bord.

Schröder, der eine Pause gemacht hat, um den Beifall der Passagiere abzuwarten, fährt abschließend fort.

„Und nun, meine Damen und Herren, möchte ich unseren Kreuzfahrtdirektor Herrn Trenkner bitten, Ihnen einen Ausblick auf den touristischen Verlauf unserer Reise zu geben. Anschließend wird unserer Erster Offizier Herr Gabianes einige Ausführungen über die zu erwartenden Wetterbedingungen und nautische Besonderheiten der Fahrt zu machen. Ich danke Ihnen allen und wünsche einen guten Abend!"

Mit dieser Wendung hat Trenkner nicht gerechnet. Aber Kreuzfahrtdirektor wird man nicht nur als Fachmann für touristische Ausflugsplanungen, sondern vor allem durch die Fähigkeit, Menschen zu begeistern. Und das kann Trenkner besonders gut. Seine Stehgreifrede über die wilde und eisige kanadische Arktis voller Eisberge und Eisbären, unter glühendem Nordlicht und auf krachendem Packeis, mit endlos hellen Nächten und heulenden Schneestürmen erzeugen bei seinen Passagieren die erwünschte Wirkung: eine wohlige Gänsehaut verbunden mit der Gewissheit, nach dem Landgang von einem heißen Bad in der Whirlpoolwanne ihrer Suite und dann im Ballroom zum Fünfganggaladinner erwartet zu werden.

Diese euphorischen Stimmung mag auch der Erste Offizier nicht zerstören. Deshalb verschweigt er in seinen Ausführungen den durchaus nicht gewissen und pünktlichen Abschluss der bevorstehenden Fahrt, sondern beschränkt sich darauf, den Passagieren zu erläutern, dass man des Nachts in ruhigen Buchten ankern, tagsüber durch interessante und urwüchsige Landschaften fahren und mit Seegang kaum zu rechnen haben würde.

Dieser erste Abend an Bord der *ARGO* scheint für die Passagiere einen durchaus freundlichen, gelösten und positiven Verlauf zu nehmen. Auch Kurt Schröder hätte zufrieden sein können, wenn die nächsten Minuten nicht eine ihm äußerst unangenehme Wendung gebracht hätten. Gleich nach seiner Ansprache hat er den Tischsteward um ein großes Glas Mineralwasser gebeten, das er auch - nach einiger Wartezeit - erhält. Dankbar setzt er das Glas an die Lippen, um es in einem Zug zu leeren. Aber das Glas enthält kein Mineralwasser.

Sondern reinen Wodka!

Erschreckt setzt er es nach dem ersten großen Schluck ab und blickt sich suchend nach dem Steward um, den er aber nicht entdecken kann.

Während einerseits die wunderbare Wirkung des Wodka einsetzt und dem Kommodore die ersehnte Linderung seiner Ängste und erneute Zuversicht und Kraft einflößt, steigt eine schlimme Besorgnis in ihm auf: Ist er enttarnt worden? Beginnt mit dieser unerhörten Provokation schon der Grabenkrieg gegen ihn? Lauert man auf Reaktionen, Blößen, Ausfälle und Gegenwehr? Wer ist der Brutus mit dem Dolch, der ihm diesen miesen Streich spielt? Er wird sich eine Strategie überlegen müssen, um sich vor seinem Feind zu schützen. Wer ist der hinterlistige Provokateur? Ist es nur einer?

Oder ist dieser Wodka lediglich die harmlose Verwechselung der Bestellung eines Gastes an einem ganz anderen Tisch? Schröder muss versuchen, das herauszufinden. Aber wie?

Der Kommodore nutzt alsbald nach dem Dinner das Einsetzen der Tanzmusik und zieht sich geschickt und von den Gästen wie der Besatzung weitgehend unbemerkt in seine Wohnräume auf dem Brückendeck zurück. Erschöpft hofft er auf eine ruhige Stunde der Besinnung und Sammlung. Er muss jetzt allein sein mit sich und seinen Problemen. Er wird eines seiner fünf Wodkafläschchen leeren, sich später von seinem Steward eine doppelte *Bloody Mary* zur Nacht heraufbringen lassen und dann versuchen, in einem erholsamen Schlaf zu versinken.

Als Schröder seine Suite betritt, sieht er diesen Plan allerdings durchkreuzt. Denn aus dem Salon tritt ihm mit glücklichem Lächeln Valerie Schröder entgegen - seine Mutter ...

13

„Ah - Mutter, Du ...", kommt es fassungs- und tonlos aus seinem Mund.

Seine Stimme klingt nach „Du hast mir gerade noch gefehlt" und er erschrickt vor sich selbst und vor dieser Stimme.

Valerie Schröders eben noch erwartungsfrohe und glückliche Miene entgleist zu betretener Enttäuschung.

„Du freust dich nicht. Schade - ich dachte ..."

„Wie bist Du ... wer hat Dich ...?"

„Ich hab den jungen Mann ... ist er ... hm ... ist er Dein Kajütjunge? Ich bat ihn, mich einzulassen und er hat mir die Tür aufgeschlossen. Bitte - bestrafe ihn nicht dafür, Junge."

„Na ja - dann ... setz Dich. Möchtest Du etwas ..?."

Aber Valerie Schröder setzt sich nicht. Sie ist nicht in die Kapitänssuite gekommen, um einen belanglosen Smalltalk mit ihrem großartigen Sohn zu führen und sich von ihm zu einem Drink einladen zu lassen. Ihre Sehnsucht brennt darauf, diesen großen Jungen in ihre Arme zu nehmen, den sie wieder einmal monatelang nicht gesehen hat. Und als sie ihn endlich wiederhatte nach der schrecklichen Nachricht über den Tod des Ehemannes und des Vaters und nach der traurigen Beerdigung und nach all dem Stress während der drei Tage, die er ihr zwischen seiner Ankunft aus Yokohama und dem hastigen Aufbruch nach Kanada gönnen konnte, da hat sie nur noch eines gewollt: ihn jetzt an sich zu drücken, seine Kraft und seinen Trost und seine Zuversicht zu spüren, ihn bewundern zu dürfen und gleichzeitig zu bemuttern und in einer Stunde oder zwei alles aus der gemeinsamen Welt zu reden, was je zwischen ihr und ihrem Mann und damit auch zwischen ihr und ihrem Jungen gestanden hat in den achtundvierzig Jahren seit seiner Geburt und dem Tod seines herrischen und unduldsamen Vaters.

Und das tut sie auch. Sie geht diesen einen entscheidenden Schritt auf ihn zu und umschlingt in einer stürmische Umarmung seine Schultern und seinen Nacken, zieht seinen Kopf zu sich hinunter, küsst ihn aufschluchzend auf die rechte Wange, drängt sich förmlich in seinen starken Körper hinein, hält ihn einfach fest, als wolle sie ihn nie, nie mehr loslassen.

Doch dann fühlt sie, wie sich der Sohn versteift, anstatt sich dieser mütterlichen Umarmung hinzugeben, und wenn es auch nur für einen innigen Moment gewesen wäre. Es wird ihr klar, dass sich Kurt verschließt, ihre Nähe ablehnt. Als sei sie eine Fremde, ein Eindringling, die keinen Zugang zu seinen Gefühlen und erst recht nicht zu seinen Gedanken verdient.

Enttäuscht und ernüchtert lässt die Mutter von ihrem Sohn ab, hält nur noch wie eine letzte Hoffnung seine Hand auf Armeslänge fest, sieht ihm tief und besorgt in seine müden Augen, die dem bezwingenden Blick aber ausweichen und über ihre Schulter hinweg durch den eleganten Salon irren. Aber sie bringt es noch nicht fertig, zu gehen. Obwohl ihm das – sie fühlt es überdeutlich – sicher am liebsten wäre. Stattdessen bedrängt sie ihn nun mit Fragen: „Was ... was ist mit Dir, mein Junge? Du siehst so ... so bedrückt aus. Hast Du ... etwa ... Sorgen? Jetzt wo Du alles erreicht hast, was Dein Vater sich niemals ... ach ... Wenn er das doch nur hätte erleben können!"

Schröder gibt sich jetzt doch einmal Mühe, sieht seiner Mutter ins Gesicht, bemerkt die Tränen, sucht nach einem Taschentuch, das er nicht findet. Da nimmt er plötzlich entschlossen seine Mutter in den Arm, drückt sie einmal sekundenlang an sich und sagt:

„Ich weiß nicht, ob dies alles richtig war. Vielleicht hätte ich nicht herkommen sollen. Aber nun bin ich hier und muss das Beste aus meiner Lage machen. Gib mir ein bisschen Zeit Mutter und dann ..."

Tapfer wendet sich Valerie Schröder zur Tür, dreht sich dort noch einmal um: „Gut, Kurt. Ich lasse Dich jetzt allein. Aber ich bitte Dich inständig: Lass Dir helfen – egal von wem. Du warst nie so stark wie unser Vater es war. So sehr wir ihn gefürchtet und manchmal sogar gehasst haben, so sehr war auf ihn immer und ewig Verlass. Ich wünsche Dir ein bisschen von seiner Kraft, mein lieber Junge. Gute Nacht!"

14

Der zweite Tag an Bord der ARGO am Kai der Kleinstadt Cambridge Bay sieht Kommodore Schröder als einen scheinbar ganz neuen Mann.

Während sich die Passagiere fast vollzählig auf einem Landausflug befinden, um in Begleitung des Cruising Directors und eines örtlichen Reiseleiters das *Arctic Visitors Centre* zu besuchen, sich anhand von Naturfotos die Landschaft und auf Seekarten der Gewässer einen ersten Überblick über das Gebiet der Nordwestpassage verschaffen und das Wrack des Expeditionsschiffes MAUD sehen, dessen gesamte Besatzung unter Kapitän Roald Amundsen im Jahre 1928 den einsamen Tod in der arktischen Eiswüste fand, schafft Schröder an Bord Tatsachen.

Gleich nach dem Frühstück um neun Uhr versammelt er seine nautische Führungsmannschaft und den Lotsen in der Offiziersmesse.

Anhand der von den kanadischen Behörden vorliegenden Informationen über die Eislage legen die Männer gemeinsam die voraussichtlich befahrbare Route durch die vielfältig verästelten und um die Inseln und Kaps der Passage führenden Fahrwasser fest. Sie einigen sich darauf, ausschließlich während des Tageslichtes zu manövrieren und markieren in den Seekarten unter Beratung des Lotsen diejenigen geschützten Buchten, in denen die *ARGO* des Nachts zu Anker liegen soll. Diese Prozedur verläuft erfreulich einvernehmlich und ist nach gut zwei Stunden beendet. Die Stimmung ist positiv. Die Messestewards servieren Kaffee und Tee. Schröder trinkt seinen Tomatensaft. Den Wodka, der aus diesem Tomatensaft eine *Bloody Mary* macht, hat er zuvor in seinem Salon getrunken. Er reicht für maximal drei Stunden - je nachdem.

Es geht weiter mit der Einteilung der Brückenwachen. Schröder lässt vom Dritten Offizier Mangelsdorf protokollieren, dass sich während der Tagfahrt immer zwei nautische Offiziere und der Lotse auf der Kommandobrücke zu befinden haben, dass die *ARGO* zu keiner Zeit unter Selbststeueranlage fahren darf, sondern ausschließlich von einem erfahrenen Vollmatrosen als Rudergänger von Hand gesteuert werden muss. Alle Ruder- und

Fahrtkommandos werden ausschließlich vom Lotsen in englischer Sprache gegeben. Außerdem hat ein weiterer Matrose mit Fernglas als Ausguck zu fungieren, dessen besonderes Augenmerk sich auf etwaige Kleinfahrzeuge sowie Treibgut und schwimmende Großtiere wie zum Beispiel Eisbären oder Robben richtet. Die Radargeräte werden in engen Fahrwassern grundsätzlich nicht benutzt, es sei denn, die Sicht sinkt unter die Länge des Anhalteweges der *ARGO*. Im Übrigen drängt er auf Einhaltung einer ohnehin jedermann geläufigen seemännischen Regel, nach der stets mit der sogenannten sicheren Geschwindigkeit zu fahren ist, die ein Aufstoppen des Schiffes innerhalb der optischen Sichtweite vor dem Bug ermöglicht.

Zur Mittagspause unterbricht der Kommodore die Besprechung für eine Stunde. Schröder sucht seine Suite auf. Danach fahren die Männer fort.

Im Folgenden geht es um die Dienst- und Rollenpläne der Offiziere und Mannschaften:

Wer wird die *Zodiak*-Schlauchboote bemannen und die Passagiere einteilen, wenn es zu Expeditionen in die arktische Landschaft von Bord geht?

Wer leitet den Sicherheitsdienst an den Rettungsbooten der *ARGO* und an Land sowie die Seenotrettungsübungen für die Passagiere, die die Seeberufsgenossenschaft vorschreibt?

Und schließlich: Welche Maßnahmen müssen für den Fall einer Evakuierung der Passagiere getroffen werden, falls die *ARGO* aufgrund der Eislage im Eis stecken bleibt und ihre Reise nicht fortsetzen kann? Niemand hat so etwas bisher erlebt. Auch Lotse John Sinclair, dem man den Sachverhalt übersetzt, schüttelt entgeistert den Kopf: „I don't believe this will happen ...!"

In diesem Punkt gibt es außer diversen Fantasien der Anwesenden keine Übereinkunft. Schröder zuckt letztlich auch mit den Schultern: „Ich denke, so was muss im Falle eines Falles von Land aus organisiert werden. Schließlich können wir unsere Passagiere nicht über hundert Kilometer zu Fuß über das Eis zu irgendeinem Flugplatz laufen lassen."

Gelächter und Kopfschütteln ist alles, was die Runde hervorbringt. Richtig ernst nimmt niemand dieses Thema.

Das Gelächter legt sich aber schnell, denn jetzt erfährt die bis dahin lockere Übereinkunft der Runde eine unerwartete Wendung, die nicht jedem zu schmecken scheint. Schröder beugt sich ein wenig vor und sucht wie vorgestern Abend jenen imaginären Punkt an der Wand über dem Kopf des Ersten Offiziers Silvio Gabianes. Dann erklärt er mit quasi amtlicher Stimme und Würde, die niemand an ihm bisher so bemerkt hat: „Abschließend erläutere ich Ihnen die Anordnung unseres Reeders Herrn Hans Heinrich Langenkamp zu meiner Rolle bei der Schiffsführung. Der Reeder legte zu meiner eigenen Überraschung die Verantwortung in die praktische tägliche Schiffsführung der *ARGO* bei dieser Reise in die Hände des Ersten Offiziers und des kanadischen Lotsen. Er sagte mir ferner, dass ich mich als Repräsentant der Reederei vordringlich um das Wohlergehen der illustren Schar unserer Passagiere zu kümmern habe und deshalb auch wachfrei bin. Sie sehen, die Aufgabenverteilung auf diesem Schiff und bei dieser außergewöhnlichen Reise scheint ebenso ungewöhnlich zu sein wie bei einer in Anführungsstrichen normalen Kreuzfahrt. Also, ich sehe es so, dass die praktische Schiffsführung verantwortlich in Ihren Händen liegt, Herr Gabianes. Sie haben sich mit Herrn Sinclair zu beraten und sind Herr auf der Kommandobrücke. Ich möchte allerdings darum bitten, dass ich über alle, auch die nautischen Vorkommnisse an Bord, jederzeit informiert bleibe. So, meine Herren, das ist alles für den Moment. Und morgen werden wir früh auslaufen. Herr Bonnhoff, Sie werden bitte nach dem Frühstück - sagen wir um 11 Uhr Bordzeit, die notwendige Seenotübung einleiten. Geben Sie die über Lautsprecher in allen Räumen unmissverständlich als Übung bekannt, ja? Dann lösen Sie das Alarmsignal „Schiff verlassen" aus und versammeln alle Passagiere sowie den Bootsmann mit allen Decksleuten und die Bootssteuerer mit angelegten Schwimmwesten auf dem Bootsdeck in Lee! Ich wünsche Ihnen noch einen guten Abend!"

Mit diesen Worten verlässt der Kommodore die Offiziersmesse. Er hinterlässt seine Führungsmannschaft in totaler Sprachlosigkeit. So etwas hat wohl noch niemand während seiner seemännischen Laufbahn erlebt. Nach einem Moment eisiger Stille bricht ausgerechnet der jüngste Wachoffizier Günter Mangelsdorff ebenso mutig wie frech das Schweigen: „Na - herzlichen Glückwunsch, Herr Gabianes. Tolle Beförderung ..."

Der Angesprochene reagiert nicht, als scheine er die taktlose Bemerkung überhaupt nicht gehört zu haben. Dafür schaltet sich der Zweite Offizier ein: „Das gibt´ s ja gar nicht! Der kneift doch, der Schröder. Ist das juristisch überhaupt wasserdicht? Ich meine, kann ein Kommodore praktisch sein Kommando weggeben? Selbst wenn der Erste Offizier 'n Kapitänspatent für große Fahrt hat, so wie Sie?"

Jetzt hat sich der Erste gefangen: „Was meinen Sie damit, Bonnhoff? Sie haben's doch eben gehört - Anordnung von ganz oben. Also, was soll's." Und mit dem Anflug eines Lächelns fügt Gabianes leise, aber messerscharf und deutlich hinzu: „Alles hört auf mein Kommando!"

15

An Land sind die Besichtigungen und Rundgänge für heute beendet. Menno Trenkner hat sich den Mund fusselig geredet und das dürftige Englisch des lokalen Fremdenführers übersetzt, ohne bei seinen anspruchsvollen Passagieren, die schon die ganze herrliche Welt kennen, Begeisterung für diese dunkle Wildnis zu wecken. Nun gewährt er ihnen eine Stunde freie Zeit und die meisten zerstreuen sich in den zwei, drei Straßen der winzigen Inuitsiedlung Cambridge Bay, die nichts bietet außer nasskaltem böigen Wind bei null Grad, matschige Gehwege, frühe Dämmerung und Schwärme von kreischenden Möwen, die die ungewöhnliche Menschenansammlung der *ARGO*-Passagiere im Tiefflug um Futter anmachen. Die versprochenen „Katalogtiere" wie Moschusochsen oder Alke, Eisbären oder Robben; keines dieser Tundrawesen des Nordens hat sich bisher gezeigt.

In einer Bar an der Waterfront hat sich eine kleine Gruppe frierender Mitpassagiere um Starreporter Ralf Steinhaus und seine Frau versammelt, die selbst in ihrem dicken *Helly Hansen* Anorak mit tief in die Stirn gezogenere Kapuze noch jeden Contest gegen jedes *Vanity Fair* Model gewinnen würde. Als sie lässig die Kapuze nach hinten herunterklappt und ihre goldblonde Mähne zurechtschüttelt, gilt dies sogar für alle bisherigen *Vogue*-Coverfrauen.

Ralf Steinhaus scheint im Gegensatz zu den übrigen Männern in der Bar keinen Blick für die Schönheit seiner Gattin zu haben. Dafür macht er lieber seiner schlechten Laune ungeniert und böse Luft: Verdammtes Kaff, dieses Camburgh oder wie das hier heißt! Habt ihr euch das etwa so vorgestellt? Zum Beispiel so: Könnte ein wissenschaftlicher Text von ´nem Gelehrten aus der neuen Geo sein: Grandiose Gletscherlandschaften unter jagenden Schneewolken, vor denen hungrige Eisbären unruhig auf der Suche nach versprengten Robben umhertappen. Heulender Sturm treibt krachende Eisschollen heran, die die Kais einrennen und die letzten Fischerboote der Inuit zu Brennholz verarbeiten, während sich die Kreuzfahrtpassagiere der *ARGO* um ein wärmendes Feuer drängen, das der Kreuzfahrtdirektor am schwarzen Steinstrand aus den Trümmern der Boote aufgeschichtet hat."

Gelächter klingt auf. „Nana - nun übertreiben sie aber."

„Warten Sie's nur ab, Steinhaus, das hier ist erst der Anfang. Ich war vor zwei Jahren hier, da war Weltuntergang. Orkan mit Eissplittern drin. Kein Gedanke an Seefahrt. Vier Tage konnte niemand von Bord und unser damaliges Schiff lag mit acht Trossen felsenfest an der Pier."

„Na, meinetwegen", kontert der Reporter. „Wenn's so dicke kommt, dann hoffe ich nur, dass dieser komische unfähige Kauz von Kommodore die Lage im Griff behält. Und wenn nicht, dann kann er nämlich was erleben ..."

„Wieso, wollen Sie dann die Schiffsführung übernehmen?", fragt - das einsetzende Gelächter abschneidend - Professor Semmelmann ruhig in die Runde. Alle Gesichter wenden sich ihm zu, der schon äußerlich die beeindruckende Autorität einer Persönlichkeit ausstrahlt, der niemand etwas vormachen kann.

„Ich bereise die Nordpolregion seit fast zwanzig Jahren", wiegelt der Senior bescheiden ab. „Und ich kann Sie beruhigen: Noch nie zuvor hat es in diesen Nordbreiten weniger Eis gegeben als in diesem Sommer. Die erste Reise eines Passagierschiffes durch die Nordwestpassage fand immerhin erst 1985 statt und sie begann mit völlig ungewissem Ausgang. Die Passagiere waren allesamt steinreiche Abenteurer mit genug Zeit und Geld, die mit allem rechnen mussten - vom wochen- oder gar monatelangen Festsitzen im Packeis bis zur Evakuierung mit Hundeschlitten der Eskimos. Denn genügend Hubschrauber gab es damals ebenso wenig wie heute. Aber das scheint mir alles wie Schnee von gestern. Uns wird vermutlich gar nichts passieren. Und unser Erster Offizier Silvio Gabianes ist ein mir bestes bekannter Seemann mit Kapitänspatent AG und Eiserfahrung wenigstens von den Großen Seen und dem St. Lorenzstrom, wo wir früher gerade noch beherrschbare Eisbedingungen antrafen."

Mit diesen Worten ist Ralf Steinhaus' große Klappe für diesen Nachmittag mausetot und man begibt sich gemächlich auf den kurzen Fußweg an Bord der *ARGO*, um sich den Nachmittagskaffee schmecken zu lassen und sich alsbald für das Dinner umzuziehen.

In der Luxussuite Nummer 14 auf dem Bootsdeck gibt es an diesem Nachmittag einen ziemlich heftigen Disput.

„Weißt Du was, Ralf", stemmt Sylvia Steinhaus ihre Fäuste in die schmale Taille und bohrt ihre schönen tiefblauen Augen zornig in die ihres Gatten, „ich bin hab Deine ewigen Meckereien bald gründlich satt! Nichts kann man Dir recht machen. Dein Kommodore gefällt Dir nicht und nicht das Wetter. Über unsere Mitreisenden äußerst Du Dich abfällig und kompromittierst Fachleute, denen Du nicht das Wasser reichen kannst! Vielleicht solltest Du Dich das nächste Mal ins Weltall schießen lassen und ein Fotoshooting über das Mondkalb schreiben, damit endlich wieder eine Sensationsstory von Dir in den Gazetten steht! Gibt es denn nichts mehr, das Dir gute Laune verschafft? Meine Güte nochmal ..."

„Ach hör doch auf, mach mich nicht an!", herrscht Ralf Steinhaus seine Frau an. „Diese Scheißlangeweile! Du weißt doch überhaupt nicht, wie das ist, wenn man wochenlang keinen Anruf kriegt. Wenn niemand was von einem wissen will! Kein Auftrag, keine Kohle! Du mit deinem verdammten sicheren Job in deiner Klappsmühle für Neureiche, für sogenannte Outburn Syndromer, für Schnaps- und Drogensüchtige, die an Deinen Lippen hängen, um da wieder 'raus zu kommen! Du hast jeden Tag Deine klitzekleinen Erfolgserlebnisse und sahnst dafür auch noch Knete ohne Ende ab. Und ich? Soll ich Dir auf Knien hinterherrutschen? Nee – aber das macht ja vielleicht bald Dein Lover von damals, dieser Waschlappen von einem Kommodore da oben! Dass ich nicht lache ..."

Zum Schluss kämpft Sylvia Steinhaus mit den Tränen und knallt mit den Türen zwischen Salon und Schlafzimmer, während Ralf Steinhaus die Kabinentür zum Flur zuballert und in Jeans und kariertem Holzfällerhemd in die Bar stapft, um seine schlechte Laune mit einem doppelten Dimple on the Rocks herunterzuspülen.

Da Fred, der ältere Chefbarkeeper, ihn erkennt und sie die einzigen Personen am Tresen sind, entspinnt sich nach dem zweiten doppelten Dimple on the Rocks ein interessantes Gespräch zwischen den beiden.

„Na, Herr Steinhaus: Wieder auf der Suche nach ´ner neuen Sensation? Ich lese ja zu gerne Ihre Storys, wenn ich überhaupt mal ´ne Illustrierte in die Hand kriege ..."

„Na klar, Mensch – und ausgerechnet Sie haben ´nen heißen Tipp für mich, was?" knurrt Steinhaus abweisend-mürrisch.

Und da sticht den Barmann der Hafer. Natürlich hat er den Tipp für diesen arroganten Reporter, der ihn nicht ganz für voll nimmt. Und dem wird es jetzt mal zeigen. Aber hallo!

Hätte er doch bloß den Mund gehalten! Doch da plappert es schon aus eben diesem heraus: „Also – Herr Steinhaus", flüstert der Barmann und lehnt sich unter scheuen Seitenblicken über seinen Bartresen zum Reporter hinüber, bis Steinhaus neugierig das Gleiche tut und dabei abschätzig grinst: „Wenn was dabei rausspringt für mich, ich meine ... Sie wissen schon ... dann ..."

Mit einem Ruck greift Steinhaus da über den Tresen, hakt blitzschnell einen Zeigefinger hinter die schwarze Fliege des Mannes und ballt seine Faust. Dem Mann treten die Augäpfel hervor und er beginnt, rot anzulaufen.

„Jetzt hören Sie mal zu, Sie mieser Erpresser, ich kaufe keine Storys, sondern ich mache selber welche und die verkaufe dann ich. Kapiert? So – und jetzt schießen Sie los, Fred, sonst ...", und damit lässt er den Kragen los und lächelt plötzlich freundlich, „und über Ihr Honorar reden wir nach der Veröffentlichung. Ich lasse mich nicht lumpen. Versprochen. Jetzt raus mit der Sprache!"

Fünf Minuten später hat Chefbarkeeper Fred etwas getan, was gröblich gegen die Berufsehre eines jeden Barkeepers auf der ganzen Welt verstößt und längst sein eigentliches Aus besiegelt haben müsste. Er hat ein privates Geheimnis seines höchsten Vorgesetzten ausgeplaudert. Und dies ausgerechnet dem Mann gegenüber, der es um alles in der Welt nicht hätte erfahren dürfen.

Ralf Steinhaus weiß nun, was Fred über Kurt Schröder gehört hat. Und er hat noch mehr erzählt, nämlich dass er Schröder vorgestern Abend anstatt eines gefüllten Wasserglases eines voll Wodka an den Commodores Table bringen lassen musste. Und dass Schröder dieses Glas auch getrunken hat, na ja, nicht ganz, aber doch ziemlich und ... Nein, von wem er den Auftrag dazu bekommen hat, das will er Steinhaus nicht verraten, weil ... also, er ist ja nicht lebensmüde, denn wenn das rauskommt, wird er seinen Job an Bord der *ARGO* los sein und in seinem Alter auch keinen neuen mehr bekommen. Nein – nur das nicht!

Ralf Steinhaus, der Gerissene und mit allen Wassern Gewaschene, guckt nun den Fred mit der Unschuldsmiene eines alten Ohrensessels an und sagt gar nichts. Was hinter seinem Pokerface vor sich geht, braucht nämlich niemand zu wissen.

Erst rekapituliert er seine eigenen Beobachtungen, hat er doch selbstverständlich bemerkt, wie erschrocken Kommodore Schröder das erwähnte Wasserglas nach dem ersten Schluck abgesetzt hat und sich sofort suchend nach dem Steward umsah, der es brachte. Das sieht nicht nach dem süchtigen Alkoholiker aus, als den Fred ihn gebrandmarkt hat.

Das soeben Gehörte allein hat auch keinerlei materiellen Wert für den Reporter, denn die Meldung eines im Dienst Alkohol trinkenden Kommodore reißt keinen einzigen Redakteur zu einer Notiz hin und keinen Leser hinter dem Ofen hervor. Dennoch beschließt Steinhaus, sich auf Kurt Schröder einzuschießen. Denn falls der - egal, ob vor den Passagieren oder auf der Kommandobrücke - den kleinsten Fehler begeht, wird er ihn auseinandernehmen. Dann sucht und findet er seine Story.

Und wer weiß – vielleicht ergibt sich ja sogar eine Gelegenheit, ein wenig nachzuhelfen, oder? Eine belanglose Plauderei mit dem Kommodore an der Bar? Ein Wink mit seinem Wissen über die alten Zeiten mit Sylvia? Eine Andeutung über das Lieblingsgetränk Kurt Schröders?

Im Hinterstübchen seines Hirns konstruiert Steinhaus auch schon seinen Triumph über seine Frau, der er genüsslich vorhalten wird, in was für eine Gosse ihr ehemaliger Geliebter abgeglitten ist: Ein Alkoholiker macht sich zum Gespött der Leute, die auf Kreuzfahrtschiffen fahren und an Land in den Zeitungen über seine Verfehlungen lesen!

Zuletzt kehrt Steinhaus aus seinen niederträchtigen Überlegungen in die Realität zurück und gibt Barkeeper Fred einen freundschaftlichen Klaps auf den Oberarm: „Na – Fred, so heiß ist der Tipp nun auch wieder nicht, was? Aber man weiß ja nie ... Auf jeden Fall sollten Sie in Zukunft die Klappe halten. Schon wegen Ihres Exklusivhonorars. Abgemacht?“

16

Kurz vor 17 Uhr verlässt Kommodore Schröder seine Suite, fährt mit dem Fahrstuhl zum Hauptdeck hinunter und erkundigt sich bei der Chef-Hostess an der Rezeption so beiläufig wie möglich danach, ob denn alle Passagiere wohlbehalten von ihrem Landausflug an Bord zurückgekehrt sind.

„Jawoll Käptn!“, salutiert die junge Helga Behrends aufgekratzt, „alles an Bord, auch unser Bärenführer Herr Trenkner. Aber leider, leider - keine Bären. Hoffentlich gibt das nicht 'ne saftige Beschwerde von den Gästen! Und Sie? Auch ´n büschen on the shore so spät noch?“

Klar, sie hat gleich erkannt, dass Schröder anstelle einer Uniform einfache Zivilkleidung unter seinem dicken dunkelblauen Dufflecoat trägt, dessen Kapuze er sicher über den Kopf ziehen wird, sobald er über die Gangway in den Nieselregen hinaustritt. Das allerdings erscheint ihr etwas merkwürdig: Wenn ein Kapitän überhaupt im Hafen sein Schiff verlässt, dann meistens wegen irgendwelcher amtlichen Angelegenheiten bei Behörden wie dem Hafenamt oder dem Zoll und in Uniform. Doch solche Dinge regelt eher der Agent der Reederei, der seinem Kunden nahezu alles abnimmt, was mit dem Aufenthalt seines Schiffes zu tun hat, wie zum Beispiel das Ein- und Ausklarieren, die Beschaffung von Proviant, Treibstoff, Ersatzteilen und dergleichen mehr.

Die einzigen Anlässe eines Kapitäns zu einem persönlichen Landgang mögen etwa ein freundschaftlicher Besuch auf einem anderen Schiff seiner Reederei, beim Konsul seines Heimatlandes oder ein wirklich privates Anliegen sein.

Da alle diese Gründe hier in diesem weltvergessenen Ort wohl ausfallen, treibt Helga Behrends bald die Frage um, was den Alten bewegen mag, bei anbrechender Dämmerung Cambridge Bay unsicher zu machen. Sie lugt sogar noch durch die Pforte an der Gangway, um zu erkunden, ob unten auf dem Kai ein Auto oder Taxi wartet. Da dies nicht der Fall ist, wendet sie sich kopfschüttelnd wieder ihrer Tätigkeit zu, die aus dem Kopieren des Tagesprogramms für den nächsten, den ersten Reisetag auf den Gewässern der Nordwestpassage besteht ...

Kurt Schröder hat indes die späte Stunde ganz bewusst für seinen Landgang gewählt, denn es käme ihm ungelegen, bei seinem Geschäft beobachtet zu werden. Was ihn umtreibt, ist die Sorge um seine Vorräte an Alkohol. Schließlich bietet sich heute Abend die letzte Gelegenheit, um seinen Bedarf an Wodka für die nächsten zwei Wochen zu decken, denn zwischen dem Auslaufen in die Nordwestpassage und dem Erreichen des Zielhafens Resolute, wo die Passagiere die *ARGO* verlassen werden, liegen zwölf Tage. Und an jedem einzelnen Tag benötigt Schröder einen Liter reinen Wodkas. Nur der vermag seinen stets gleichbleibend hohen Alkoholspiegel im Blut aufrecht zu erhalten, der ihm sein - wenn auch höchst zweifelhaftes - „normales Leben eines Spiegeltrinkers" ermöglicht.

Als Frachterkapitän auf vielen Schiffen und zuletzt auf der *ALKOR* hatte es mit der Alkoholbeschaffung keine Probleme gegeben: Er hatte ganz selbstverständlich im Hafen über den Agenten beim Schiffshändler seinen Vorrat bestellt, der dann diskret direkt in seine Kammer geliefert und dort von ihm in einer der großen Schiebladen unter seiner Koje verstaut wurde. Die Mannschaften, die gewöhnlich aus Philippinos, Malaien, Chinesen und manch anderen Nationen bestanden, interessierte es einen Scheißdreck, was „der Alte" in seiner Kammer trieb. Und seine Offiziere - oft Griechen - ließen sich in der Offiziersmesse gern mal vom Skipper zu einem Drink einladen und hielten ansonsten die Schnauze. Denn er war ein guter Skipper, der auch mal fünf gerade sein ließ. Hauptsache, sein Schiff wurde ordnungsgemäß geführt, gepflegt und gewartet, die Crew hatte genug zu essen und wurde menschlich behandelt und man konnte die Fahrpläne einhalten, die einem die Reeder diktierten.

An Bord der *ARGO* geht es so nicht. Da steht er beinahe Tag und Nacht auf dem Präsentierteller. Seine an Bord bald bei jedermann bekannte *Bloody Mary*, die er sich beim abendlichen gesellschaftlichen Anlass nach dem Dinner an der Bar bestellt oder beheizten mal am Vormittag beim Klönen mit netten Passagieren am Pool, ist das Äußerste, was er sich leisten darf, ohne damit auch nur annähernd den Bedarf seines Körpers nach Alkohol decken zu können.

Seinem persönlicher Steward, der aber auch den Lotsen und die übrigen Offiziere bedient, darf er ebenso wenig sein Trinkverhalten offenbaren wie dem Reinigungspersonal, das in der Kapitänssuite täglich das Bett macht und für Ordnung und Sauberkeit sorgt.

Bestechung wäre eine Möglichkeit gewesen, die Schröder in Betracht gezogen, aber rasch wieder verworfen hat, spätestens nach dem Vorfall beim Commodores Dinner am ersten Abend an Bord. Seither wagt er es nicht, sich irgendjemandem anzuvertrauen und ihn in sein Geheimnis einzuweihen.

Auf diese Weise bekommt die ihm geläufige sprichwörtliche Einsamkeit des Kapitäns eines Seeschiffes in der weltweiten Fahrt eine weitere Facette: Kurt Schröder hat keinen Vertrauten an Bord. Und auch keinen einzigen Freund ...

Jetzt erreicht er die ersten Häuser der kleinen Stadt, sucht seinen Weg zu irgendeiner Art Hauptstraße, wo es Geschäfte, vielleicht einen Supermarkt gibt, und wird auch bald fündig. In dem Geschäft ist kaum ein Kunde und das Personal, ein verschlafener Regaleinräumer und eine Kassiererin, nehmen nach einem ersten raschen Blick wenig Notiz von dem unter seiner Kapuze umherlugenden Mann. Dann steht er zwischen zwei kurzen Regalen mit Spirituosen und - sucht vergeblich nach seinem Getränk. Es gibt lediglich kanadischen Whisky Marke *Canadian Club*, den er nicht will. Und französischen Cognac *Remy Martin*, den er nicht mag. Er verlässt den Markt auf der Suche nach einer anderen Gelegenheit und da erhellt sich seine Miene, denn über einem Gang zwischen zwei Baracken entdeckt er ein schäbiges Schild mit der Aufschrift Shipstore. Dort ersteht er den gesamten Bestand an völlig verstaubtem finnischem Wodka *Finnlandia* : Ganze sechs 0,7 Literflaschen lädt ihm der runzelige alte Schiffshändler grinsend in seinen mitgebrachten Seesack. Dann guckt er auf seine altertümliche Glasenuhr über der abgewetzten Theke und zieht eine Augenbraue hoch. Die Uhr zeigt nämlich kurz vor sechs und der Mann scheint Schröder möglichst bald loswerden zu wollen, um Feierabend zu machen.

Hektisch vor Sorge läßt Schröder sich noch rasch sechs Flaschen einer dubiosen Rummarke einpacken, bezahlt den irrsinnig hohen

Preis mit seiner *Visacard* und erreicht mit dem ziemlich schweren Seesack auf dem Buckel die *ARGO* um halb Sieben.

Ärgerlich, aber gleichzeitig froh darüber, dass ihn niemand daran hindert, begibt er sich ungesehen die Gangway hinauf und an der nicht besetzten Rezeption vorbei zu den Fahrstühlen.

In seiner Suite wuchtet er den ganzen Seesack erst einmal in einen der Kleiderschränke in seinem Schlafzimmer, wirft sich dann ein wenig erschöpft in einen der Salonsessel und genehmigt sich seine Abendration aus der vorletzten großen Wodkaflasche vom Einkauf am Flughafen.

Nachdem die wohlige Wirkung seinen Körper durchströmt und ihn ein weiteres Mal – („Wie oft eigentlich schon, Schröder? Und wie lange noch?") – mit seinem Schicksal versöhnt hat, zieht er sich gemächlich um, um seinem Job als Kommodore zu genügen:

Illustre Gäste am Commodores Table zu begrüßen, das Dinner mit Anstand zu überstehen, mit einer *Bloody Mary* in der Hand an der Bar viele dumme und wenige kluge Fragen zu beantworten, sich um die Gefälligkeitstänze mit den allein reisenden Millionärinnen zu drücken und so bald wie möglich in seine „Festung" auf dem Brückendeck zu entkommen.

Dies alles muss Schröder in dem Bewusstsein überstehen, dass die *ARGO* morgen ablegt.

Mit ihm als gesellschaftlichem Betreuer selbstgefälliger und geltungssüchtiger Passagiere, mit einem ihm nachgeordneten Kapitän als eigentlichem Schiffsführer und mit einem Lotsen als alleinigem Kenner der geografischen Eigenarten der Nordwestpassage. „Hoffentlich geht das alles gut", denkt Schröder ...

„Hoffentlich!"

17

Die Reise der *ARGO* beginnt. Und wie wenn sich zumindest das Wetter von seiner besten Seite zeigen und nicht noch zu den Problemen an Bord beitragen will, geht die Sonne um drei Uhr am wolkenlosen Himmel auf und übergießt den öden Ort Cambridge Bay und das weiße Schiff an der Pier mit einem rotgoldenen Vlies aus Morgenlicht, das alle lächerlichen Sorgen der Menschen unscheinbar und klein erscheinen lässt in seiner verzaubernden Pracht.

Ralf Steinhaus, den so ein Sonnenaufgang durch seine geschlossenen Augenlieder hindurch todsicher weckt, ist trotz der eisigen Morgenkühle von minus 10 Grad Celsius als Erster mit seiner digitalen *Hasselblad* Spiegelreflexkamera an Oberdeck und schießt gut hundert Bilder von dem atemberaubenden Panorama der gleißenden Gletscherzungen, die dieses Sonnenfeuer reflektieren und dabei auflodern, als wollten sie allesamt in diesem Moment selbst verglühen.

Er wird – wie immer – 97 der Bilder später von der Chipkarte löschen und nur die drei besten auf seinem Laptop abspeichern, die schließlich im *Stern* oder in der *Saturday Evening Post* oder in *GEO* erscheinen sollen. Im Geist überschlägt er schon mal die Honorare. Als sich die Lichtverhältnisse nach zwei Stunden nicht mehr in Richtung „aufregend" verändern, begibt er sich zufrieden in den Speisesaal, wo allmählich einige andere Frühaufsteher zum Frühstück erscheinen. Steinhaus ist durchgefroren und bestellt sich erstmal einen heißen Rumgrog, nicht ohne dem Steward das „norddeutsche Rezept" dieses Warmmachers zu erläutern: „Wasser braucht nicht – Zucker kann – Rum muss!"

An Deck ist inzwischen die Mannschaft der *ARGO* mit dem Seeklarmachen beschäftigt. Sie holt die Gangway ein und fiert schon mal die Vor- und Achterleinen sowie die Springs auf, damit es die Festmacher auf dem Kai leichter haben, die schweren Taue aus Drahtseil und Perlonfasern von den Pollern abzuheben und ins Wasser klatschen zu lassen.

In der Steuerbordbrückennock erscheinen Lotse Sinclair und Erster Offizier Gabianes. Der klappt den Glasdeckel des Außen-Fahrstandes auf, unter dem sich der Joystick für die gleichzeitige

Bedienung der beiden Hauptmaschinen und der vier Querstrahlruder - je zwei vorn und achtern - befinden.

Ganz oben am Signalmast hinter dem Ruderhaus müht sich Matrose Dunker damit ab, die Flaggleinen der kanadischen Gastlandflagge und der deutschen Nationale zu klarieren, die irgend so ein Dussel" gestern abend beim Niederholen zur Nacht offenbar völlig unseemännisch aufgeschossen hat.

Aus dem dicken Schornstein des Schiffes blasen bereits zwei der drei Hilfsdiesel ihren dünnen bläulichen Abgasstrahl. Nun aber dringt das Zischen der Anlassdruckluft aus den Luken des Maschinenschachtes und es erwachen grummelnd die beiden je 4000 PS starken Hauptmaschinen. Da sie noch eiskalt sind, kann sich die unvermeidliche schwarze Wolke aus Marine Diesel Fuel sehen lassen.

Sie scheint allerdings Kommodore Kurt Schröder gar nicht zu gefallen, denn er ist nirgendwo zu sehen.

Um sechs Uhr dreißig verfolgen nur wenige Passagiere das Ablegemanöver. Auf ein Handzeichen des Ersten löst man an Land die Festmacher und nahezu geräuschlos gleitet die *ARGO* von der Pier in Cambridge Bay. Als sie tiefes Wasser im Queen Maud Golf erreicht, befiehlt Gabianes im wohlig geheizten Ruderhaus Matrose Dunker ans Steuer, stellt am Bedienungspult der Maschinen sechs Knoten Fahrt ein und guckt Sinclair fragend an. Der ist befriedigt und antwortet mit der ersten Kursanweisung des Tages: „Let her go onehundred degrees down to Simpson Strait at first!"

„Hundert Grad erstmal, aye-aye Sir", antwortet Dunker.

Die Sonne scheint.

Die gestern noch so feindselig-düsteren Berge leuchten.

Überall stehen nun dick eingemummelte Passagiere an den Relingen.

Um elf Uhr Bordzeit knacken plötzlich die Lautsprecher:

„Sehr geehrte Passagiere, hier spricht Ihr Zweiter Offizier Gert Bonnhoff im Namen des Kommodore. Bevor wir Sie in den wunderschönen ersten Tag unserer spektakulären Polarreise entlassen, müssen wir alle zusammen noch die nach den international geltenden Schiffssicherheitsbestimmungen vorgeschriebene Seenotübung durchführen.

Ich werde dazu in Kürze das entsprechende Schallzeichen mit

dem Schiffshorn auslösen. Es besteht aus einem langen Ton und einer Folge sehr kurzer Töne und es bedeutet „Schiff verlassen."

Das heißt nun aber nicht, dass Sie gleich über Bord springen sollen. Machen Sie das ja nicht, denn das Wasser ist nur minus drei Grad und ganz furchtbar kalt.

Legen Sie dann nur alle ihre roten Rettungswesten an und kommen Sie auf das Bootsdeck an Steuerbordseite. Ihre Westen finden Sie in ihrer Kabine unter Ihren Kojen ... äh ... ich meine, unter den Betten. Steuerbord ist in Fahrtrichtung gesehen rechts. Das Bootsdeck ist das Deck Nummer drei, dort, wo die roten Rettungsboote hängen.

Sobald Sie alle da sind, werde ich Ihnen noch einige Verhaltensmaßregeln geben. Ich danke Ihnen!"

Derartige Ansagen lösen auf allen Passagierdampfern der Welt, so auch bei den Passagieren der *ARÇO* die unterschiedlichsten Reaktionen aus. Sie reichen bei den Damen von „Oh Gott, hoffentlich pass ich da überhaupt rein" über „Hilf mir doch mal, Egon. Aber mach meine Frisur nicht kaputt!" bis „Igitt, ist das eine scheußliche Farbe! Dazu passt nur meine schwarze Hose ..."

Die Herren hingegen greifen zu allererst zur Kamera, um der Nachwelt jaaa das Sensationsfoto ihres waghalsigen Polarseetörns zu überliefern, falls man ihn denn überleben sollte.

Da brüllt auch schon das Schiffshorn los, dessen sonorer Bass sonst allseits so gern gehört ist, wenn es das internationale Zeichen „dreimal lang" für „Herzlich willkommen" oder auch „Gute Reise" bläst. Dieses Mal aber löst es gruselige Schauer aus:

„Wuuuuuup-wup-wup-wup-wup-wup-wup-wup-wup-wup."

Viele hören es nicht zum ersten Mal. Und dennoch erzeugt es Adrenalin, Stress, Sorge. Deshalb ist es ja ausgewählt worden als Zeichen größter Gefahr für Leib und Leben.

Es ist 1912 erklungen auf der *TITANIC* vor ihrem Untergang zwischen Eisbergen im Nordatlantik und 1994 auf der *ESTONIA* bei der schlimmsten zivilen Schiffskatastrophe auf der finnischen Ostsee und dazwischen auf noch zahllosen gescheiterten Schiffen, die das Meer verschlang.

Der Schreck löst sich erst, als die Passagiere an Deck strömen. Dort bietet sich das stets gleiche illustre Schauspiel einer wie zum

Fasching verkleideten Menge, die – befreit von düsteren Gedanken – nur noch „huch" und „hach" schreit, sich gegenseitig kaputtlacht und unter dem Klicken der Kameraverschlüsse ungestraft die gehässigsten Urteile über selbst nahestehende Mitmenschen abgeben darf.

Außerdem schafft die allgegenwärtige Verkleidung eine dankbar zur Kenntnis genommene Nähe zu Offizier Bonnhoff, zur Mannschaft des Bootsmanns und seiner Matrosen.

Dabei fällt dann jedoch leider der plötzlich auf der Bühne des Bootsdecks erscheinende Kurt Schröder unangenehm auf: Als Einziger trägt er über seiner dunkelblauen Uniform – keine knallrote Rettungsweste. Er erzeugt damit eine sekundenlang entsetzte Stille, bis irgendjemand aus dem Hintergrund den verwegenen Spruch ausruft, der die Peinlichkeit ins Groteske steigert: „Was is, Kommodore, wolln Sie etwa mit dem Schiff untergehn?"

Als Schröder nach einigen Minuten mit Weste auf das Bootsdeck zurückkehrt, findet er es verlassen vor ...

18

Sylvia Steinhaus ist ratlos. Sie hat in den vergangenen drei Tagen vor dem Auslaufen immer wieder versucht, sich Kurt Schröder zu nähern, um ihr kurzes Gespräch vom Flughafen in Ottawa fortzuführen. Vergeblich. Geht er ihr bewusst aus dem Weg? Warum? Hat sie etwas falsch gemacht?

Am ersten Abend an Bord war er überhaupt nicht bei den Passagieren aufgetaucht. Das konnte man verstehen, denn auch ein Kapitän - in diesem Falle sogar ein besonderer - musste seine Kabine einräumen, sich zurechtfinden auf dem neuen Schiff und gewiss seine Mannschaft kennenlernen.

Ihr gemeinsames Dinner am zweiten Abend, zu dem sie mit ihrem Mann als Ehrengäste am Commdores Table Platz nehmen durften war schneller zu Ende gegangen als ihr lieb war. Denn Schröder hatte sich nach seiner Ansprache und den eher offiziellen Gesprächen mit seinen unmittelbaren Tischnachbarn schon bald zurückgezogen.

Gestern hatte sie gehofft, ihn nach dem Dinner an der Bar ansprechen zu können. Doch niemand schien zu wissen, wo er sich aufhielt. Merkwürdig! Auch andere Passagiere äußerten schon ihr Befremden darüber, dass Schröder offenbar eben nicht der „Kommodore zum Anfassen" war, den man ihnen versprochen hatte.

Nun endlich war er heute Morgen zur Seenotübung erschienen, nach der Sache mit der nicht vorhandenen Rettungsweste aber sofort wieder abgetaucht. Peinlich! Was ist nur los? Schämt sich Schröder vor irgendwem oder wegen irgendetwas? Hat er Angst? Oder ist er schlicht und einfach menschenscheu? Sylvia kann es nicht glauben!

Mit ihrem Mann kann sie sich nicht austauschen, denn Ralf Steinhaus durchstreift jetzt, am ersten Seetag, das zur Betriebsamkeit erwachte Schiff. Seine Neugier treibt ihn durch Gänge und über Treppen, die Decks entlang vom Bug zum Heck und wieder zurück. Da die Passagiere auf der *ARGO* jederzeit freien Zutritt zu allen Betriebsräumen der Schiffes haben, öffnet er ungeniert jede Tür.

Diese Freizügigkeit, die die Reedereien der großen Luxusliner schon wegen der Riesenanzahl an Passagieren nicht gewähren können, ist auf kleinen Schiffen wie der *ARGO* durchaus üblich. Schließlich ist sie kaum größer als die Privatjacht so manches Ölmilliardärs aus den Emiraten oder eines Gas-Oligarchen russischer Provinienz. Auf der *ARGO* jedenfalls gilt das Privileg der „offenen Kommandobrücke“ ebenso für die Maschinenräume, die Steinhaus begeistert inspiziert. Überall spricht er mit den Offizieren und Mannschaften, die er antrifft, fragt sie nach technischen Details aus, lässt sich alle möglichen und unmöglichen Bedienungselemente erklären und speichert dies alles sorgfältig in seinem Superhirn ab.

Da Steinhaus als Berufsreporter und Bildautor ein „visueller Typ“ ist und über ein sogenanntes „fotografisches Gedächtnis“ verfügt, wird er nach einigen Tagen beinahe lückenlos über die gesamte Bordtechnik des Schiffes so gut Bescheid wissen, dass er das Schiff - zumindest auf offener See - sogar selbst fahren könnte.

Den Mannschaften ist seine Neugier nicht etwa lästig.

Sie, die sie ihren recht eintönigen Dienst an Bord meist wortlos und allein verrichten, freuen sich sogar über sein tiefes Interesse nicht nur an den technischen und nautischen Gegebenheiten, sondern geben auch bereitwillig Auskunft über ihre persönlichen Verhältnisse, plaudern über Neigungen, Hobbys, Vorlieben und Sympathien ebenso wie über ihre Sorgen und Abneigungen. Auf diese Weise ist Ralf Steinhaus bald überall ein gern gesehener Mann, der intelligent und warmherzig zu plaudern weiß, dabei nie im Wege steht und die Männer mit Achtung und Respekt verwöhnt.

Zudem zeigt sich auch hier an Bord seine phänomenale Fähigkeit, fast immer dort aufzutauchen, wo es etwa Besonderes zu sehen (und zu hören) gibt.

Als Menno Trenkner etwa um die Mittagsstunde als Erster den riesigen russischen Eisbrecher *KAPITAN KHEBNIKOV* entdeckt, der auf Gegenkurs hinter einer Felseninsel auftaucht, öffnet sich hinter ihm die Tür des vorderen Treppenhauses und Steinhaus betritt das Deck.

„Donnerwetter - Sie riechen wohl die besten Gelegenheiten für Ihre Schnappschüsse, was?“, ruft ihm Trenkner lachend zu. Dann öffnet er eine kleine Metallklappe in der Aufbauwand, nimmt einen Telefonhörer ans Ohr und informiert über die Bordlautsprecher seine Passagiere: „Achtung, liebe Passagiere: An Backbord begegnet uns in ein paar Minuten einer der größten Eisbrecher der Welt. Dieses Schauspiel sollten Sie sich nicht entgehen lassen."

Im Nu füllen sich die Decks. Der Koloss ist nun in voller Größe zu bewundern und nähert sich gemächlich der *ARGO*, die er in einem Abstand von ungefähr 300 Metern passieren wird. Auch dort stehen winkende Menschen an Deck.

Diesmal ist es Steinhaus, der die Conference für die Umstehenden übernimmt und gleichzeitig mit seiner Kamera hantiert:

„Ein Russe, ungefähr 130 Meter lang, 12 000 Tonnen. 24 000 PS. Hat Platz für bis zu 120 Fahrgäste. Bricht massives Eis bis drei Meter Dicke. Wenn Sie da mitfahren, können Sie die Landausflüge und Eisbärpirsch per Bordhubschrauber erleben. Und ...", wendet er sich an Menno Trenkner, „haben wir auf der *ARGO* auch so 'ne Libelle versteckt?"

Alles lacht und staunt. Als die Schiffe querab voneinander sind, dröhnt das Typhon des Russen zum Gruß. Von der Brücke der *ARGO*, deren Wachoffiziere in der Brückennock stehen, kommt der Antwortgruß. Winken hier und dort - dann entschwindet der schwarze Pott mit den gelben Aufbauten hinter der nächsten Biegung des Fahrwassers.

„Alle Achtung, Steinhaus. Sie wissen gut Bescheid!"

„Das sollte man in meinem Job."

„Und was erwarten Sie von dieser Reise? Von Eisbärfotos können Sie doch nicht existieren, oder?", lacht ein offenbar etwas vorlauter Mitpassagier.

„Na - solange so ein Eisbrecher in der Nähe ist, kann uns ja wohl überhaupt nichts passieren, was?", ruft jemand anderer.

In diesem Augenblick verändert sich die gelöste und fröhliche Stimmung an Deck mit einem Schlag, der alle Gespräche verstummen lässt: „Achtung, der Schiffsarzt Doktor Groth bitte auf die Brücke!", dröhnt der Lautsprecher.

Ruckartig sieht alles nach oben. Was ist los? Ist jemand krank? Oder verletzt? Vielleicht seekrank? Nein, das kann nicht sein, denn das Fahrwasser ist ja spiegelglatt und zudem mit Tausenden kleinerer weißer Eisschollen bedeckt, die jede Wellenbildung unterbinden.

Sylvia Steinhaus, die in einer kleinen Gruppe von Damen an Deck steht und klönt, hat die Durchsage auch gehört und wundert sich: Weshalb ruft man den Doktor denn über die Lautsprecher aus? In jeder Klinik an Land geht das vollkommen geräuschlos über einen „Pieper", den alle Ärzte in ihrer Brusttasche haben, damit unbeteiligte Mitmenschen nicht unnötig gestört oder gar geängstigt werden.

Da es jedoch keine weiteren Informationen gibt, zerstreut sich die Gästeschar bald und sucht die gemütlichen Gesellschaftsräume unter Deck auf. Es ist Kaffeezeit und die Servicekräfte beginnen bereits damit, die Servierwagen voller Torten und Kaffeekannen zu den Tischen der Gäste zu schieben.

„Einmal Nusstorte! Aber bitte mit Sahne!"

Das ist nicht nur der Auftrag an den Steward. Sondern auch an die Nachmittags-Combo, die gut gelaunt den alten Udo Jürgens-Song intoniert: „Sie treffen sich täglich auf *ARGO*-Deck zwei, ohje-oha ..."

19

Dr. Groth erschrickt unter der Durchsage. Verdammt – sein Pieper liegt auf dem Glastischchen im Hospital. Und er selbst nimmt in seiner Kammer nebenan ein Mittagsschläfchen, aus dem er jetzt hochfährt. Nun springt er in seine Jacke, greift seinen Notfallkoffer und hastet los.

Im Ruderhaus nimmt ihn Bonnhoff in Empfang und beiseite, damit Rudergänger und Lotse nichts mitkriegen:

„Scheiße Doc, der Alte liegt in seiner Kabine. Im Bad. Alles voll Blut, sagt der Messejunge. Schauen Sie doch mal nach, ja? Und bitte kein Aufsehen. Sie wissen ja ..."

Dr. Groth will gleich durch die direkte Tür vom Kartenraum zur Kapitänssuite, aber die ist verschlossen und den Schlüssel hat ja nur der Kommodore selbst. Deshalb muss er nun außenrum durch das Treppenhaus. Die Tür zur Suite ist nur angelehnt und Groth geht forsch hinein. Drinnen wartet der Messejunge mit bleichem Gesicht: „Hier rein, Dokter! Der .. äh ... der Kommodore hat sich wohl geschnitten ... irgendwie ... oder, ich weiß auch nicht."

Groth scheucht den Messesteward raus und macht sich an die Arbeit. Tatsächlich liegt Kurt Schröder vor dem Waschbecken auf den Fußbodenfliesen mit dem Gesicht in einer kleinen schaumigen Blutlache. Im Waschbecken entdeckt Groth ein altertümliches blutiges Rasiermesser und blutigen Rasierschaum. „Aha – Schnittverletzung!", konstatiert der Arzt. „Aber wer fällt schon beim Rasieren um, wenn er sich mal schneidet?" Nun kniet er vor dem Kommodore:

„Herr Schröder? Herr Schröööder? Hören Sie mich?"

Schröder öffnet die Augen, stöhnt, versucht, sich aufzurichten. Aber seine Hand rutscht auf dem Rasierschaum aus und sein Kopf knallt heftig auf die Fliesen. Das aber macht ihn offenbar sofort wach. Er gibt sich einen Ruck, greift von unten die Kante des Beckens und zieht sich mit einem kräftigen Zug in eine Sitzposition.

Und da sieht Groth, was los ist: Wie Schröder ihn mit glasigen Augen anstiert, ohne ihn wirklich zu sehen. Und wie er versucht, ihn mit aller ihm möglichen Beherrschung lallend anzusprechen. Und wie seine Hand dabei fahrige Kreise über seinem Kopf wedelt – da realisiert Dr. Eugen Groth mit aller erschreckenden Deutlichkeit, wen er vor sich hat: den sturzbetrunkenen Kommodore Kurt Schröder.

Es stimmt also doch. Das Gerücht ist Wahrheit. Seine und seiner Offizierskollegen schlimmste Befürchtungen sind bestätigt. Dieser Mann muss ein Alkoholiker sein. Einer, der nicht mehr Herr seines Lebens ist. Einer, der – wenn auch vielleicht nicht physisch, wohl aber psychisch – am Ende ist. Denn wenn ein Mann in seiner Position sich am helllichten Tag an Bord seines Passagierschiffes auf See so betrinkt, dass er sich beim Rasieren schneidet ... Und überhaupt – welcher Schiffsoffizier rasiert sich nachmittags um fünfzehn Uhr? Auf einem Schiff, das am selben Morgen in See gegangen ist?

Ach ja – Dr. Groth hat natürlich mitbekommen, was der Kommodore (jetzt fällt es ihm schon schwer, dieses Wort überhaupt zu denken) sich heute morgen bei der Seenotübung geleistet hat. Aber: Darf so ein faux pas einen gestandenen Mann aus der Bahn werfen? Ein selbstkritischer Witz über die eigene Vergesslichkeit hätte genügt, um die Schar der Passagiere für ihn einzunehmen. Hätte ihn menschlich erscheinen lassen. Und alles vergeben – wenigstens ein Mal!

Egal: Dr. Groth muss handeln.

Als Mediziner muss er Schröders tiefen Schnitt in der rechten Wange von verkrustetem Blut säubern, sie desinfizieren, nähen oder wenigstens mit zwei oder drei Wundklammern zusammenfügen und ihn dann in seine Koje verfrachten.

Das wird nicht so einfach sein, denn wer weiß, wie sich der Mann verhalten wird? Aggressiv? Oder kooperativ?

Als Arzt aber kommen noch ganz andere Aufgaben auf Groth zu: Er muss Schröder solange isolieren, bis der vollkommen nüchtern sein wird. Dann muss er mit ihm über seinen Alkoholismus sprechen. Ihn wegen seiner ärztlichen Schweigepflicht solange wie möglich vor der Enttarnung und der dann zu erwartenden Diffamierung schützen. Und ihn schließlich zu einer Therapie veranlassen, die seine Rückkehr in ein Leben ohne Alkohol zum Ziel hat. Aber wie soll er das machen? Hier an Bord der *ARGO*? Mit seine bescheidenen Mitteln? Und seinen ungenügenden Kenntnissen?

Er hat gelernt, Wunden und leichte Brüche zu versorgen. Einen Zahn zu ziehen. Infektionen in den Griff zu kriegen. Durchfall und Migräne zu lindern. Schlimmstenfalls einen Blinddarm zu operieren (obwohl ihm davor schon immer gegraust hat). Aber er hat nicht gelernt, wie man einen Suchtkranken psychologisch durchschaut, sein Suchtverhalten analysiert, eine Therapie findet. Und sie durchsetzt. Und das alles auch noch zehntausend Kilometer von einem deutschen oder wenigstens deutschsprachigen Sanatorium entfernt inmitten der Eiswüste der Nordwestpassage.

Als Mensch schließlich möchte Dr. Eugen Groth nun schier verzweifeln. Er steht vor einer unüberwindlichen Mauer aus Verantwortung, Ohnmacht, Mitleid, Angst und Einsamkeit.

So etwas kann einen Schiffsarzt um den Verstand bringen!

Aber genau das darf jetzt nicht passieren! Dr. Groth braucht Hilfe. Er muss mit jemandem sprechen. Aber mit wem? Mit wem nur? Gibt es überhaupt jemand, der ihm helfen kann?

Ja!! Er kennt einen!!!

Nein - eine!

Dr. Sylvia Steinhaus!

Meeensch - Groth: Dass dir das jetzt einfällt. Die Kollegin muss her. Sobald wie möglich. Sowie Groth den Patienten in einen menschlich sehenswerten Zustand zurückversetzt hat.

Mit neuem Mut und voller Elan geht Groth ans Werk. Zuerst einmal muss er den Mann säubern von all dem Blut. Das gelingt ihm notdürftig mit drei von den weißen Handtüchern, die er im Bad findet. Dann muss er des Kommodores Wunde behandeln. Dazu sollte der eigentlich in das kleine Hospital ein Deck tiefer verlegt werden. Doch das scheint unmöglich. Der Arzt allein wird es nicht schaffen, den 90-Kilo-Mann über den Flur zum Aufzug und dann die zwanzig Meter bis zur Krankenstation zu schleppen, wenn der nicht mithilft. Fremde Hilfe scheidet selbstverständlich aus, denn niemand an Bord außer ihm selbst darf den Verunglückten jetzt zu Gesicht bekommen. Deshalb beschließt Groth, die notwendigen Utensilien aus dem Hospital zu holen und Schröder in seiner Suite zu versorgen. Zuvor allerdings muss er sicherstellen, dass Schröder sich ruhig verhält, niemanden in seine Räume hereinlässt und ihm zehn Minuten Zeit gibt. Wird er das tun?

„Herr Schröder, jetzt hören Sie mir mal genau zu, bitte", wendet er sich mit energischer Stimme an den vor sich hin Dämmernden, „ich werde Sie jetzt für ein paar Minuten allein lassen, um mir Verbandmaterial zu holen und Sie zu verarzten, ja? Und ich will, dass Sie niemanden in ihre Kabine lassen! Ist das klar? Verhalten Sie sich bitte ruhig, bis ich wieder bei Ihnen bin!"

Schröder scheint ihn verstanden zu haben, denn er winkt unbestimmt zu ihm hin und nickt mit dem Kopf. Dann ist er allein.

„Mensch, Kurt", beginnt Schröder zu sinnieren, „was ist denn hier eigentlich los? Bist du hingefallen oder was? Und warum? Und woher kommt das ganze Blut? Ahhh – meine Backe! War´ s das Rasiermesser? Mensch, hätt ich die olle Machete doch endlich über Bord geworfen, das Mistding!"

Da kommt auch Dr. Groth schon zurück. Er verschließt die Suite von innen.

„So, dann wolln wir mal. Können Sie bitte helfen, Herr Schröder? Ich muss Sie jetzt auf einen Stuhl schaffen ..."

„Stuhl schaffen", echot der Kommodore. „Na klar, Mensch, auf´n Stuhl. Das wär doch gelacht wär das doch, Dokter, was?", lallt Schröder. Er zieht sich aber erneut selbst an der Kante des Waschbeckens in eine sitzenden Position, kann mit Groths Hilfe schließlich ganz aufstehen und lässt sich einen Badhocker unter den Achtersteven schieben, auf dem er wieder in sich zusammensackt. Groth schiebt ihn nun mit dem Hocker an die Kachelwand des Bades, an die sich Schröder dankbar anlehnt. Dort reinigt der Arzt Schröders Gesicht mit medizinischem Alkohol von den restlichen Blutspuren, was der Kommodore mit einem interessierten Schnuppern begleitet. Ein Schauer läuft Dr. Groth über den Rücken: Wie weit unten muss dieser Mann schon sein, wenn ihn sogar 95%iger Wundalkohol anmacht? Noch beherrscht er sich mit seiner Vermutung.

„So – jetzt wird's gleich 'n bisschen brennen, Herr Schröder. Ich klammere jetzt die Wundränder Ihrer Schnittverletzung zusammen. Das erspart Ihnen eine Naht und damit eine hässliche Narbe. Und dann – Bettruhe, mein Lieber. Strenge Bettruhe! Und keine Grimassen, vorsichtig essen, nicht niesen. Sonst reißt die Wange wieder auf und der ganze Schlamassel fängt von vorne an!"

Schröder gibt sich scheinbar in sein Schicksal und verhält sich mustergültig. Dr. Groth gibt ihm eine leichte Schmerz- und Beruhigungsspritze, hilft ihm beim Ausziehen und verfrachtet ihn in sein breites Kommodorebett im Schlafzimmer.

Dann setzt er sich zu ihm auf den Bettrand, nimmt seine Hand und amtet ein paarmal tief durch, ehe er mit ernster Stimme beginnt, auf den Kranken einzureden. Er darf jetzt nichts falsch machen, muss seine Worte mit Bedacht wählen. Aber er darf auch nicht abwarten. Jetzt muss er den Mann vor ihm auf das eigentliche Problem ansprechen. Jetzt, wo Schröder sich noch schlecht fühlt. In diesen Minuten geht es um alles oder nichts.

Um Schröders Genesung oder seinen Untergang als Mensch und Seemann.

Um die Einhaltung der seemännischen Borddisziplin oder die Anarchie auf der Brücke.

Um die Gunst der Passagiere oder deren schlimmstenfalls öffentlichen Protest.

Und um den Ruf der *ARGO*, der Reederei *Atlantic Lloyd*, ja – der ganzen Kreuzfahrtbranche: „Das, Kurt Schröder, war der medizinisch-physische Teil Ihres, sagen wir mal „Unfalls". Jetzt kommt der psychologische. Sie sind betrunken, Herr Kommodore! Im Dienst auf Ihrem Schiff!! Ist Ihnen eigentlich klar, dass Sie ein massives Alkoholproblem haben?"

Zwei endlose Minuten lang ist es totenstill in der Suite des Kommodore Kurt Schröder. Der sieht den Arzt aus glasigen Augen ungläubig und starr an, als versuche er, dessen Worte zu verstehen, deren Bedeutung zu ermessen, ihre Tragweite auszuloten. Als die zwei Minuten herum sind, rafft sich der Kommodore plötzlich auf. Sieht den Doktor böse an, senkt den Kopf wie ein Stier auf Abgriffskurs.

Das wird er sich nicht gefallen lassen! Er – ein Alkoholiker? Niemals! Wer behauptet das? Ein Arzt? Pah – was weiß der denn? Von ihm? Und jetzt wird er diesen Mann seiner Kammer verweisen. „Raus!", wird er sagen. Leise, scharf, eindringlich und endgültig.

In diesem Augenblick aber beginnt die *ARGO* plötzlich unter ihren rückwärts laufenden Maschinen zu vibrieren. Kommandos ertönen aus Deckslautsprechern. Das Schiff stoppt auf. Schon rasseln Ankerketten. Offenbar hat das Schiff seinen abendlichen Ankerplatz erreicht. Da stemmt sich Kommodore Schröder mit Eifer aus seinen Kissen hoch: „Helfen Sie mir mal, Doktor. Ich muss auf die Brücke ...“

Dr. Groth drückt ihn behutsam zurück. Dann wirkt endlich die Spritze und Schröder sackt in einen tiefen Schlaf.

20

Dieses Mal ist es der Messejunge der Offiziere, der das unerhörte Ereignis ausplaudert. Zu Glück hat er nicht mitbekommen, was genau dem Kommodore in seiner Suite eigentlich passiert ist. Deshalb berichtet er nur „von lauter Blut und dem am Boden im Bad liegenden Alten". Und das auch „nur" in seinem Kreis, also bei den Stewards und Köchen.

Die „Brücke" hat Zweiter Offizier Bonnhoff informiert. Sofort nach dem Lautsprecheraufruf war Gabianes im Ruderhaus erschienen, ebenso der Dritte Offizier Mangelsdorff und Trenkner, der Kreuzfahrtdirektor. Man zog sich diskret in den hinteren Teil der Brücke, den Kartenraum zurück und hielt Kriegsrat. Inzwischen ist auch Dr. Groth da, den alle sehnlichst erwarten, um endlich Gewissheit zu haben. Das alles geschieht allerdings unter Zeitdruck, denn während Lotse Sinclair mit Matrose Dunker am Ruder das Ankermanöver fährt, tritt Trenkner von einem Bein auf das andere, weil seine Passagiere ihn in der Lobby erwarten; schließlich soll noch vor dem Dinner ein kurzer Landausflug mit den Schlauchbooten stattfinden. Man hat Eisbären entdeckt. Ralf Steinhaus schleppt sein größtes Spiegelteleskop mit sich herum ...

Dr. Groth beginnt mit leiser Stimme: „Also, der Alte liegt flach. Tiefe Schnittwunde in der rechten Wange. Kein Gedanke an Commodores Table und so weiter. Am besten taufen wir den um in das gute alte Captains Dinner!"

„Und der Käptn ist ja dann wohl ...", wirft Mangelsdorff als Frage in die Runde.

„Na klar, Herr Gabianes, was? Dann mal los! So hat´s der Reeder doch gewollt, nicht?", grinst Trenkner unverschämt in die Runde. Und trollt sich: „Soll ich schon mal die Passagiere, Herr Kapitän ...?"

„Nein danke, Direktor, das mach ich heute Abend lieber selbst", kontert Gabianes. Und fährt fort: „Und bitte - keinerlei weitere Informationen an niemanden, verstanden?"

Als ob diese Anweisung irgendetwas bewegen könnte außer dass alle Ohren an Bord immer länger werden ...

Als die andern weg sind, nimmt Dr. Groth den Ersten Offizier beiseite, um ihm die letzte schlimme Wahrheit des Tages exklusiv zu verkünden:

„Leider haben wir alle Hoffnung verloren – Schröder hat ein Alkoholproblem. Ein schweres. Für mich als Arzt bedeutet das, dass wir ihn für den Rest der Reise isolieren müssen."

„Scheiße. Und wie machen wir das? Wollen Sie den Alten in seiner Suite fesseln? Was sagen wir den Passagieren? Wer ruft den Reeder an?"

Die beiden sehen sich ratlos an. Und doch ist jeder von ihnen gewiss, sich auf den anderen verlassen zu müssen. Nur wie? Zuletzt gibt Groth ein bisschen Zuversicht aus:

„Ich werde versuchen, unsere Passagierin Frau Dr. Steinhaus einzuspannen. Die ist Psychologin und kann vielleicht helfen. Wenn es nur gelingt, Schröder von seinem Zustand zu überzeugen. Vielleicht hilft er uns. Und damit sich selbst ..."

„Viel Glück, Doktor!"

„Das können wir jetzt alle brauchen!"

21

Dieses Glück ist an diesem Nachmittag auf Dr. Groths Seite. Während sich die meisten Passagiere bei herrlichem Sonnenwetter, milden fünf Grad minus und leichtem Wind in die *Zodiac*s begeben, um unter der sachkundigen Führung von Menno Trenkner und Meeresbiologe Semmelmann an Land auf Eisbärpirsch zu gehen, bleibt Sylvia Steinhaus an Bord. Sie hat es sich in den Kopf gesetzt, endlich Kurt Schröder zu treffen, den sie - an der Reling stehend - nicht unter den Landgängern weiß. Neben ihr steht allerdings Kurt Schröders Mutter Valerie. Die beiden Frauen sind sich als Tischnachbarinnen sympathisch geworden und haben ein wenig geklönt, ohne dass sich daraus mehr als eine oberflächliche Bekanntschaft entwickelte, denn Sylvia hat ihr das ehemalige Liebesverhältnis zu ihrem Sohn ebenso wenig offenbart, wie auch Valerie Einzelheiten ihres wenig erfreulichen Familienlebens als Kapitänsfrau, Mutter und Witwe.

Nun allerdings möchte sie ihrer Wege gehen und verabschiedet sich von Valerie Schröder unter einem Vorwand: „Wir sehen uns beim Dinner, Frau Schröder? Bis nachher!"

Dann geht sie zur Rezeption auf dem Hauptdeck und bittet Chefhostess Helga Behrends, sie telefonisch beim Kommodore zu einem privaten Besuch anzumelden. Verwundert sieht sie, dass die junge Frau leicht errötet:

„Oh, Frau Dr. Steinhaus, es tut mir leid, aber das ... das darf ich leider nicht. Der Kommodore ist leider erkrankt und ...", zuckt sie die Schultern. Sylvia Steinhaus erschrickt bei diesen Worten. Was bedeutete das? Galt der Notruf nach Dr. Groth etwa dem Kommodore? Sie muss es wissen. Aber es hat keinen Sinn, die junge Hostess in weitere Verlegenheit zu bringen, indem sie etwa um ein Gespräch mit Dr. Groth nachsucht, der ihr natürlich ebenfalls keinerlei Auskunft zu geben bereit sein wird. Was nun? Da fällt ihr eine List ein. Sylvia Steinhaus sucht ihre Luxussuite an Oberdeck auf, wirft einen Blick in das dort ausliegende Bordbrevier und findet die Praxistelefonnummer des Bordarztes sofort. Zu ihrem Erstaunen nimmt der Arzt selbst den Hörer ab.

„Ah - Frau Dr. Steinhaus."

Nanu? Klingt seine Stimme etwa freudig überrascht? Wie von jemandem, der ihren Anruf schon sehnlich erwartet? Merkwürdig! Nun – so etwas geschieht ihr ja öfter, denn immer wieder suchen Männer ein Gespräch mit ihr, um in die Nähe einer schönen Frau zu gelangen und mit ihr zu plaudern. Aber ausgerechnet der Arzt der *ARGO*, eine offizielle Instanz mit der erforderlichen Distanz zu jedermann an Bord?

„Ja, Doktor, also ... wie soll ich es Ihnen sagen: Ich selbst bin nicht krank. Aber ich bin ein wenig in Sorge. Um jemanden, den ich einmal ... also, ja ... dem ich früher einmal sehr nahe stand." Natürlich stehe sie unter der gleichen Schweigepflicht als Arzt, wie ich. Aber in diesem Falle ..."

Weiter lässt Dr. Groth die Anruferin nicht kommen. Er fällt ihr vielmehr so ins Wort, dass sie erstaunt den Hörer sinken lässt, nachdem er geendet hat:

„Wissen Sie was, Frau Kollegin? Kommen Sie einfach rasch zu mir herunter ins Hospital. Wenn es stimmt, was ich hoffe, dann sollten wir beide ein sehr vertrauliches Gespräch über meinen Patienten führen. Auf rein medizinischer Basis allerdings. Sie könnten mir eine riesige Hilfe sein. Wollen Sie?"

Wenige Minuten später schließt sich die Tür des Hospitals hinter Sylvia Steinhaus. Dr. Groth rückt ihr nach einem herzlichen Händedruck einen Sessel zurecht, kommt dann mit zwei Gläschen Sherry – „aus dem Giftschrank, Frau Kollegin, zahlt der Reeder" – zurück und stößt zwanglos und in allerbester Stimmung mit ihr an. Das Ganze wirkt nicht wie ein Problemfall, den Sylvia Steinhaus hier erwartet hat, sondern eher wie eine nette Abendverabredung am Ende eines Ärztekongresses, der mit dem Aperitif vor dem Dinner beginnt. Aber dann macht Sylvia Steinhaus aus reiner Neugier und auch deshalb, weil sie die Initiatorin dieses Gespräches ist, den Anfang: „Also, Kollege Groth, erschrecken Sie bitte nicht, aber meine Befürchtung über einen bestimmten Mann hier an Bord besteht, seitdem ich ihn vor nun einer Woche an Bord der Sondermaschine nach Ottawa und später dann in der Transitlounge des Flughafens gesehen und mit ihm gesprochen habe. Mit diesem Mann hatte ich vor fünfundzwanzig Jahren eine ... tja, eine heftige Liebesbeziehung. Der Mann gehört nun zur Besatzung dieses Schiffes. Er ist der Kommodore Kurt Schröder. Und ich glaube, er hat ein gesundheitliches Problem ..."

Groth nimmt dieses offene Bekenntnis mit großer Erleichterung entgegen. Es reißt mit einem Ruck alle Schranken der Verschwiegenheit zwischen den beiden Medizinern ein, die sich nun in selbstverständlicher gemeinsamer Sorge um den Patienten Kurt Schröder sehen und sich gegenseitig ohne Worte versprechen, alles in ihrer Kraft stehende zu tun, um den offensichtlich kranken Mann auf einen sicheren Weg zu bringen: Über eine Analyse seiner Persönlichkeitsstörung hin zum Verzicht auf Alkohol bis zur Rückkehr in ein suchtfreies Leben in einem ihm förderlichen sozialen Umfeld.

Es wird ein langer Weg.

Er muss sofort beginnen.

In einem sehr ungünstigen Augenblick.

In einer eher feindlichen Umgebung.

Aber dennoch und auf jeden Fall ...

„Ich brauche jede Menge Informationen über Schröders Leben vor dem Alkohol, Doktor! Die kriege ich von seiner Mutter. Hoffentlich. Sie ist an Bord, wissen Sie das?"

„Valerie Schröder, nehme ich an? Ja, sie ist hier. Eine sehr vornehme alte Dame. Wollen Sie sie befragen? Oder soll ich ...?"

„Nein, das mach ich schon. Es wird ein Schock sein für sie. Oder weiß sie von den Problemen ihres Sohnes?"

„Keine Ahnung. Falls sie zusammenklappt, übernehme ich sie natürlich!"

„Okay. Aber wir müssen schnell sein. Ich weiß nicht, wie lange wir den Kommodore in seiner Kammer anbinden können. Solch ein Mann lässt sich nicht einfach so kaltstellen. Was wir unbedingt brauchen, das ist die Selbsterkenntnis um seine Behandlungsbedürftigkeit. Nur wenn er mitmacht, haben wir eine Chance!"

„Vollkommen richtig, Kollegin!"

Was Sylvia Steinhaus in diesem Augenblick noch verdrängt und sich selbst noch nicht einzugestehen weiß, das ist ihr eigenes ganz neues und zusätzliches Problem als Ehefrau von Ralf Steinhaus und Ärztin Kurt Schröders. Sie wird ab sofort kaum noch Zeit für den Ehemann haben, wenig an den Landausflügen teilnehmen, auffällig oft an Bord nicht auffindbar sein und allen Fragen Ralfs nach ihrer Verschlossenheit begegnen müssen, ohne seinen Argwohn und seine Eifersucht zu erregen. Jetzt bereut sie, dass sie ihrem Gatten so freimütig über ihren Jugendfreund und Liebhaber gebeichtet hat.

Diese Reise sollte eigentlich ein Neubeginn der „Beziehung Ralf und Sylvia" werden. Nun scheint sie eher einem Ende zuzustreben ...

22

Silvio Gabianes ist sichtlich unwohl in seiner Haut, aber er reißt sich zusammen und bringt seinen Part überraschend souverän über die Bühne.

Dabei helfen ihm allerdings unerwartet die Passagiere, die sich schon während seiner Ansprache eher an den lebensgroßen Fotos der spektakulären Eisbärpirsch vom Nachmittag ergötzen, die nun vom Videobeamer auf die Großbildwand hinter der Showbühne projiziert werden. Meisterfotograf Ralf Steinhaus, der die spektakulärsten Bilder schoss, sonnt sich im Applaus der Abendgesellschaft und berichtet mit großer Geste über ihrer aller Erlebnisse.

Da kommt die Ansprache des Erste Offiziers eher zweitrangig rüber: Man nimmt zur Kenntnis, dass der Herr Kommodore einstweilen wegen einer Erkrankung ausfällt, dass der Erste sich freut, seine auserwählten Abendgäste beim Captains Dinner zu begrüßen und dass im Übrigen bestes Reisewetter und weitere sensationelle Erlebnisse bevorstünden. Schon morgen Abend werde die *ARGO* nämlich die Simpson Strait passieren und in der Meerenge südlich der King William Insel vor Anker gehen, falls das dort oft anzutreffende dichte Packeis dies nicht verhindere. Da horchen alle auf. Und das heutige Galadinner entschädigt allemal für einen meist abwesenden Kommodore, den man ohnehin kaum zu Gesicht bekommen, geschweige denn „anzufassen" die Gelegenheit hatte.

Der Einzige, dem die Ansprache des Ersten mehr bedeutet als ein Routinehinweis auf einen erkrankten Schiffsoffizier, ist Ralf Steinhaus. Irgendein Instinkt sagt ihm, dass hier etwas nicht stimmt. Wieso erkrankt ein Kommodore? Darf der das überhaupt? Was für eine Krankheit ist es? Hat man nicht einen tüchtigen Arzt an Bord? Oder ist etwa doch etwas dran an dem Gerücht, das ihm der klatschsüchtige Barchef neulich zuflüsterte? Alkohol? So schlimm, dass er einen gestandenen Mann umhaut? Einen Seemann?

Ralf Steinhaus nimmt sich vor, zu recherchieren. Diskret, sozusagen undercover. Und wenn er etwas herausbekommt, das „presseverwertbar" sein könnte, dann wird die Welt einen neuen *Steinhaus* auf den Titelseiten finden ...

Genau so etwas aber will Dr. Groth um jeden Preis verhindern. Und obwohl er das konkrete Netz der Gefahr, in dem Kurt Schröder sich bereits befindet, nicht erkennt, tun er und seine Kollegin das Richtige. Noch während des Dinners sucht Sylvia Steinhaus erneut den Kontakt zu Valerie Schröder und verabredet sich mit ihr in der Bibliothek, die um die späte Stunde menschenleer sein wird. Und obwohl Frau Schröder eigentlich die Abendshow des fantastischen Magierpaares El Gordo/Cathie Gorda erleben will, sagt sie zu, denn Dr. Steinhaus macht eine vage Andeutung, die Valerie glauben lässt, dass sie dringend gebraucht werden wird.

Tatsächlich sind die beiden Frauen dann allein in dem gemütlichen Raum zwischen den Bücherwänden. Ein aufmerksamer Steward bringt den beiden Tee und Gebäck, dimmt ein wenig das Licht und verschwindet diskret. Valerie sitzt angespannt auf der Kante ihres Sessels und sieht Dr. Steinhaus scheu an. Was mag die Ärztin von ihr wollen? Hängt ihr Gesprächswunsch mit ihrem Sohn zusammen? Sie beginnt, das zu glauben.

„Ich danke Ihnen für Ihr Kommen, Frau Schröder", beginnt die Steinhaus. „Mein Kollege, Bordarzt Dr. Groth, hat heute Nachmittag Ihren Herrn Sohn behandelt. Der Kommodore hatte sich in seinem Badezimmer beim Rasieren geschnitten. Nicht weiter schlimm, aber ..."

„Ach, du liebe Zeit", ringt Valerie spontan die Hände, „doch nicht etwa mit diesen altertümlichen Rasierdings? Benutzt er das immer noch? Das war auch so eine Marotte seines Vaters, die er übernommen hat, wie so manches ... ach Gott, wenn Sie wüssten, Frau Steinhaus!"

Nun geht es Schlag auf Schlag. Ohne dass die Ärztin überhaupt einen Anstoß zu geben braucht, bricht aus Valerie Schröder aller Kummer heraus, der sich seit jeher in ihr angestaut hat. Eine Stunde lang speichert sie die tragische Geschichte ihrer kleinen Familie aus, bis sie endlich mit einem Satz endet, der allein die entscheidende Botschaft für Dr. Steinhaus enthält und um dessentwegen sie dieses Gespräch überhaupt angestoßen hat: „Wissen Sie, Frau Doktor, ich habe manchmal befürchtet, dass Kurt im Alkohol Zuflucht suchen könnte. Es gab Tage, an denen ich ihn überhaupt nicht erreichen konnte. Er saß dann da und starrte aus dem Fenster. Stundenlang. Und einmal ... ja, einmal fand ich eine leere Wodkaflasche unter seinem Bett. Aber da war er schon wieder unterwegs, zurück an Bord. Auf irgendein neues Schiff. Ach, mein armer Junge ...", bricht Valerie jetzt von einem Weinkrampf geschüttelt ab.

Dr. Steinhaus ist aber am Ziel. Ihr Behandlungskonzept liegt klar vor ihr. Kommodore Kurt Schröder leidet an einem lebenslangen posttraumatischen Vaterkomplex. Seine Therapie muss eine Kombination aus tiefenpsychologischen Gesprächen zur Aufarbeitung seiner Probleme und ein konsequenter Entzug sein. Beides ist nicht gleichzeitig möglich. Zuerst kommt der Entzug. Dann die Psychotherapie. Doch wie dies alles praktisch umgesetzt werden soll, das weiß Frau Dr. Steinhaus im Moment auch nicht. Eines aber scheint ihr gewiss: Hier an Bord der *ARGO* geht es nicht.

Valerie Schröder bricht an diesem Abend noch nicht zusammen, obwohl Sylvia Steinhaus ihr schonungslos die Wahrheit über ihren Sohn sagt. Sie erreicht aber wenigstens, dass Valerie die ihr gereichten Tabletten einnimmt, danach lange und tief schlafen und sich morgen erneut mit ihr treffen wird. Dann trennen sich die beiden Frauen vor Frau Schröders Kabine, in der Dr. Steinhaus sie fürsorglich abliefert.

Es ist inzwischen beinahe Mitternacht, als Dr. Steinhaus an Dr. Groths Kammertür klopft. Der ist hellwach und lässt sie sofort ein. Nach einer Stunde ist Groth im Bilde. Die beiden Ärzte sind sich vollkommen einig in der Notwendigkeit einer sofortigen Behandlung Schröders: „Der Mann muss eigentlich von Bord. Aber wie? Vor unserem Endhafen Resolute wird das nichts. Und das ist zu lange!"

„Dann müssen wir ihn so lange unter Verschluss halten. Und gleichzeitig wenigstens mit dem Entzug beginnen."

„Okay – und Sie wissen, wie sowas geht?"

„Sicher. Das ist Alltag in meiner Klinik. Wir machen das sogar im Crash-Verfahren mit Managern, die nicht länger als drei Wochen von der Bildfläche verschwinden dürfen, ohne aufzufliegen."

„Donnerwetter! Und wie geht das?"

„Na ja – sofern sie sonst körperlich gesund sind, sperren wir sie in einen gläsernen Raum ein, in dem sie unter dauernder Aufsicht toben können, ohne sich etwas anzutun. Sie kriegen eine Woche lang nichts als Wasser zu trinken und eine Medikation mit krampfhemmenden und schmerzstillenden Mitteln. *Distraneurin, Paracefan.* Aber das funktioniert natürlich nur mit einem ständig anwesenden oder wenigstens erreichbaren Arzt."

„Glauben Sie, dass Sie Schröder wie einen normalen Reisenden in Ihre Klink mitnehmen könnten, wenn Sie von Bord gehen? Oder muss er als Kranker transportiert werden?"

„Nicht unbedingt. Ich würde ihm aber statt der Medikamente während der Reise minimale Alkoholgaben gestatten. Dann kann er alles: essen, trinken, fliegen. Die Frage ist nur: Will er das selbst?"

„Genau dahin müssen wir ihn bringen!"

„So ist es. Fangen wir morgen an?"

„Natürlich!"

Sylvia Steinhaus ist viel zu aufgekratzt, um jetzt schon schlafen zu können. Deshalb geht sie hinunter in die Bar, an der man zu dieser Stunde üblicherweise die unverwüstlichen Nachtschwärmer antrifft. Eigentlich hofft sie, auch ihren Mann dort zu sehen, denn sie hat doch ein schlechtes Gewissen wegen ihres stundenlangen Fernbleibens und möchte ihm jetzt nicht allein in der Kabine begegnen - seine Wutanfälle und Eifersuchtsszenen kennt sie ja zur Genüge. Doch Steinhaus ist nicht in der Bar. Sie will schon umkehren, aber da fällt eine Horde angeheiterter Herren förmlich über sie her. Man macht ihr mit vielen übertrieben tiefen Verbeugungen den Hof, rückt Barhocker zurecht, überschüttet sie mit Komplimenten und lässt allerlei Getränke auffahren vom Champagner über *Blue Curaçao* bis *Baileys on the Rocks.* Sylvia Steinhaus ist auch nur ein Mensch. Sie kann nach diesem anstrengenden und aufregenden Tag einen Drink gut gebrauchen und nimmt die Einladungen an. Bald ist sie der leuchtende Mittelpunkt der Herrenrunde, in der es auf nette Weise hoch hergeht, ohne dass es irgendeine Art von Zudringlichkeit oder auch nur Annäherungsversuchen gäbe. Man ist einfach nur ausgelassen, ein bisschen albern und recht laut.

Das sieht Ralf Steinhaus, der die Bar gegen Mitternacht betritt, allerdings ganz anders: „Hier steckst du also!", schnaubt er deutlich verstimmt, ergreift ungehalten und herrisch ihren Oberarm und zischt ihr ins Ohr: „Wie ich sehe, amüsierst Du Dich bestens, was? Na dann - bis neulich. Du triffst mich in unserer gemeinsamen Kabine. Sie hat übrigens die Nummer vierzehn ..."

Es ist dann aber weniger Ralf Steinhaus' - wie abends üblich - whiskygeschwängerter Atem, der sie so abstößt, sondern die Art, wie er sie vor den übrigen Bargästen bloßstellt. Ihre eben noch so gute Stimmung schlägt jäh ins Gegenteil um und auch die diskreten Versuche einiger Herren, sie zu trösten, können nichts daran ändern. Sie trinkt in wenigen Zügen ihr Glas Champagner aus, verabschiedet sich von ihren Gastgebern und verlässt die Bar. Allerdings wählt sie auf dem Weg zu ihrer Suite den Umweg über das Oberdeck, um in der frischen Nachtluft tief durchzuatmen. Sie spürt es: Es wird eine Auseinandersetzung mit Ralf geben. Er wird sie zur Rede stellen, wissen wollen, was sie den ganzen langen Tag und die halbe Nacht getrieben hat (so wird er sich ausdrücken) und ihr Vorwürfe und Vorschriften machen. Sylvia Steinhaus aber legt sich hier draußen an der windumtosten Reling einen Plan zurecht: Sie wird sich nicht länger maßregeln lassen, sondern ihren Weg allein gehen. Sie hat sich nichts vorzuwerfen. Und als sie an den alkoholkranken Kurt Schröder denkt, da geht ihr plötzlich ein Licht auf: Wie weit mag wohl ihr Ehemann davon entfernt sein, in den Suff abzurutschen? Sie ahnt noch nicht, welche Menge „Stoff" Schröder täglich zum Überleben braucht. Von Ralf weiß sie, dass es an manchen Tagen eine ganze Flasche Bourbon ist. Mal mehr - mal weniger!

Ein bitteres Lächeln spielt um ihren hübschen Mund: Wird sie zur Frau zwischen zwei am Schnaps gescheiterten Existenzen? Zur Schlüsselfigur, die helfen und verzeihen, aber auch fliehen und verlassen kann?

Auf Zehenspitzen, leise und in unbehaglicher Stimmung betritt sie die Suite mit den goldenen Ziffern „14" auf matt lackiertem Mahagoni. Und lässt erleichtert die vor Anspannung straffen Schultern sinken. Ralf Steinhaus schnarcht auf der Couch im Salon leise vor sich hin. Seine Whiskyflasche ist leer, das daneben stehende Glas bis auf einen Schluck. Sie nimmt es und trinkt es aus. Und jetzt braucht auch sie dringend ihr Bett!

Das Drama der Ehe von Ralf und Sylvia Steinhaus, von dem sie gehofft hat, es bis wenigstens bis zum folgenden Morgen hinauszögern zu können, beginnt um vier Uhr. Da erwacht Ralf auf der doch etwas unbequemen Couch, wähnt sich immer noch allein in der Luxuskabine und sieht die leere Flasche und das Glas. Sofort steigt in ihm neuer Ärger hoch. Mürrisch blickt er auf seine Armbanduhr. Um diese Zeit wird die Bar geschlossen sein. Kein Whisky mehr! Und Sylvia? Übernachtet sie etwa schon anderswo, nachdem er sie den ganzen Tag kaum zu Gesicht bekommen hat? Sein Ärger verschärft sich zu nagender Eifersucht. Er ballt seine Fäuste und geht die wenigen Schritte zum Schlafzimmer hinüber: „Wehe, wenn sie jetzt nicht in ihrem Bett liegt – dann wird sie morgen ihr blaues Wunder erleben! Mir tanzt sie nicht auf der Nase herum mit ihrer Eskapade an Bord. Die hat doch was mit dem Schröder! Da stimmt doch etwas nicht! Beide drücken sich vor der Öffentlichkeit, er lässt sich nicht mehr bei den Passagieren und sie sich nicht bei ihrem Mann sehen."

Aber dann liegt sie doch vor ihm im Halbdunkel des aus dem Salon auf das breite Kingsizebett fallenden Licht. Einladend halbnackt liegt seine Frau mit sinnlich gespreizten Beinen quer über dem Laken. In weichen Wogen ergießt sich ihr goldblondes Haar über die dunkelblauen Kissen. Ihr noch immer geschminkter Mund scheint leicht geöffnet Sehnsucht auszustrahlen. Oder bezeugt er das neue Glück eines Liebesabenteuers mit dem anderen?

In Ralf Steinhaus erwacht urplötzlich eine wahnsinnige Lust, mit seiner Frau zu schlafen. Er reißt sich seine Hose und den Slip herunter, greift ihr zwischen die Beine, kniet sich über sie, befeuchtet sie und versucht, in sie einzudringen.

„Wenn sie sich jetzt wehrt, dann habe ich Gewissheit!", flüstert er sich selber keuchend zu. „Dann hat sie mit dem anderen geschlafen. Ich muss sie zurückhaben! Ich dulde es nicht, dass diese fantastisch schöne Frau mit einem anderen Kerl ins Bett geht!! Wer bin ich denn, ich, Ralf Steinhaus, dass ich mir das gefallen lassen muss?"

In diesem Augenblick erwacht Sylvia aus tiefstem Schlaf von dem Schmerz, den ihr Gatte ihr zufügt. Sie öffnet die Augen und kann es nicht begreifen, was ihr geschieht. Kreischend vor Angst beginnt sie, sich zu wehren und weil Ralf versäumt hat, ihr die Hände festzuhalten, zerkratzen ihre langen roten Fingernägeln ihm die Oberarme und die Brust. Wild vor Schmerzen versucht er, seine brutale Vergewaltigung fortzusetzen, sie bis zur Erlösung des Ergusses zu Ende zu bringen. Aber als seine Frau ihm mit beiden Händen an die Kehle fährt, gibt er auf und springt vom bereits blutbesudelten Bett.

Fassungslos starren sich die beiden Eheleute an. Sylvia beginnt, hemmungslos zu schluchzen. Ein Tränenstrom verschleiert ihr die Augen und erstickt ihre Stimme: „Was ... was hast Du ... was hast Du nur gemacht! Bist Du denn total ... von Sinnen? Mensch, Ralf ...!"

Ihr Mann fährt mit seinen Händen über die bösen Kratzwunden, die sie ihm beigebracht hat, betrachtet entsetzt seine blutigen Hände: „Und Du? Ich blute wie ein Schwein und Du fragst auch noch, warum? Weißt Du, was Du bist? Eine ... eine ... Sylvia – ich mag es nicht aussprechen! Du betrügst mich doch. Mit wem? Mit dem Schröder? Mit dem Groth? Gib es doch zu! Du willst nicht mehr mit mir schlafen, Du Miststück. Das ist doch der Beweis. Noch nie hast Du Dich mir verweigert. Und jetzt ... jetzt hol mir gefälligst Pflaster! Oder willst Du mich hier verbluten lassen?"

Sylvia Steinhaus denkt aber gar nicht daran, ihren Mann zu verarzten. Stattdessen greift sie zum Telefonhörer und wählt Dr. Groths Nummer. Und noch ehe ihr vollkommen überraschter Mann sie daran hindern kann, bittet sie den Arzt in ihre Kabine: „Doktor, kommen sie schnell in die Vierzehn. Mein Mann ist verletzt und außerdem brauche ich Sie dringend als Zeuge ...!"

Groth ist in drei Minuten da, verklebt Steinhaus' Kratzwunden und bestätigt Sylvias Aussage, dass ihre Sorge ausschließlich der Alkoholkrankheit Kommodore Kurt Schröders gilt: „Von einem über die ärztliche Pflicht Ihrer Gattin hinausgehendes Verhältnis zum Kommodore weiß ich nichts, Herr Steinhaus. Falls Sie, Frau Dr. Steinhaus, mich als Zeuge einer scheinbar soeben erfolgten Vergewaltigung durch Ihren Mann benötigen, würde ich Sie sofort – auch unter den Augen Ihres Gatten – hier untersuchen. Ich bin sicher, dass das Ergebnis leider positiv ausfällt, Herr Steinhaus!"

Die Eheleute Steinhaus verbringen sowohl diese als auch die restlichen Nächte der Kreuzfahrt nicht im gemeinsamen Ehebett. Ralf Steinhaus scheint dies indes nicht besonders viel auszumachen. Denn er hat genug damit zu tun, die sensationelle Neuigkeit zu verarbeiten, die Dr. Groth ihm quasi amtlich bescheinigt hat: Der Kommodore der Reederei *Atlantic Lloyd* und Kapitän des Kreuzfahrtschiffes MS *ARGO* in schwierigen Gewässern am oberen Ende der Welt, Kurt Schröder - ein abhängiger Alkoholiker, der seinen Aufgaben und Pflichten nicht mehr nachkommt. Wenn das keine Nachricht ist, die die Welt da draußen interessiert ...

23

In Bremen hat die tägliche Routine der Abteilung „Inspektion Personal" einen Sprung bekommen. Der junge Nachwuchsinspektor Ingo Matthies, zu dessen Aufgaben die wöchentlichen Telefonate mit den Kapitänen aller Schiffe der Reederei gehören, um den Personalstatus an Bord - Einsatzfähigkeit, Krankheiten, Disziplinarangelegenheiten usw. - zu überprüfen, glaubt zunächst, nicht richtig gehört zu haben: „Tjaaa", klingt die Stimme des Ersten Offiziers Gabianes über das *Inmarsat*-Satellitentelefon, „hier ist alles soweit in Ordnung. Bis auf ... na ja ... eine Kleinigkeit, die wohl nicht weiter tragisch scheint. Der Kommodore, also Herr Schröder, der ist gestern erkrankt. Beziehungsweise hat er einen kleineren Unfall gehabt. Aber das beeinträchtigt den Betrieb ja nicht weiter. Außer natürlich, dass er sich im Moment nicht um die Passagiere, also ich meine, dass er nicht am Dinner teilnimmt. Das hab ich aber übernommen. Also - keine Panik, Herr Matthies. Vielleicht braucht der Chef das erst mal gar nicht zu erfahren, nicht?"

Ingo Matthies zögert, diese vage Nachricht so in seinem Wochenbericht weitergeben. Er spürt, dass Gabianes ihm etwas verschweigt. Und das wird auch Reeder Langenkamp ihm so nicht abnehmen. Er beschließt deshalb, zuerst die anderen Schiffe auf allen Weltmeeren anzurufen. Dann wird er es nochmal mit der *ARGO* versuchen und sich dort mit seinem Freund Günther Mangelsdorff verbinden lassen, der ihm sicher die ungefilterte Wahrheit über das seltsame Geschehen an Bord sagen wird. Erst dann wird er seinen Bericht fertigstellen und ihn dem Reeder vorlegen.

Doch an diesem Tag wird es nichts mehr damit. Und als Matthies am nächsten Vormittag zum Hörer greift und die *ARGO* anrufen will, bekommt er keine Verbindung mit dem Schiff, sondern die automatische Ansage, dass das Schiff zurzeit wegen atmosphärischer Störungen nicht erreichbar sei. So etwas erlebt Matthies nicht selten: Vor allem im Nordatlantik und erst recht in den Nordpolargebieten leidet selbst der Satellitenfunkverkehr manchmal unter Nordlichteffekten mit ihren starken elektrischen Feldern. Schließlich fügt Matthies diesen Sachverhalt in seinen Bericht ein und gibt ihn an die Geschäftsleitung. Niemand stört sich daran - auch nicht der Chef, Hans Heinrich Langenkamp. Noch nicht!

Die Passagiere stört dieses Nordlicht auch nicht - ganz im Gegenteil. Kreuzfahrtdirektor Trenkner serviert ihnen nämlich kurz vor dem abendlichen Ankermanöver ein Extra-Abenteuer: „Heute Nacht, meine lieben Gäste, lade ich Sie alle an Oberdeck zu einem ganz besonders schönen Erlebnis ein, das nicht jedem vergönnt ist. Nach dem Dinner, also etwa gegen 22 Uhr werden wir die Gelegenheit haben, mit der allmählich beginnenden Dunkelheit ein Nordlicht zu bewundern. Dazu darf ich Ihnen zu meiner Freude auch noch den wissenschaftlichen Kommentar eines unserer Mitreisenden ankündigen. Der noch junge, aber schon sehr erfahrene Kartograph und Astrophysiker Werner Popp, der im Auftrag des Bundesamtes für Seeschifffahrt und Hydrografie an Bord der *ARGO* einen Forschungsauftrag ausführt, wird uns allen das Phänomen Nordlicht erläutern. Ich freu mich auf Sie. Und - ziehen Sie warme Jacken an. Die Nacht kann kühl werden, denn wir ankern heute Abend in einer Bucht direkt bei einer Gletscherzunge dicht unter Land!"

Während die Brückencrew mit Lotse Sinclair und Erstem Offizier Gabianes - dem amtierenden Kapitän - den Landfall vorbereitet, begibt man sich in die Kabinen, um sich für das Dinner zurechtzumachen. Die nun schon auffallende Abwesenheit des Kommodore hat zu einer deutlichen Lockerung der Kleiderordnung geführt. Keine Gala - keine Smokings! Stattdessen Hemd und Hose mit Krawatte und die Damen im legeren Hosenanzug oder sportlichem Nachmittagskleid. Die Stimmung indes ist gut, wenngleich einige Passagiere das Abtauchen des Kommodore immer noch missmutig bis gehässig kommentieren.

Der Anstifter dieser Gruppe ist natürlich Ralf Steinhaus. Mit den neuesten Informationen aber, die er in der vergangenen Nacht in seiner Luxussuite Nummer 14 von Dr. Groth bescheinigt bekam, geht er zunächst vorsichtig um; er schweigt mit einem Mal und das wundert dann doch den einen oder anderen seiner dankbaren Gefolgschaft.

24

Für Silvio Gabianes' Geschmack wagt sich Lotse Sinclair mit der *ARGO* zu weit an die Küste heran. Er beobachtet mit Sorge die beiden Echolote, die die Wassertiefen unter dem Bug und dem Heck anzeigen und wendet sich schließlich an den Kanadier: „Lotse, was ist - wollen wir nicht allmählich aufstoppen und zu Anker gehen? Wir haben vorn nur noch vier Meter Wasser unter dem Kiel!"

Aber Sinclair will nicht und verkauft sein Manöver auf seine Weise: „Sicher, Käptn, aber wir haben hier manchmal etwas Strömung am Rand des Fahrwassers. Und der Grund besteht meist aus Geröll, wo die Anker nicht besonders gut halten. So könnte das Schiff auf Drift gehen in der Nacht. Wollen Sie das riskieren?"

„Was für eine Frage, Lotse!" kontert der Erste. „Aber was ist mit der Tide? Wieviel Hub?"

„Schwer zu sagen. Selten mehr als ein Meter. Gehen wir auf drei Meter Wasser ran - das ist sicher, Käptn!"

Gabianes lenkt ein und lässt Sinclair das Schiff noch weiter steuern. Auf dreieinhalb Metern Wasser unter dem Bug und vier Metern achtern lässt Sinclair die Maschinen rückwärts gehen. Dann erfolgt sein Kommando: „Okay - let go sternanchors (lasst fallen die Heckanker)."

Als die Heckanker das Schiff festhalten und es keine Fahrt mehr macht, lässt man auch die beiden Buganker aus ihren Klüsen rasseln. Dann holen die kräftigen Heckspills die achteren Ankerketten steif, bis alle vier Anker gefasst haben und sich die *ARGO* nach menschlichem Ermessen nicht mehr bewegen kann. Es sei denn ...

Der Erste Offizier kommandiert als Brückenwache von 20 bis 24 Uhr seinen zweiten Offizier Bonnhoff und für die zweite Nachthälfte von 24 bis 4 Uhr den Dritten Günter Mangelsdorff und zusätzlich Matrose Klaus Dunker, dessen Aufgabe es sein wird, in der Dunkelheit zusätzlich zur elektronischen Navigation Landpeilungen durchzuführen, um die Ankerposition des Schiffes zu sichern. Außerdem ordnet er an, beide Echolote sowie das Radar und GPS laufen zu lassen. An den Echoloten wird der Tiefenalarm auf zwei Meter eingestellt.

„Das sollte reichen. So – Maschine genug, Schluss für heute. Wenn was ist: Ich hab meinen Pieper dabei. Gute Wache!"

Gabianes verlässt das Ruderhaus über die Steuerbordbrückennock. Dort grient ihn Ralf Steinhaus, der das Ankermanöver miterlebt und jedes Wort aus dem Ruderhaus gehört hat, betont arglos und vergnügt an.

„Hallo, Herr Steinhaus! Schönen Abend noch! Wir sehn uns beim Dinner!"

„Das hoffe ich, Kapitän. Wenigstens Sie halten noch die Stange."

Der Abend auf der Brücke wird langweilig. Das jedenfalls glaubt Bonnhoff. Aber er täuscht sich, denn ab kurz vor zehn Uhr erscheinen die ersten neugierigen Passagiere, die das geheizte Ruderhaus der *ARGO* dem nachtkühlen Oberdeck vorziehen und das angekündigte Naturschauspiel durch die dicken Fensterscheiben beobachten wollen. Bonnhoff ist das recht, denn dabei ergibt sich meistens manch netter Plausch. Und auch dem Trinkgeldkonto der *ARGO*, das am Ende der Reise gut gefüllt sein soll, kann es nicht schaden, wenn man sich mit den Passagieren gut stellt und geduldig ihre vielen, manchmal auch dummen Fragen beantwortet. Das Nordlicht lässt allerdings auf sich warten, sodass sich der Offizier bald mehr mit seinen Gästen als mit dem Schiff beschäftigen muss. Als er um Mitternacht pünktlich abgelöst wird, ist er daher doch froh, in die Koje zu kommen.

Mangelsdorff, sein Ablöser, fragt mehr routinemäßig, ob alles in Ordnung ist und erhält von Bonnhoff die freche Antwort: „Du, keine Ahnung! Guck doch, was hier los ist. Aber mach Dir nicht in die Hose: Kein Alarm hat gepiept. Alles in Butter! Gute Wache!"

Und dann kommt das Nordlicht doch noch. Aber wie!

Kaum berührt die untergehende Mitternachtssonne die Gletscherkante und taucht sie zur umjubelten Freude der Zuschauer in alle Rottöne, da verstummt deren Begeisterung in der nun folgenden unfassbaren Beleuchtung des Nordwesthimmels. So etwas hat niemand der Passagiere, die erwartungsvoll an Deck ausgeharrt haben, je gesehen. Fahles Licht in allen möglichen Grüntönen wabert mit unglaublicher Geschwindigkeit hinter den schwarzen Bergen der Arktis hervor, huscht den Strahlen eines starken

Leuchtfeuers ähnlich über den Himmel, erlischt plötzlich und macht Platz für neue, gänzlich andere Farben, die von dunkelviolett über knallgelb bis zu purpurrot reichen. Dabei hat das Nordlicht keinerlei Strahlkraft! Wer in die Gesichter der Umstehenden schaut, um deren Reaktion mitzuerleben, der wundert sich darüber, das ein jeder Teint lediglich das Licht der Decksbeleuchtung spiegelt, nicht aber die Grüns und Rots, die Gelbs und Violetts des Nordlichts. Jemand sagt: „Wo bleibt die Musik? Kinder – jetzt die Wassermusik von Händel. Oder so!"

Stattdessen meldet sich mit leiser, aber gut verständlicher Stimme der junge Astrophysiker aus den Lautsprechern zu Wort und erläutert sparsam, wie um die beinahe heilige Stille an Deck nicht zu zerstören, was da im Weltraum vor sich geht. Von einer Ionisierung hoher Wasserteilchen in über achttausend Metern Höhe ist seine Rede und von niederfrequenten und deshalb für den Menschen sichtbaren Schwingungen und davon, dass sich die Farben durch die Zusammensetzung der Wassertröpfchen in den Wolken ergeben. Und dann erzählt er, dass sich durch die elektromagnetischen und elektrischen Felder, in denen gewaltige Mengen an Energie freiwerden, Funkverkehr und Radar, Rundfunk und Fernsehen, ja, sogar Magnetkompasse außer Funktion gesetzt werden. Das interessiert die meisten Passagiere weniger als die rasante Veränderung des Himmelsschauspiels. Lediglich einer hört genauer zu, was Werner Popp erzählt.

Im Ruderhaus ist es auch still geworden. Etwa zwanzig Gäste drängen sich an den Frontscheiben und starren begeistert in die Nacht hinaus – unter ihnen auch Günter Mangelsdorff, der Wachhabende. Matrose Dunker hat draußen in der Backbordbrückennock Position bezogen und verliert sich ebenfalls in das dramatische Schauspiel.

Der Einzige, der ein Nordlicht nicht zum ersten Mal sieht und den es weit weniger interessiert als die aktuelle Position der *ARGO* und die reichlich knappe Wassertiefe unter dem Schiff, ist Ralf Steinhaus. Allein hinter sämtlichen Rücken der Schaulustigen an den Fenstern sucht und findet der ewig Neugierige und deshalb Kundige die beiden Echolote. Sie zeigen jetzt, um 00.45 Uhr nur noch zweieinhalb Meter Wasser vorn und drei Meter achtern an. Der Wasserspiegel in der Simpson Strait ist während der letzten knapp fünf Stunden um eineinhalb Meter gefallen. Wenn das so weiter geht, dann piepen bald die Echolote!

Das darf nicht sein. Denn Ralf Steinhaus wittert seine Chance, seine unglaublich gute Story.

Wenn die *ARGO* aus dieser Situation ohne Grundberührung wieder herausfindet, wäre seine Geschichte futsch. Das wäre doch schade. Und da kommt ihm die grandiose Idee. Ungesehen schaltet er die Tiefenalarme der Echolote ab und verlässt rasch das Ruderhaus der *ARGO*. Er sucht sofort seine Kabine auf und bestellt beim Steward telefonisch eine Flasche Whisky und viel Eis, die der auch Minuten später bringt. Nun wird niemand behaupten, Steinhaus sei um 00.51 Uhr noch auf der Brücke gewesen. Selbst Sylvia, die nach ausgiebigem Genuss des Nordlichtschauspiels todmüde um 01.30 Uhr ihr Schlafzimmer aufsucht und Ralf schnarchend auf der Couch im Salon vorfindet, wird zu seinem Alibi beitragen.

Aber Steinhaus schläft nicht. Er wartet. Worauf? Eine Grundberührung hat selbst er noch nicht miterlebt. Nach einer Stunde muss er den Kampf gegen den Schlaf aufgeben. Und schläft den Schlaf des Ungerechten.

25

Kommodore Kurt Schröder geht es in dieser Nacht so schlecht wie noch nie. Dr. Groth und Dr. Steinhaus ist es zwar gelungen, ihn unter beruhigenden Medikamenten in seiner Suite zu isolieren, wo er apathisch vor sich hin dämmert. Aber nun gehen diese Medikamente, die eigentlich für kranke Passagiere gedacht sind, zur Neige. Und - schlimmer noch - Schröders Alkoholvorräte auch. Den in der Suite vorgefundene Wodka hat Dr. Groth in die Toilette geschüttet. Den Rum, der ihm verborgen geblieben ist, hat Schröder ausgetrunken. Das bedeutet, dass der Entzug für Kurt Schröder begonnen hat. Mit allen schrecklichen Folgen wie schweren Magenkrämpfen und -schmerzen, unbeherrschbarem Zittern aller Glieder, Schweißausbrüchen und einem Geisteszustand, der eher an einen stöhnenden Sterbenden erinnert als an den gestandenen Seemann Kurt Schröder.

Völlig verzweifelt hält Schröders Mutter Valerie bei ihrem Sohn Wache, trocknet ihm die Stirn und hält seine Hand, versucht, ihm Mineralwasser einzuflößen, das seine Nieren spülen soll und verabreicht ihm die letzten von Dr. Groth noch bereitgestellten Medikamente.

Alkohol aber bekommt Schröder nicht, so sehr er auch darum bettelt in seiner Qual.

Sowohl Sylvia Steinhaus als auch Eugen Groth tauchen alle zwei Stunden abwechselnd an seinem Bett auf, messen seinen Blutdruck und die Herzfrequenz, versuchen, seinen physischen und psychischen Zustand zu beurteilen, um jederzeit einzugreifen, falls Schröder etwa kollabieren sollte. Die Möglichkeiten dieses Eingreifens allerdings stellen sich beide lieber nicht vor: Falls Bordmittel versagen und der Patient in eine Klinik an Land verbracht werden müsste, so scheint eben dies hier weitab jeder Zivilisation nahezu unmöglich. Steht irgendwo ein Hubschrauber bereit? Dennoch fragt Sylvia: „Was glauben Sie, Kollege? Wann wäre Schröder über den ersten Berg und stabil genug für einen Transport an Land?"

„Ich weiß es nicht. Und ich könnte die Verantwortung dafür im Moment nicht übernehmen. Vielleicht wäre es besser, ihn hier in ein flaches Koma zu versetzen. Das schonte seine Kräfte und würde die Schmerzen und die Krämpfe dämpfen. Haben Sie Erfahrungen mit so einer Therapie?"

Sylvia schüttelt nachdenklich den Kopf.

„In meiner Klinik ginge das. Aber hier?"

Valerie Schröder, die das Gespräch ängstlich verfolgt hat, beginnt wieder, zu weinen.

„Ach, Gott, wenn ich doch nur helfen könnte! Warum habe ich nicht genug auf den Jungen aufgepasst, als noch Zeit dazu war? Aber das konnte ich ja gar nicht. Bevor er zur See ging, war er doch gesund. Die eine leere Flasche unter seinem Bett damals; ich hab das nicht so ernst genommen, leider".

Dann ist sie wieder allein mit ihm und hält seine Hand. Wenn Kurt doch nur ein wenig schlafen könnte! Sie selbst ist todmüde und kann sich kaum noch wach halten. Immer wieder nickt sie kurz ein. Aber dann plötzlich schreckt sie hellwach auf, denn Kurt Schröder drückt ihr plötzlich so kräftig die Hand, dass sie vor Schmerz aufstöhnt. Und da richtet er sich auch schon mit einem Ruck von seinem Krankenlager auf, lauscht angestrengt, schüttelt den Kopf als wollen er böse Gedanken verscheuchen. Ängstlich fragt sie ihn atemlos: „Kurt, was ist denn? Geht es Dir schlechter? Was hast du denn?"

„Still, Mutter. Was machen die denn da oben mit dem Schiff? Da - schon wieder! Hör doch! Dieses Schurren ...!"

Jetzt spürt Valerie es auch. Es scheint, als bewege sich die ganze Suite! Schröders Blick irrt durch sein Schlafzimmer. Er findet das Telefon auf dem Nachttisch, will den Hörer greifen, lässt ihn aber fallen und sinkt matt in die Kissen zurück. Stöhnend stottert er: „Valerie ... ruf an! Ruf die Brücke an ... und gib mir den Hörer. Wir sind auf Grund ... diese Idioten! Nun mach schon!"

„Welche Nummer, Kurt? Was muss ich wählen?"

Aber Schröder gibt keine Antwort. Er scheint nun wirklich in eine Art Trance zu fallen. Hoffentlich stimmt es nicht, was er gesagt hat! Das Schiff auf Grund! Und ihr Sohn todkrank und ohnmächtig in dieser Lage! Mein Gott ...

26

Um genau 03.33 Uhr an diesem fahlen Morgen, als die aufgehende Sonne milchig gegen einen grauen Himmelschleier kämpft, schreckt zuerst Matrose Dunker aus einem kurzen flachen Schlaf hoch. Das war ein schurrendes Rucken im Rumpf, das dort auf keinen Fall hingehörte! Sowas machte ein schwimmendes Schiff nicht. Hier war etwas „wrong", und zwar gehörig! Reflexartig ruft er nach seinem Wachführer.

„Herr Mangelsdorff - Mensch, was war das denn eben? Haben Sie's auch gemerkt"?

„Das, mein Junge", sagt Mangelsdorff in scheinbar eisiger Ruhe, als er aus dem Kartenraum nach vorne kommt, „war das typische Geräusch eines Schiffes, das auf den Steinen sitzt! Und jetzt ... ist die Kacke am Dampfen, mein Lieber!"

Dann nimmt er das Telefon und wählt Gabianes Kabine an. Aber der meldet sich nicht, sondern stürzt im selben Augenblick höchstpersönlich ins Ruderhaus: „Verdammte Scheiße - was ist denn los?"

„Tja - was ist los: Wir sitzen, Herr Kapitän!"

„Was heißt das, wir sitzen? Das gibt 's doch gar nicht! Was sagen die Lote? Habt Ihr den Tiefenalarm nicht gehört? War der überhaupt eingeschaltet?"

Sofort treffen sich die Blicke der drei Männer auf dem Bedienfeld der Echolote - und sie erstarren: kein Alarm ist eingeschaltet! Mangelsdorff schaltet schnell und versucht eine mehr als flaue Ausrede: „Als ich die Wache um Mitternacht von Herrn Bonnhoff übernommen habe, müssen die Alarme eingeschaltet gewesen sein. Jedenfalls hat er erklärt, alles sei okay und er habe keinen Alarm gehört!". Darauf schlägt sich Gabianes die Hand vor die Stirn und brüllt: „Blödmänner - alle beide, Mensch! Wenn das rauskommt - Mann oh Mann!".

Und dann hagelt es Befehle wie aus einem Maschinengewehr, die dem Dritten Offizier, seinem Wachmatrosen und dann dem ganzen Schiff Beine machen: „Los, den Bootsmann wecken - klar zum Ankerhieven!"

„Beide Hauptmaschinen anlassen und auf stand by!"

„Vier Mann an die Reling vorn und achtern, mit Handloten die Wassertiefe rund um das Schiff peilen!"

„Der Chief soll sich klar halten zum Peilen der Ballast- und Treibstofftanks!"

„Wo bleibt denn der verdammte Lotse?"

„Sie, Mangelsdorff, beobachten persönlich die Wasseroberfläche und stellen fest, ob wir irgendwo Treibstoff verlieren. Nehmen Sie den Handscheinwerfer mit. Sie wissen ja, wie schön Marine Diesel Fuel schillert, oder? Und jetzt: dalli - dalli - dalli!"

Um 04.00 Uhr sind alle vier Anker in ihren Klüsen, ohne dass sich die *ARGO* auch nur um einen Meter bewegt hätte. Der Bootsmann macht auf der Brücke Meldung und zuckt die Schultern: „Die konnten wir so mühelos hieven, als ob sie auf Kugellagern lägen!"

„As I told you - Geröll!", meint resignierend der inzwischen erschienene Lotse Sinclair und erntet dafür einen vernichtenden Blick des Ersten, der ihn sofort zum Schweigen verdonnert.

Da kommt die Meldung der vier Peiler von der Reling: „Kein Wasser unter dem Schiff - wir sitzen auf ganzer Länge!"

„Scheiße! Der Chief soll mal raufkommen! Ahh, Chief, da sind Sie ja schon! Tja - wir sitzen auf Grund, wahrscheinlich haben Sie's da unten am lautesten gehört, was? Was machen die Ballasttanks? Und die Treibstofftanks? Irgendwelche Leckagen?"

„Zum Glück scheinbar nicht. Jedenfalls bis jetzt nicht. Sollen wir Ballastwasser trimmen? Wir könnten ungefähr 400 Tonnen umpumpen von vorn nach achtern, wenn Ihnen das hilft."

„Hm - ich glaub nicht. Ich würde es lieber mit den Maschinen versuchen. Vielleicht lässt Sinclairs Geröll uns ja wieder los, wenn wir Gas geben. Was meinen Sie - kann den Propellern was passieren, Chief? Und den Ruderblättern?"

„Eigentlich nicht - aber genau kann man das erst hinterher sagen! Auf keinen Fall Full Speed - keine hohe Drehzahlen ...".

„Okay. Allerdings - wissen wir überhaupt, wo wir hinfahren sollen?"

Gabianes wendet sich an Sinclair, der sich hinter den Kartentisch verdrückt hat und ziemlich hilflos in die Seekarte stiert: „Was ist, Lotse? Haben Sie einen Ausweg aus dieser Scheiße? Wo ist tiefes Wasser? Hinter uns? Oder wo? Na los, bringen Sie uns hier runter, Mensch! Schließlich haben Sie uns ja auch raufgebracht!"

Aber der Lotse zuckt die Schultern, fährt mit dem Zeigefinger auf der Karte herum und ist sichtlich ratlos – das Schlimmste also, was einem Seelotsen passieren kann. Dann aber besinnt er sich seiner Verantwortung und gibt doch wenigstens einen Ratschlag, der selbst Gabinaes imponiert und den er sofort in die Tat umsetzt: „Vielleicht sollten wir ein Boot aussetzen und rund um die *ARGO* loten, um uns ein Bild zu machen?"

Das geschieht. Man lässt den kleinsten Tender der *ARGO* – ein großes Schlauchboot mit festem Boden und Außenbordmotor – zu Wasser, besetzt mit einem Matrosen am Ruder, dem zweiten Offizier Bonnhoff und einem weiteren Matrosen mit dem elektronischen Handlot. Während das Boot nun konzentrische Kreise erst um das Schiff und dann hinter dem Heck fährt, hält der dieses handliche Echolot in die Wasseroberfläche und ruft laufend die Lotungen aus, die Bonhoff mitschreibt. Zwei Stunden lang geht das so, beobachtet von der Brücke, von den Passagieren und – von Steinhaus, der alles akribisch mit der Kamera festhält. Schließlich hat sich das Schlauchboot weit von der *ARGO* entfernt und wird vom Kapitän zurückbeordert.

Das Ergebnis der Lotreihen, die Bonnhoff fabriziert hat, ist allerdings niederschmetternd: kein ausreichend tiefes Wasser direkt um das Schiff herum, sondern erst eine Seemeile recht achteraus im Fahrwasser! Es scheint, als hätten die Anker nicht gehalten und das Schiff sei über Nacht weiter auf das Geröllfeld getrieben, als nur mit einer leichten Grundberührung an dessen Rand festgekommen. Dies sieht nach einer handfesten Strandung aus!

Auch Sinclair, der inzwischen telefonisch versucht hat, von der Kanadischen Lotsenbehörde Wetter- und Wasserstandsdaten für das Seegebiet zu kriegen, lässt den Kopf hängen. Ergebnislos!

Nun hilft es nichts: Kapitän Gabianes muss das Äußerste versuchen, um die *ARGO* frei zu bekommen und gibt das Kommando.

„Also dann – probieren wir 's mit den Propellern: Ruder mittschiffs, beide Maschinen langsam zurück! Mangelsdorff, Sie peilen die Landmarken, ob wir uns bewegen, klar?"

Man lässt die beiden Bronzeschrauben der *ARGO* fünfzehn Minuten langsam rückwärts törnen. Das Schraubenwasser fließt gemächlich an den Bordwänden nach vorn. Mangelsdorff peilt mit dem Diopter von der Brückennock aus eine steile Eiszinne des Gletschers.

Viele Passagiere sind inzwischen an Oberdeck aufgetaucht und staunen neugierig über das komische Manöver des kleinen Tenders und des großen Schiffes. Als einige allzu Wissbegierige im Ruderhaus erscheinen, wirft Gabianes sie genervt und etwas grob hinaus: „Keine Passagiere, bitte! Raus-raus. Wir haben ein kleines Problem und können Sie jetzt hier nicht gebrauchen!"

Widerspruchslos folgen die Neugierigen seinem Befehl bis auf einen: Ralf Steinhaus. Frech und keck mit der Kamera im Anschlag, schießt der erst noch ein paar Bilder von der ungewöhnlichen Versammlung so vieler Offiziere auf der Brücke, bis Gabianes auch ihn anherrscht: „Das gilt auch für Sie! Und das Fotografieren verbitte ich mir erst recht! Sie sehen doch wohl, dass wir hier Probleme haben. Oder wollen Sie das etwa ausschlachten, um in die Schlagzeilen zu kommen? Das schlagen Sie sich aus dem Kopf, ja?"

Steinhaus knipst noch zwei-, dreimal, bevor auch er das Ruderhaus verlässt. Jawohl, jetzt kriegt er seine Story. Eifrig setzt er seine „Arbeit" an Deck fort, belagert von Neugierigen, die glauben, dass er mehr wisse.

„Was ist los, Herr Steinhaus? Sind wir aufgelaufen? Sie wissen doch immer so gut Bescheid ..."

Ganz im Gegensatz zu seiner sonst an den Tag gelegten üblichen Redegewandtheit hält sich Steinhaus allerdings jetzt bedeckt und wortkarg; er darf nicht riskieren, dass irgendjemand in seiner Kabine zum Telefon greift und die Nachricht von der Grundberührung, ja, der Strandung der *ARGO*, in die Welt posaunt, und sei es nur nach Hause zu seiner Familie. Das nämlich wird alleine er besorgen. Aber zuerst braucht auch er selbst mehr Informationen, wie es mit dem Schiff weitergeht. Und darauf muss er noch stundenlang warten.

Der Versuch, die *ARGO* mit eigener Kraft frei zu bekommen, schlägt fehl. Nach einer Stunde verschiedener Ruder- und Maschinenmanöver lässt Gabianes die Maschinen stoppen und den Versuch abbrechen. Was nun? Wer kann in dieser Situation noch helfen? Ein Schlepper? Oder zwei? Woher bekommt man in dieser arktischen Einöde Schlepper? Sehnsüchtig denken die Offiziere an den russischen Eisbrecher, der ihnen vor kurzem entgegenkam und nun wohl schon westlich in Richtung auf seinen russischen Heimathafen Anadyr an der Behringsee dampft - der hätte die *ARGO* wahrscheinlich im Handumdrehen von dieser mörderischen Geröllhalde gezogen mit seinen zigtausend PS! Aber ob der Rumpf das ausgehalten hätte, ohne Leck zu schlagen?

Zum ersten Mal wird sich die Schiffsleitung nun ihrer Hilflosigkeit bewusst. Und der unausweichlichen Notwendigkeit, endlich die Reederei in Bremen zu verständigen. Denn die Koordination aller weiteren Maßnahmen muss von dort geleistet und geleitet werden ...

27

Silvio Gabianes ist beinahe erleichtert - in Bremen meldet sich unter der üblichen Telefonnummer niemand. Warum nicht? Liegt es immer noch am Nordlicht, das allerdings jetzt zumindest optisch nicht mehr in Erscheinung tritt? Doch dann fällt ihm ein, dass es in Deutschland jetzt mitten in der Nacht ist und die Telefonzentrale natürlich nicht besetzt. Schweren Herzens wählt er am *Inmarsat*telefon auf der Brücke die Bereitschaftsnummer der Inspektion, um den diensthabenden Mitarbeiter aus dem Bett zu holen. Der hört eine Weile wortlos zu, sodass Gabianes schon nachfragt, ob die Verbindung überhaupt noch steht.

„Doch, doch - ich bin schon noch dran. Aber - es hat mir ein bisschen die Sprache verschlagen, Herr ... Herr Gabianes. Und sie sagen, sie kommen mit eigener Kraft nicht frei?" Gabianes klingt sehr kleinlaut: „So wie es aussieht, nicht. Wenn die nächste Tide höher steigen würde ... vielleicht? Oder der Wind auf Nord dreht ... eventuell? Sonst ..."

Der Inspektor beendet das Gespräch mit einem tiefen Seufzer und dem inhaltsschweren Satz: „Dann werd' ich jetzt mal den Alten wecken. Das musste ich bisher erst ein Mal machen, vor drei Jahren. Hat keinen Spaß gemacht. Aber in Ihrer Haut möchte ich jetzt erst recht nicht stecken. Mein lieber Mann! Übrigens - was sagt denn unser Kommodore zu der ganzen Scheiße? Na ja - Sie hören dann wohl bald von uns."

Reeder Langekamp reißt es aus tiefsten Schlaf. Aber ein Mann in seiner Position besitzt die Fähigkeit, in Sekundenschnelle wach zu werden und dann auch noch sofort klar denken zu können. Schließlich geht es bei derartigen Anrufen oft um Millionen. Es sind meist hohe Reparatur- oder Schleppkosten, Konventionalstrafen für verspätete Ladungen, Personalprobleme durch Krankheit oder Unfälle an Bord. Es ist allerdings das erste Mal, dass man ihm mitteilt, eines seiner Schiffe sitze in der Nordwestpassage auf Grund. Ausgerechnet da, wo es so gut wie keine Schifffahrt gibt und natürlich auch keine Schlepper. Nach ungefähr drei Minuten jagender Gedanken hat er die Problematik erkannt, die er in diese Reihenfolge einsortiert: Wie kann sich das Schiff selber befreien?

Wann kann frühestens Hilfe beim Schiff eintreffen?

Wie lange werden die Passagiere abwarten, ehe sie von Bord geholt werden wollen?

Wie lange und für welche bereits verkauften Reisen wird das Schiff ausfallen?

Was wird die Öffentlichkeit, die Presse und die Branche mit ihm und seiner Reederei machen?

Und was kostet ihn, den Reeder persönlich, das alles, wenn die Versicherungen ihren Anteil eines Tages hoffentlich bezahlt haben werden?

Die Antworten, die sich Hans Heinrich Langenkamp selber auf seine Fragen gibt, stellen ihn in keiner Weise zufrieden. Jetzt geht es erst einmal um Schadensbegrenzung. Und das bedeutet: Absolute Nachrichtensperre - kein Wort zu Dritten außerhalb der Firma!

Sofortige Organisation des Abbringens des Schiffes durch Schlepper, eventuell auch Hilfsschiffe, um die *ARGO* zu leichtern, damit sie höher aufschwimmt und so freikommt.

Noch heute braucht die Schiffsleitung zuverlässige Information über den Beginn und den Fortgang einer Bergung.

Es geht los! Langenkamp braucht genau eine Stunde, um seine wichtigsten Mitarbeiter zu alarmieren und sie um vier Uhr morgens in seinem Büro um sich zu versammeln. Und dann glühen die Drähte.

Telefongespräch mit der Notrufnummer von *Smit Berging Rotterdam,* einer der erfahrendsten Bergungsfirmen weltweit: „Jawohl, wir haben einen eigenen Hochseeschlepper in Anchorage in Nordwestkanada. Der braucht ungefähr - warten Sie - achtzehn Tage für die gut 8000 Seemeilen bis zum Havarieort südlich King William Island, vorausgesetzt, der Eisgang macht es nicht schwierig oder unmöglich."

Das dauert Langenkamp viel zu lange!

„Gut, dann müssen wir herumfragen. Vielleicht können die Russen helfen, die haben oft Schlepper in der Tschuktschen See und Behringstraße und wären ungefähr - Moment - ja, ungefähr zehn Tage eher bei euch. Also in acht Tagen."

„Und die Kanadier? Haben die keine?"

„Möglich, wir müssen Kontakt aufnehmen. Mit Kanada haben wir weniger Erfahrung. Wir melden uns innerhalb einer Stunde bei euch!"

Langenkamp wischt sich Schweiß von der Stirn.

Telefongespräch mit der Versicherung, der *Global Shipping Insurances* in London: „Oje - herzliches Beileid! Wir nehmen das zur Kenntnis. Halten Sie uns bitte auf dem Laufenden, damit wir Ihnen helfen können, die Kosten im Griff zu behalten. Bei *Smit* sind Sie in guten Händen. Wenn Sie weiteren Rat brauchen - sofort."

Gegen sechs Uhr hat Langenkamp wieder *Smit* im Hörer: „Sie haben Glück, die Kanadier könnten helfen mit zwei kleineren Schleppern, die liegen in Fort Severn in der Hudson Bay und brauchen bei guten Eisverhältnissen ungefähr fünf Tage. Die müssen aber zwischendurch Treibstoff bunkern, wahrscheinlich in Resolute. Das kann manchmal einen Tag dauern, also rechnen Sie mit sechs Tagen."

Langenkamp mag noch keinen Auftrag erteilen, sondern will erst mal mit seinem Schiff sprechen - vielleicht fällt den „Dösköppen" da oben ja doch noch etwas ein, wie sie ihren Schwachsinn allein ausmerzen können?

Um acht Uhr lässt er sich eine Verbindung mit der *ARGO* machen: „Und bitte nur mit Kommodore Schröder, ja?" Die Verbindung steht nach wenigen Minuten in bester Sprachqualität. Aber das ist auch schon alles. Denn den Kommodore kriegt er nicht, sondern nur den ersten Offizier Silvio Gabinaes. Der beichtet ihm auf seine barsche Frage, was denn eigentlich los sei an Bord, mutig die volle Wahrheit: Kommodore Schröder alkoholkrank unter ärztlicher Behandlung in seiner Suite. Die *ARGO* auf ganzer Länge fest auf Steinen sitzend südlich King Williams Island. Keine Wasserstands- und Wetterdaten verfügbar. Versuch des Freikommens durch eigene Kraft ergebnislos abgebrochen. Und zuletzt seine Bitte: „Wir glauben, dass wir Schlepper und Leichter brauchen. Der Chief meint, wenn wir 1200 Tonnen Ballastwasser und Diesel von Bord geben, dann sollte der Tiefgang der *ARGO* so verringert sein, dass sie uns runterziehen können."

Langenkamp hat sich das alles angehört. Aber während Gabianes noch redet, sind seine Gedanken schon ganz woanders. Als der Erste fertig ist, stöhnt der Reeder genervt seine Sorgen in den Hörer: „Okay, okay - das wird hier in die Wege geleitet. Aber das alles dauert. Wahrscheinlich eine Woche. Oder mehr. Und - was machen wir mit den Passagieren, Mann? Die haben Sie mit keinem Wort erwähnt. Wie ist die Stimmung? Wie lange können Sie die Leute bei Laune halten? Wir haben denen schließlich eine Kreuzfahrt versprochen und keine Grundberührung in der Einöde da oben, oder ...?"

Auf diese Fragen weiß der Erste natürlich keine Antwort. Und deshalb trifft der Reeder selbst die Entscheidung: „Also, Herr Gabianes - Sie und ihre Offiziere versammeln die Passagiere umgehend im Restaurant. Lassen Sie Drinks, Cocktails servieren, natürlich kostenlos. Und erklären Sie ihnen die Situation, aber ohne Schuldzuweisung an jemandem, ist das klar? Wir riskieren hier auf gar keinen Fall irgendwelche Schadensersatzforderungen. Die Passagiere haben alle unterschrieben, dass sie keine Garantie auf eine störungsfreie und glatte Reise kriegen. Erklären Sie ihnen meinetwegen den ganzen Schlamassel mit den Wetterbedingungen oder sonstwas. Und stellen Sie fest, ob und wie viele Gäste unbedingt von Bord wollen. Wir werden dann natürlich versuchen, etwas zu arrangieren. Wobei ich - zugegeben - keine Ahnung habe, wie wir das da oben überhaupt machen sollen. Mann oh Mann, ihr habt euch da ganz schön in die Scheiße geritten!"

Von Bord der *ARGO* kommt nach dieser Predigt des Schiffseigners kein Kommentar. Deshalb fährt Langenkamp unwirsch fort:

„Und was ist das nun mit Herrn Schröder? Seit wann ist der ausgefallen? Wie wird er behandelt? Muss der nicht vielleicht sowieso und als erster von Bord? Das geht doch nicht - der Kommodore als Trinker! Läuft er eigentlich frei an Bord herum? Etwa unter den Augen der Passagiere? Mann - so reden Sie endlich!"

Nachdem Gabinaes versichert hat, dass Kurt Schröder von Bordarzt Dr. Groth diskret isoliert und unsichtbar versorgt ist, beeilt er sich, Langenkamps Anweisungen zu bestätigen und bedankt sich schließlich artig für die zugesagte Hilfe aus Bremen. Der Erste legt den Hörer seines *Inmarsat*telefons auf und atmet erst mal tief durch. Das also wäre überstanden. Lief ja gar nicht mal so schlimm ab. Jedenfalls hatte der Alte keine Konsequenzen bezüglich seiner Ablösung oder dergleichen angekündigt. Nun wollte er wenigstens das Beste versuchen, um den Reeder nicht zu enttäuschen. Der hatte ja recht – jetzt musste man mit den Passagieren sprechen!

28

Im luxuriösen Hauptrestaurant der *ARGO* verstummen am Nachmittag die leisen, besorgten, aufgebrachten, ängstlichen und ratlosen Gespräche in dem Moment, als die drei nautischen Offiziere und der Leitende Ingenieur die Showbühne betreten und sich auf den vom ebenfalls anwesenden Kreuzfahrtdirektor Trenkner bereitgestellten Stühlen niederlassen. Die Männer haben sich in einer einstündigen Konferenz hinter verschlossenen Türen in der Offiziersmesse darauf verständigt, in welcher Form sie ihren Passagieren die Nachricht von der Grundberührung der *ARGO* und deren mögliche Folgen und Unannehmlichkeiten erläutern wollen und wer zu ihnen sprechen soll.

„Ich will mich nicht drücken, Trenkner. Aber Sie können's am besten", hat Gabianes zuletzt gesagt. „Also machen Sie den Sprecher und verbreiten Sie Zuversicht, gute Stimmung, lügen Sie, erzählen Sie'n Witz, wenn Sie wollen. Und nun - auf in die Höhle der Löwen!"

Trenkner greift zum Mikrofon, um das Wort an alle 148 Passagiere zu richten, die mit Getränken versehen an den weiß gedeckten Tischen sitzen und deren gespannter Aufmerksamkeit er sicher sein kann.

„Meine Damen und Herren: Einen schönen guten nachmittag. Heute - das muss ich Ihnen allen sagen - ist allerdings kein schöner Tag für mich. Für die Schiffsleitung auch nicht. Und nicht für die Reederei in Bremen. Aber in erster Linie und vor allen anderen natürlich nicht für Sie, unsere geschätzten Passagiere. Sie werden es längst bemerkt haben. Viele von Ihnen waren heute am frühen Morgen schon an Deck und haben unsere Bemühungen miterlebt, das Schiff wieder flott zu bekommen. Ja - ich muss es jetzt zugeben: Unsere Männer auf der Kommandobrücke und unten in der Maschine haben ihre Versuche im Moment erst mal eingestellt. Die *ARGO* ist heute Nacht durch fallenden Wasserstand und ungünstige Winde hier dicht unter Land bei der King Williams Insel auf Grund geraten und sitzt bis jetzt ziemlich fest. Wir sind natürlich in ständigem Kontakt mit den kanadischen Schifffahrtsbehörden (das ist die erste Lüge des Tages) und mit der Reederei. Bremen hat zugesichert, dass bereits alle möglichen Maßnahmen getroffen wurden (das ist die zweite Lüge), um Hilfe zu organisieren. Die kann darin bestehen, dass man uns Schlepper schickt. Dass man uns sogenannte Leichter herbringt, die etwas Treibstoff abpumpen, damit die *ARGO* Gewicht verliert und ihren Tiefgang verringert. Und so weiter, und so weiter. Das Ganze wird allerdings etwas dauern. Und während wir unsere Arbeit am Schiff fortsetzen, möchten wir Ihnen diese Wartezeit natürlich so angenehm wie möglich machen. Ich habe daher für Sie alle ein Sonderprogramm aufgelegt: Wir bieten Ihnen ganztägig interessante Landausflüge mit den Tendern an, zum Gletscher und zu den Seelöwenbänken (die es hier in der Arktis gar nicht gibt)! Unsere tollen Showstars El Gordo und Cathi Gorda werden ab heute zwei verschiedene Vorstellungen hier auf der Showbühne geben, eine um 16 Uhr und dann die Spätvorstellung wie üblich nach dem Dinner. Darüber hinaus werden Sie ab sofort sämtliche, auch alle alkoholischen, Getränke ohne Berechnung bestellen können, bis wir unsere Reise fortsetzen!".

An dieser Stelle macht Trenkner listig eine kurze Pause, erhält aber den erhofften Beifall seiner Zuhörer nicht, sondern beendet seine Ansprache mit einem gekünstelt aalglatten und fröhlichen: „Tja - meine Lieben, das war es im Augenblick erstmal von mir. Ich danke Ihnen für Ihr Verständnis und wünsche Ihnen einen möglichst schönen Tag!"

Hat der Kreuzfahrtdirektor etwa gehofft, sich mit diesen lapidaren Worten davonmachen zu können, und lächelt die Schiffsleitung erleichtert und dankbar für seine Worte, die sie von allen weiteren Stellungnahmen zu entlasten scheint, so haben sie sich natürlich alle gewaltig verrechnet. Denn nun bricht der Tumult los. Der erste ist selbstverständlich Ralf Steinhaus, der - die Kamera schon gezückt - aufspringt.

„Moment, Mooooment, Herr Kreuzfahrtdirektor! So geht's nicht, bitte. Von wegen Verständnis! Da hätte ich schon noch ein paar Fragen", und damit schaut er gleichzeitig in die Runde, um sich der Zustimmung weiterer Mitpassagiere zu versichern, die jetzt ebenfalls mehr oder weniger lautstark einfallen.

Trenkner, der bisher gestanden hat, setzt sich nun - ein wenig resigniert - auf einen Stuhl und bedeutet der Schiffsleitung, ebenfalls zu bleiben. Dann hat er sich gefangen und lächelt schon wieder selbstbewusst und siegesgewiss: „Ja, bitte, Herr Steinhaus, schießen Sie los, was wollen Sie wissen?“ Steinhaus macht sich mit seiner Frage zum Sprecher der Mehrheit, die vor allem eines wissen will: „Wie lange soll das denn dauern, bis hier irgendwelche Hilfe eintrifft? Wenn ich es richtig sehe, dann gibt 's hier weit und breit außer ein paar Eisbären niemanden, der schnell zupacken kann. Und ob die Bären das tun? Die werden uns eher fressen als anschieben wollen, oder?“

Er erntet einige Lacher, aber im wesentlichen Beifall.

„Ja – richtig!“, ruft jemand. „Und vor allem: Die Reise wäre ja in fünf Tagen ohnehin zu Ende in Resolute. Kommen wir da überhaupt noch hin mit diesem Schiff?“

„Genau! Und wenn nicht? Wie kommen wir denn hier weg? Ich kann keinen Tag länger an Bord bleiben, Direktor. Meine Firma ruft mich jetzt schon fast jeden Tag an und nervt!“

So geht es eine ganze Weile weiter mit sorgenvollen Fragen, die Trenkner gar keine Möglichkeit geben, ihrem Strom Einhalt zu gebieten und Antworten zu formulieren. Die er im Übrigen auch gar nicht hat. Wie sollte er auch – Reederei, kanadische Behörden, Lotse Sinclair schweigen. Schließlich aber verebbt der Ansturm der Fragesteller und Trenkner muss Stellung beziehen: „Also – meine Herrschaften: Ich bitte Sie jetzt erst mal um etwas Geduld. Sobald wir neue Nachrichten aus Bremen haben, werde ich Sie über die Bordlautsprecher sofort informieren. Vielleicht sind ja die Schlepper schon unterwegs? Machen Sie sich nicht allzu viele Sorgen, bitte! Das wird schon werden. Sie werden sehen – morgen sieht die Welt schon ganz anders aus!

Spöttisches Gelächter erklingt. Aber auch moderate Stimmen aus dem Kreis der Passagiere: „Kommt Leute – das haben wir doch vorher gewusst, dass so eine Reise Risiken in sich haben kann!“

„Richtig, wir haben´s ja sogar unterschrieben!“

„Hauptsache, die Hummerschwänze gehen nicht aus!“

„Und der Champagner!“

„Seht Ihr – wer erlebt schon so was hautnah? Also genießen wir auch unsere Grundberührung. Mitgefahren – mitgestrandet, was?“

„Wenn wir das zu Hause erzählen, glaubt uns das kein Mensch!“

Ralf Steinhaus denkt sich seinen Teil: Er wird schon dafür sorgen, dass alle Welt glaubt, was hier geschehen ist. Noch einen Tag, vielleicht sogar nur noch wenige Stunden, dann wird er die wichtigsten Informationen haben und von seiner Suite aus die Presseagenturen anrufen, um den ersten Teil seiner Story zu verkaufen. Er sieht schon die Schlagzeilen vor sich, hört seinen telefonischen Kommentar über alle Rundfunk- und Fernsehsender und damit aus Millionen von Empfängern ertönen.

Doch da laust ihn plötzlich der Affe: Warum eigentlich bis morgen warten? Die allerwichtigste Neuigkeit - die Grundberührung - ist doch bereits Tatsache!

Steinhaus verlässt gemächlich-unauffällig den Saal. Kaum aus der Sicht der Übrigen hastet er aber hinauf zum A-Deck in seine Commodore Class Suite, um die Nachricht unter die Leute zu bringen. Schon ist sein Notebook eingeschaltet und er tippt wild entschlossen drauflos:

Deutscher Kreuzfahrer im Polareis gestrandet
Von Ralf Steinhaus an Bord MS ARGO

Seit heute in den frühen Morgenstunden kanadischer Ortszeit sitzt der Bremer Luxusliner ARGO mit 148 Passagieren in der Nordwestpassage nach einer Strandung auf Grund. Das Schiff kommt aus eigener Kraft nicht frei und wartet verzweifelt auf Schlepperhilfe. Kapitän und Offiziere behaupten, das Schiff habe keinen Schaden erlitten. Wie lange die Havarie dauert und ob die Passagiere eventuell evakuiert werden müssen, ist unklar. Die Passage im hohen Norden Kanadas galt bisher bei der Schifffahrt wegen der unbezwingbaren Eisbarrieren zu jeder Jahreszeit als unpassierbar. Die ARGO ist das erste Passagierschiff, das das Wagnis auf sich nimmt. Von der mutigen – oder leichtfertigen? - Reederei Atlantic Lloyd in Bremen war bisher keine Stellungnahme zu erhalten.

Nun noch ein Archivfoto der *ARGO* und sein eigenes Bild, auf dem das Schiff vor der Kulisse der Gletscher und das lotende Schlauchboot deutlich zu erkennen ist. Jetzt die ersten Adressaten: *dpa* (Deutsche Presse Agentur) und *upi* (United Press International), das reicht zunächst.

In seinem Eifer bemerkt er zu spät, wie Sylvia Steinhaus – erschöpft von langen Gesprächen mit dem halb nüchternen Kurt

Schröder und seiner Mutter Valerie, die ihren Sohn nun Tag und Nacht bewacht - in der Suite erscheint. Sie will sich vor dem Dinner zwei Stunden im Schlafzimmer hinlegen, um sich zu erholen. Dabei sieht sie kurz ihrem Mann über die Schulter, der im Salon an dem kleinen Sekretär sitzt, heftig an seinem Computer tippt. Sie beugt sich vor, überfliegt seine Meldung auf dem Bildschirm und erstarrt: „Sag mal, Ralf: Bist Du noch zu retten? Was machst Du denn da? Das ist doch alles gar nicht wahr! Wir sind doch nicht gestrandet! Und wer hat von einer Evakuierung geredet? Willst Du das Geschreibsel etwa absenden?"

Irritiert und erschrocken wendet sich Ralf um: „Mein Gott, hab Dich gar nicht reinkommen gehört." Und dann empört: „Ja, was hast Du Dir gedacht, was ich hier mache? Natürlich geht das so raus. Bin ich nun Reporter oder nicht? Wird höchste Zeit, dass man wieder von mir hört, oder? Übrigens hab ich das längst kommen sehen. Das konnte ja nicht gutgehen mit all den Stümpern hier an Bord. Hab gerade noch mit den beiden Fachleuten geredet, dem Menschen vom Bundesamt für Seeschiffahrt und Dingsbums, und auch mit dem Semmelmann, dem Biologen. Die sind meiner Meinung: Die Seekarten von der Gegend hier kann man vergessen, viel zu alt und nie berichtigt! Und das Eis hobelt jedes Jahr den Grund ab und verschiebt Millionen von Tonnen Geröllmengen. Keiner weiß, wie tief es wo wirklich ist. Und da schickt der *Atlantic Lloyd* sein Schiff hin? Das ist doch hirnrissiger Blödsinn! Geschäftemacherei! Geltungssucht! Und dann noch mit so einer Schiffsführung, die von nichts 'ne Ahnung hat! Nee ..."

Ralf Steinhaus' letzte Worte hat seine Frau schon nicht mehr gehört. Sie ist auf dem Weg zu Dr. Groth, den sie auf dem Gang vor dem Hospital antrifft: „Gut, dass ich Sie erreiche, Doktor. Sie müssen sofort was unternehmen. Mein Mann ist im Begriff, eine Meldung an die Nachrichtenagenturen rauszuschicken, die reine Panikmache ist. Wenn die Öffentlichkeit das liest, sehen die Reederei und die Besatzung der *ARGO* alt aus. Was kann man tun?"

Groth schaltet sofort: „Soso – na, das werden wir wohl unterbinden können. Kommen Sie doch eben mit herein."

Im Hospital greift der Arzt zum Telefon, wählt eine Nummer und gibt Sylvia Steinhaus' Nachricht hastig weiter: „Hallo, Herr

Trenkner, Dr. Groth hier. Wenn Sie schnell sind, können Sie vielleicht noch das Schlimmste verhüten. Frau Steinhaus berichtet mir gerade, dass ihr Mann versucht, von seiner Suite aus eine Horrormeldung über unsere Lage in die Welt zu posaunen. Ich denke, er braucht dazu unser *Inmarsat*, oder? Dachte ich mir doch. Kann man den Zugang der Passagiere zu der Anlage nicht sperren? Wenigstens so lange, bis die Schiffsleitung selbst es für richtig hält, eine quasi amtliche Meldung herauszugeben? Ja, ich bitte darum, danke!".

Wahrscheinlich ist Ralf Steinhaus der Erste, der die Wirkung dieser sofort umgesetzten Maßnahme erkennt. Denn so oft er auch versucht, sein Notebook mit dem Selbstwahltelefonanschluss der Suite zu verbinden und die Telefaxnummern der Presseagenturen wählt, bekommt er schon nach der Zugangsnummer das Besetztzeichen. Schon ist er drauf und dran, eine Störung zu melden. Aber dann lässt er es lieber doch; niemand wird ihm abnehmen, warum er so dringend die Verbindung braucht. Wenn allerdings Sylvia ...? Nein, das wird sie nicht für ihn tun nach der Auseinandersetzung vorhin. Oder?

Da kommt sie in die Suite zurück und will an ihm vorbei ins Schlafzimmer. Aber er stoppt sie, legt ihr vertraulich die Hand auf den Oberarm: „Hör mal, Sylvie (das erste Mal seit vielen Monaten nennt er sie bei ihrem Kosenamen), Du musst mir helfen. Ich krieg meine Meldung nicht raus. Irgendwas stimmt nicht mit dem blöden Telefon. Aber wenn ich 'ne Störung melde, nimmt mir das keiner ab. Komm, setz Dich mal her. Nimm das Telefon und ruf in der Zahlmeisterei an. Du willst deine Klinik in Deutschland anrufen. Du meldest eine Störung. Das nehmen sie Dir ab. Los – nun mach schon!"

Sylvia Steinhaus weigert sich.

„Das kannst Du mit mir nicht machen, Ralf. Such Dir einen anderen Dummen für Deine Machenschaften!"

Nun gibt erneut ein Wort das andere. Und die Hässlichkeiten der Diskussion nehmen in dem Maße zu, das Ralf Steinhaus an den Tag legt, um sich durchzusetzen.

„Was heißt denn hier ‚Machenschaften', was? Da fass dir mal an die eigene Nase! Wer steckt denn hier mit dem Bordarzt unter einer Decke, um den armen betrunkenen Herrn Kommodore zu decken, der nicht mehr Herr seiner Sinne geschweige denn seines Schiffes ist, wie? Du kannst froh sein, dass ich das nicht auch noch in meinen Bericht übernommen habe und ..."

Sie lässt ihn nicht weitersprechen, sondern fällt ihm ärgerlich ins Wort: „Ach, hör doch auf mit Deiner Giftspritzerei! Du steckst ja so voller Hass auf Dich selber und auf jeden, der Dir die Tour vermasseln könnte bei Deinen Geschäften mit schlechten Nachrichten, dass man beinahe glauben könnte, Du seiest sogar an der Grundberührung selber beteiligt, nur um ja Deine Story zu kriegen! Und damit Du es weißt – ich habe darum gebeten, unser Telefon zu sperren, ehe Du noch mehr Unsinn anstellst mit Deinen Horrorgeschichten von Bord der *ARGO*. So!"

Mit diesen Worten lässt sie ihren Mann stehen, bevor er ihr in den Weg treten kann und verschwindet im Schlafzimmer. Das letzte Geräusch stammt vom energischen Umdrehen des Zimmerschlüssels. Von innen.

Wütend senkt Ralf Steinhaus den Kopf, kraust die Stirn und denkt nach. Nein – er gibt nicht so schnell auf. Nach einige Minuten steht sein teuflischer Plan fest. Er nimmt sein Notebook samt Anschlusskabel und verlässt die Suite. Seine Nachricht wird rausgehen. Noch heute. Das wäre doch gelacht! Wenn der Dienstplan der Brückenwache nicht kurzfristig geändert wurde, dann hat jetzt der zweite Offizier Bonnhoff Wache. Der hat das Abschalten der Tiefenalarme der beiden Echolote weder bemerkt noch vor Übergabe seiner Wache an den Dritten Offizier Mangelsdorff kontrolliert. Mal sehen, wie er mit diesem Vorwurf umgehen wird ...

29

Offizier Bonnhoff ist tatsächlich allein und steht - in die Seekarte der Simpson Strait versunken - am Kartentisch im hinteren Bereich der Kommandobrücke. Steinhaus betritt das Ruderhaus unbemerkt, legt sein Notebook auf einer Konsole neben dem Satellitentelefon ab, schlendert zu ihm hinüber und flachst ihn freundlich an.

„Na, Wachhabender - schon 'ne Idee, weshalb wir hier eigentlich festsitzen?"

Bonnhoff schreckt auf und starrt den Reporter irritiert an: „Wieso? Wie meinen Sie das?"

„Ach, wissen Sie: Ich wundere mich darüber, dass Ihr hier auf der Brücke nicht eher bemerkt habt, wie schnell das Wasser fiel. Lag es daran, dass so viele Menschen da waren, die alle das wunderschöne Nordlichtspektakel anhimmelten? War es so laut hier, dass niemand den Alarm der Echolote gehört hat, der doch bestimmt eingeschaltet war, oder?"

Bonnhoffs Gesicht verändert seine Farbe in ein leichtes Rot wie bei einem Jungen, den sein Vater beim Rauchen ertappt: „Wovon sprechen Sie, Herr Steinhaus? Natürlich waren die Alarme an. Das sind sie immer, wenn wir ankern."

„Dann haben die also - versagt? Alle beide?".

„Das ... äh ... kann natürlich passieren. Nichts ist perfekt. Auch die Technik nicht."

„Na schön. Aber was ist mit der nächsten Wache, mit Herrn Mangelsdorff? Haben Sie mit ihm die Lote kontrolliert und die Eintragung der aktuellen Wassertiefe um Mitternacht im Logbuch gezeigt?"

Nun wird Bonnhoff die bohrende Fragerei Steinhaus' zu viel. Was hat der sich überhaupt mit Fragen der Seemannschaft zu befassen? Schroff versucht er deshalb, ihn in seine Schranken zu verweisen. Aber Steinhaus hat die besseren Nerven: „Lassen Sie uns doch mal ins Logbuch gucken", strahlt er den Offizier optimistisch an. „Die Eintragung kann Sie doch beide nur entlasten. Falls es zu einer Untersuchung dieser ... hm ... Grundberührung durch ein deutsches Seeamt kommt, wird der Vorsitzende Ihnen diese Frage als erste stellen!"

Mit diesen Worten tritt Steinhaus wiederum betont lässig an den Schreibtisch neben der Seekarte, auf dem das Logbuch aufgeschlagen liegt. Aber bevor er noch die Seite von gestern aufschlagen kann, wird Bonnhoff nun grob. Er schlägt ihm die Hand weg und zischt ihn böse an: „Lassen Sie das, Mann. Und hauen Sie endlich ab. Ich hab genug von Ihrem albernen Gefasel. Was verstehen Sie überhaupt von Echoloten und Logbüchern? Ich habe es nicht nötig, Ihnen Rechenschaft über meine Arbeit zu geben. Die Lote waren von mir zu Beginn meiner Wache eigenhändig und richtig eingestellt worden. Basta!"

„Und von mir", raunt ihm Steinhaus nun dicht an seinem Ohr mit verschwörerischer Stimme zu, „wieder abgeschaltet, mein Lieber. Und weder Sie noch Ihr Kollege Mangelsdorff haben es bemerkt. Weil Sie pflichtvergessen und regelwidrig Ihre Arbeit vernachlässigt haben".

Bonnhoff prallt entsetzt zurück. Sein Gesicht wird um den gleichen Betrag bleicher wie es vorher rot wurde.

„Was sagen Sie da? Sie haben ...? Das ist ja ... unglaublich ... das ist ... ich zeige Sie an, Mann! Jetzt sofort hole ich den ersten Offizier, nein - den Kapitän und ... schwärze Sie an! Das kostet Sie Ihren Job! Sie sind erledigt! Ha!"

Steinhaus hält Bonnhoff am Oberarm zurück, grinst ihn an und scheint kein bisschen eingeschüchtert: „Meinen Job, junger Mann? Ich bin freiberuflicher Reporter. Und diese Nachricht frisst mir die Presse aus der Hand. Ich krieg' sogar 'ne Menge Kohle dafür. Aber was ist mit Ihnen? Glauben Sie, dass Sie oder Ihr Kollege jemals Kapitän werden nach dieser Schlappe? Na?"

Bonnhoff knickt ein. Seine eben noch aggressive Haltung verwandelt sich in Sekunden in die eines Geschlagenen, der bereit scheint, um seiner Zukunft willen zu verhandeln. Und das tut er auch: „Warum machen Sie das, Herr Steinhaus? Was wollen Sie damit erreichen? Was wollen Sie von mir? Ich versteh' das Ganze nicht ..."

„Dann will ich es Ihnen erklären. Es ist sehr einfach: Journalisten sind Aufklärer. Sie wühlen im Schlamm, um Machenschaften aufzudecken. Aber auch, um Unfähigkeit anzuprangern. Manchmal stellen sie Fallen, um Verdächtige stolpern zu lassen. Einfache Journalisten können Dinge verändern, wie Politiker es nicht können. Weil die einen unabhängig sind, während sich die anderen ständig ängstlich darum bemühen, es allen recht zu machen. Ich könnte mit meiner Berichterstattung erreichen, dass ein Schiff wie unsere *ARGO* nicht erneut so schlecht vorbereitet in ein derart gefährliches Seegebiet geschickt wird und dass anstelle so unerfahrener Offiziere wesentlich besser geeignete auf der Brücke stünden."

Steinhaus lässt seine Worte ein wenig wirken. Und er scheint Erfolg zu haben, denn Bonnhoff hört widerspruchslos und nachdenklich zu. Und als er fortfährt, stellt er erfreut den Erfolg seiner Taktik fest, denn der Offizier lässt die krampfhaft hochgezogenen Schultern sinken und seine Gesichtszüge entspannen sich: „Aber das alles will ich gar nicht tun, Herr Bonnhoff. Ich bin mir schon im Klaren darüber, dass ich eine gerichtlich verfolgbare Handlung begangen habe, als ich die Alarme der beiden Lote ausschaltete. Aber das werde ich natürlich niemals gestehen. Und es ist in der Tat so absurd, dass es mir auch niemand anlasten wird. Sie und Ihren Kollegen aber kann ich leicht belasten mit meiner Recherche hier an Bord und als Zeuge vor dem Seeamt. Was ich jetzt von Ihnen möchte, ist ganz wenig. Ich muss sofort einen Bericht in den Äther schicken über die Grundberührung der *ARGO*. Aber der Telefonanschluss in meiner Kabine ist defekt. Und deshalb möchte ich den Anschluss hier auf der Brücke benutzen. Also – Sie schauen fünf Minuten weg. Und ich verspreche Ihnen ganz einseitig, niemals etwas über Ihre persönlichen Versäumnisse im Dienst verlauten zu lassen. Okay? Sehen Sie, ich wusste, das wir uns verstehen!"

Bonnhoff weiß nicht, wie er das Verhalten des Reporters bewerten soll. Kann er ihm glauben? Soll er nicht eine Sicherheit fordern? Aber was für eine? Er zögert. Für ihn geht es um viel. Steinhaus ist nicht zu packen. Seine Hand deutet mit schwacher Geste auf das Telefon. Dann verlässt er die Brücke und geht hinaus in die Nock, um etwas frische kalte Luft zu schnappen. Die braucht er unbedingt. Hoffentlich geht das alles nicht gründlich schief ...

30

Am folgenden Morgen wird die Welt von der Nachricht getroffen. Unübersehbar auf den deutschen Titelseiten von *BILD, Berliner Zeitung, Hamburger Abendblatt, Kieler Nachrichten, Lübecker Nachrichten*, aber auch in den Rubriken „International", „Reisewelt", „Schiffahrt" und „Sonstiges" der *FAZ, Süddeutsche, Münchner Merkur, Welt* und vielen regionalen Blättern steht Ralf Steinhaus Kurzmeldung ungekürzt. Viele davon bringen auch die Fotos, was sein Honorar nicht unerheblich steigert. Ausländische europäische Blätter wie *TIMES, Sun, Il Mondo* und *De Telegraaf* drucken sie. Und jeder, der sie liest, macht sich seine eigenen Gedanken. Unbedarfte Leser schauen sich die Bilder an und gehen zur Tagesordnung über. Schifffahrtskundige schütteln die Köpfe. Angehörige der Passagiere suchen nach der Telefonnummer der Reederei oder greifen gleich zum Hörer, um die *ARGO* direkt anzurufen.

Am schlimmsten aber schlägt die Meldung im Bremer Büro des *Atlantik Lloyd* ein. Reeder Langenkamp, den seine Chefsekretärin Sybille Beckmann eigentlich erst einmal schonend vorbereiten wollte auf den Stapel Zeitungen auf seinem Chefschreibtisch, stürmt vom Lift direkt und grußlos in sein Büro, knallt die Tür hinter sich zu und erscheint erst fünfzehn Minuten später wieder in seinem Vorzimmer, um Dampf abzulassen. Zu seiner Überraschung findet er dort alle wichtigen Mitarbeiter der Geschäftsführung vor. Langenkamps Sekretärin hat sie informiert, dass der Chef jetzt da sei. Und nun warten sie - bereit, sich zu engagieren - auf sein Donnerwetter. Das lässt nicht auf sich warten: „Na - Herrschaften: Da hat ja einer die Scheiße richtig schön breitgetreten, was? Hoffentlich hinterlässt er dreckige Spuren, damit wir ihn zu fassen kriegen, den Mistkerl! Aber was rede ich? Er ist einer unserer First Class - nein - Commodore Class Passagiere. Und dem sollten wir an den Wagen fahren? Nein! Wir müssen ihn eher hätscheln, damit er nicht noch mehr Unheil anrichtet. Also - wie stehen die Aktien heute morgen? Was können wir der Schiffsleitung mitteilen und womit gleichzeitig Herrn Steinhaus füttern? Sind die Schlepper unterwegs? Wann kommen sie an? Und ..." Weiter kommt Langenkamp nicht, denn erneut muss seine Vorzimmerdame die Versammlung stören: „Tschuldigung Herr Langenkamp, aber ..."

„Ja, was ist denn nun schon wieder?"

„Also, ich hab jetzt schon eine Liste mit vierzehn Angehörigen, die wissen wollen, was mit dem Schiff passiert ist und um Rückruf bitten. Können wir nicht einen Text entwerfen, den ich den Leuten vorlesen kann, damit sie erst mal Ruhe geben?"

„Ja, ja, das werden wir sicher tun. Aber erst brauchen wir selbst mehr Informationen. Also wimmeln Sie sie ab, solange wir nicht mehr wissen, ja?"

Dann ziehen sich Langenkamp und seine drei Abteilungsleiter der Inspektionen ins Chefbüro zurück.

„Keine Anrufe bitte, außer vom Schiff oder von *Smit Berging* in Holland, ja?"

Kaum hat Langenkamp diesen Wunsch geäußert, als Sybille Beckmann schon wieder in der Tür steht. Dieses Mal allerdings nicht allein, denn hinter ihr drängen sich zwei Männer vorbei ins Chefbüro. Die Beckmann muss hilflos zusehen, wie sie sich vor den vier Chefs aufbauen und ihre Sprüche loslassen: „Guten Morgen, die Herren. Wir sind von der Presse und hätten gerne ein Interview mit dem Chef. Was ist dran an der Meldung von heute morgen, die durch den Blätterwald geistert? Ist das wahr mit der Strandung der *ARGO* und ..." Langenkamp springt auf und schreit die beiden an: „Raus! Aber sofort! Was fällt Ihnen ein, hier einfach so hereinzuplatzen? Wenn es Neuigkeiten gibt, dann werde ich sie Ihnen zukommen lassen und ..."

„Nee, Herr Langenkamp, so geht das nun nicht", kontert einer der Männer. „Wenn wir darauf warten wollten, ob und wann man uns gnädigst informiert, dann könnten unsere Blätter den Laden zumachen. Also – wir recherchieren von uns aus und bitten Sie, uns Rede und Antwort zu stehen. Sollten Sie dazu nicht bereit sein, dann zapfen wir andere Quellen an, was Ihnen aber nicht gefallen dürfte, denn dann steht in der Zeitung, worüber man spekuliert. Und das ist nur selten die Wahrheit. Also?"

Langenkamp lässt sich erschöpft in seinen Sessel fallen.

„Also gut, gut. Aber die Lage ist im Augenblick noch etwas undurchsichtig. Wenn Sie so gut sein wollen, uns ... äh ... sagen wir, drei Stunden in Ruhe zu lassen? Dann können Sie wiederkommen und kriegen von uns einen Exklusivbericht aus erster Hand - okay?"

Die Reporter verlangen eine genaue Uhrzeit und der Reeder bietet zwölf Uhr mittags an. Daraufhin verschwinden die beiden.

„Frau Beckmann, falls noch mehr Presseleute auftauchen oder anrufen – um zwölf geben wir hier eine Pressekonferenz. Bis dahin bitte keinerlei Störungen mehr."

Während der nächsten zwei Stunden stellt sich allmählich heraus, wie prekär die Lage der *ARGO* dort oben im Eis wirklich ist. Allerlei Institutionen, die die Zeitungen gelesen und sich schon bei der Reederei gemeldet haben, stellen Forderungen, erheben Bedenken, bieten Hilfe an oder machen sich auch nur wichtig.

Die Seeberufsgenossenschaft will wissen, ob alle Sicherheitszeugnisse der *ARGO* in Ordnung waren. Und ob irgendjemandem von der Besatzung dienstliche Versäumnisse vorgeworfen werden könnten, die einen juristischen Beistand erfordern werden. In diesem Falle müssten sofort an Bord Beweissicherungen durchgeführt und erforderlichenfalls Vernehmungen vorgenommen und dokumentiert werden.

Global Shipping Insurances London nervt mit Kostenanalysen über die zu erwartende Schadenssummen, die sie absichern soll. Man möchte sich so schnell wie möglich mit den Rückversicherern einigen, um die bestmögliche Finanzierung zu finden.

Drei große Reiseveranstalter, die die Reisen der *ARGO* verkaufen, übermitteln die Anzahl der bereits gebuchten Kabinen und die mit dem eventuellen Ausfall dieser Reisen entstehenden Storno- und Gesamtkosten. Zwei von ihnen ziehen rechtliche Schritte zur Durchsetzung ihrer eigenen Ausfälle in Betracht.

Die Klassifizierungsgesellschaft *Germanischer Lloyd,* die dem Schiff zu seiner Erlaubnis der Fahrten in den hohen nordischen Gewässern verholfen hat, deutet an, dass vor einer eventuellen Leichterung der *ARGO* alle Passagiere von Bord müssen, weil die Schiffssicherheit durch den veränderten Gewichtstrimm nicht mehr gewährleistet sein könnte.

Und zu guter Letzt erinnert ein Telefax der kanadischen Schifffahrtsbehörde daran, dass sich die *ARGO* nach dem Freischleppen oder Freikommen aus eigener Kraft sofort einer Untersuchung des Unterwasserschiffs durch autorisierte kanadische Taucher zu unterziehen hat und bei der geringsten amtlich festgestellten Beschädigung in ein Dock zu verbringen ist. Das kann im Hafen von Montreal geschehen. Die Fahrt dorthin werde gegebenenfalls schifffahrtspolizeilich erlaubt, jedoch nur ohne Passagiere.

„Prost Mahlzeit", knurrt Langenkamp ob aller dieser Hiobsbotschaften. „Gibt`s denn vielleicht zur Abwechselung auch mal ´ne gute Nachricht, Leute?"

Die kann nun tatsächlich nautischer Inspektor Hans Köster präsentieren: „Ja - da geht was, Chef. Also: In Resolute liegt ein außer Dienst gestelltes Tankschiff. Das kann tausend Tonnen Treibstoff oder auch Wasser von der *ARGO* übernehmen, wenn wir die Pumpen bereitstellen können. Das geht auch klar. Das Tankschiff muss aber zur *ARGO* geschleppt werden. Dazu setzen die Kanadier einen kleinen Schubschlepper ein und die Fahrt soll drei bis vier Tage dauern - je nach Eisgang, der im Moment nicht besonders stark ist. Was ich nicht beurteilen kann ist, um wieviel sich der Tiefgang der *ARGO* verringert und ob das schon reicht, damit sie von der Untiefe runterfahren kann. Kannst Du das, Herbert?"

Herbert Großkopf, technischer Inspektor, tippt schon auf seinem Taschenrechner herum und meint nach wenigen Minuten geheimnisvoller Rechenoperationen: „Also - hundert Tonnen Ballastwasser oder 85 Tonnen Diesel aus den Tieftanks ergeben ungefähr einen Dezimeter weniger Tiefgang. Wieviel Wasser braucht Ihr unter dem Kiel, um losfahren zu können, Hans?"

„Hm - also, ich denke, wir sollten mindestens einen Meter haben, dann rund um das Schiff andauernd loten und sehr langsam mit den Maschinen angehen. Vielleicht klappt's?"

Langenkamps Laune hat sich deutlich gebessert angesichts der Lagebeurteilung seiner Inspektoren. Nur drei Tage! Und vielleicht einen weiteren Tag zum Freikommen! Dann könnte man eventuell sogar noch den Fahrplan einhalten! Allerdings macht ihm die Forderung nach der Evakuierung der Passagiere noch vor einer Leichterung des Schiffes Sorge, die er auch sogleich äußert:

„Was ist mit den Passagieren? Wie kriegen wir die von Bord und wo lassen wir sie während der ganzen Operation?"

Köster denkt angestrengt nach. Dann meint er wenig begeistert: „Na - wenn das Abpumpen und das Freifahren nicht zu lange dauert, vielleicht könnten die Passagiere solange in den Rettungsbooten sitzen? Und sich das Spektakel von draußen angucken? Das wär doch mal was Neues, oder?"

Langenkamp nickt: „Das ist eine gute Idee. Der Trenkner muss das an Bord mit den Passagiere klären, ob die das überhaupt mitmachen. Hängt wohl auch vom Wetter ab, nicht? Schließlich haben die Rettungsboot keine Heizung. Und auch keine Bar!"

Entschlossen dankt Langenkamp seinen drei Abteilungsleitern und greift zum Telefon: „Frau Beckmann, machen Sie mir bitte eine Verbindung zur *ARGO*, ja? Bitte mit Herrn Gabianes, dem Ersten Offizier. Nein, ich leg auf und Sie stellen dann durch!"

Gespannte Stille herrscht im Chefbüro. Gleich wird sich allerlei tun im Hause - das spürt jeder. Besonders spannend stellen sich die drei Mitarbeiter die Reaktion des Chefs auf die Zeitungsberichte vor, die ja direkt von Bord stammen und die Reederei in ein denkbar schlechtes Licht tauchen. Was wird Langenkamp mit dem Passagier und Sensationsreporter Ralf Steinhaus machen? Wird er ihm ...?

„Chef, Ihr Gespräch mit Herrn Gabianes!"

„Danke, ja, das klappte ja prima", lobt Langenkamp sein Vorzimmer. Dann schaltet er einen Gang zurück auf dienstlich strenge Inquisition und Anweisungen, die alle Anwesenden über den Lautsprecher des Telefons mithören: „Guten Tag, Herr Gabianes. Wie sieht 's aus an Bord? Haben Sie inzwischen etwas unternommen? Was sagen die Passagiere? Wie ist das Wetter? Ändert sich die Lage positiv? Wie geht´ s dem Kommodore? Ist das Schiff noch dicht?"

Beinahe tut der arme Erste - der brutal und unerwartet vom Wachoffizier zum Kapitän ernannt wude und dann auch gleich die erste Grundberührung seines Lebens hinlegte - den Männern um Reeder Langenkamp leid. Aber so ist das nun mal: Je höher man steigt, desto tiefer kann man fallen, nicht wahr? Es bleibt einige bange Sekunden lang still im Lautsprecher, bis sich Gabianes gefangen hat: „Jaaa - ich habe nur wenige gute Nachrichten, Herr Langenkamp. Wetter unverändert, vielleicht ein bisschen mehr Eis direkt am Schiff. Das Schiff sitzt leider unverändert fest. Die Passagiere sind teils sehr gefasst, manche aber auch ärgerlich. Wir haben sie erst mal vertröstet, bis wir von Ihnen, also ich meine ... äh ... bis Sie uns Konkretes über die Einleitung von Schlepparbeiten sagen können. Wir können ja von hier aus nur wenig tun, wissen Sie? Ach so, ja: Das Schiff scheint unbeschädigt zu sein, kein Wasser im Schiff und auch kein Treibstoff oder Öl zu sehen draußen. Und der Kommodore, also, ich weiß nichts Genaues, da müsste ich Sie mit Dr. Groth verbinden. Er erscheint jedenfalls nicht an Deck. Ich glaube er wird in seiner Kabine behandelt oder so. Tja ..."

Langenkamp wirkt unzufrieden und ärgerlich. Aber auch er muss sich eingestehen, dass die Crew der *ARGO* kaum selbst etwas an ihrem Schicksal ändern kann. Und deshalb gibt er sich schließlich einen Ruck und erlöst Gabianes: „Na gut - wir haben dagegen ganz gute Nachrichten. Sie kriegen ungefähr in drei Tagen Leichter zur Übernahme von Treibstoff. Der Auftrag geht heute gleich raus. Dann müssen Sie Ballastwasser außenbords pumpen und versuchen, selbst freizukommen. Schlepper brauchen viel zu lange bis zu ihnen. Allerdings hat die Sache einen Haken: Man hat uns vorgeschrieben, die Passagiere während des Leichterns und Freifahrens von Bord zu evakuieren. Sie müssen das Problem allein lösen. Unser Vorschlag wäre, sie während der Aktion in die Rettungsboote zu setzen und später wieder an Bord zu nehmen. Wenn die das aber nicht mitmachen, weiß ich auch nicht weiter. Sagen Sie dem Trenkner einen schönen Gruß und er soll mal sein Meisterstück in Überredungskunst abliefern, ja? Also - wenn alles so klappt, wie wir uns das hier wünschen, dann könnten Sie mit eigener Kraft gerade soeben Resolute am letzten Reisetag erreichen und die Passagiere regelrecht ausschiffen. Damit würden Sie uns natürlich einige Riesenprobleme vom Hals schaffen."

Gabianes bedankt sich artig bei seinem Reeder und verspricht, sich zu melden, sobald er die Frage der Evakuierung der Passagiere geklärt hat.

Dann gehen die Herren im Chefbüro an die Formulierung einer Presseerklärung, damit nicht noch mehr Porzellan aus dubiosen Quellen zerschlagen wird. Und als die Presseleute um zwölf – dieses Mal allerdings nicht zu zweit, sondern im Dutzend - erscheinen, händigt Langenkamp ihnen kurzerhand den Text zur Veröffentlichung aus:

Bremen, Büro der Reederei Atlantik Lloyd:

Kreuzfahrtschiff ARGO setzt seine Reise planmäßig fort

Wie Reeder Langenkamp soeben mitteilt, hatte sein neues Luxuskreuzfahrtschiff ARGO mit 148 abenteuerlustigen Passagieren an Bord gestern in den arktischen Gewässern der Nordwestpassage eine leichte Grundberührung. Das Schiff sei jedoch unbeschädigt und auch die Passagieren sowie die Besatzung sei wohlauf. Die Schuld an der Grundrührung liegt nach Langenkamps Worten weder bei der Reederei noch der Schiffsführung. An Bord befände sich ein verantwortlicher kanadischer Lotse und amtliche Seekarten der kanadischen Schifffahrtsbehörden. Inzwischen sei eine Hilfsaktion für das Schiff angelaufen, das vermutlich schon innerhalb weniger Stunden wieder freikommen und seine Reise zum Ausschiffungshafen für die Passagiere planmäßig fortsetzen werde. Etwaige Gerüchte über eine Evakuierung der Passagiere seien vollkommen aus der Luft gegriffen. Auch künftig werde die ARGO zu derartigen Abenteuerreisen eingesetzt, die sich bei Kreuzfahrtpassagieren zunehmend großer Beliebtheit erfreuten. Die nächsten Reisen des Schiffes seien bereits ausgebucht.

Die Presseleute geben sich mit dieser dürren Meldung natürlich nicht zufrieden, enthält sie doch keinerlei Unterhaltungswert und schon gar keine Sensationen. Sofort bombardieren sie den Reeder und seine Inspektoren mit zynischen Fragen und peinlichen Vorwürfen: „Wollen Sie uns etwa erzählen, dass Ihr Lotse die Verantwortung für die Strandung der *ARGO* trägt? Lotsen sind doch nur Berater des Kapitäns. Den trifft immer die Schuld!"

„Woher soll denn die Hilfe für Ihr Schiff kommen? Liegen da oben vielleicht Bergungsschlepper herum, die nur auf einen Einsatz warten?"

„Das mit der Fortsetzung der Reise ist doch Quatsch! Zuerst muss das Schiff ja wohl untersucht und eventuell repariert werden, bevor die Behörden die Weiterfahrt erlauben!"

„Genau. Und das dauert doch bestimmt Wochen, Herr Langenkamp. Nun mal raus mit der Sprache: Wann und wie wollen Sie die Passagiere von Bord holen?"

Langenkamp schaltet - mit Schweißflecken unter den Achseln und hochrotem Gesicht auf stur. Aber das nützt ihm nichts: „Danke für Ihre Auskünfte", fasst einer der Reporter die Stimmung seiner Kollegen zusammen. „Dann werden wir uns mal in der Schifffahrt umhören, das Schiff direkt anrufen, die Behörden in Kanada befragen und so weiter. Sie lesen dann von uns, was Sie uns heute verschweigen, Herr Langenkamp!" Die Männer im Büro lassen - wenn auch grimmig - die Köpfe hängen.

Am späteren Nachmittag erreicht den Reeder und seine Abteilungsleiter allerdings eine Nachricht, die ein wenig zur Besserung deren Laune beiträgt. Chefsekretärin Beckmann bringt ein Fax herein, mit dem die kanadische Lotsenbehörde ankündigt, ihren Lotsen John Sinclair an Bord der *ARGO* durch eine weiteren Kollegen zu unterstützen, um das Schiff schnellstmöglich abzubringen. Der werde schon heute Abend kanadischer Ortszeit per Hubschrauber an Bord gebracht und habe neueste Instruktionen über die Beschaffenheit des Meeresgrundes und die aktuellen Wasserstandsprognosen in der Ankerbucht bei sich. Man möge doch bitte umgehend das Schiff informieren, damit dort Vorbereitungen für die Landung des Helikopters getroffen werden können. Langenkamp lässt das Fax bestätigen und beauftragt Inspektor Köster, das Schiff anzurufen.

Erleichtert löst Reeder Langenkamp die stundenlange Marathonsitzung in seinem Büro auf und verlässt das Haus früher als sonst. Was er jetzt braucht, das sind ein Abendessen und ein paar Stunden Schlaf.

„Rufen Sie mich jederzeit sofort zu Hause an, wenn sich auf der *ARGO* was Entscheidendes tut!", ruft er Hans Köster noch nach.

31

In der Kapitänssuite an Bord MS *ARGO* herrscht eine Stimmung, die man am ehesten mit dem Wort „Zustand" beschreiben kann. Dieser Begriff aus den Zeiten der deutschen Kriegsmarine hat sich bis auf den heutigen Tag erhalten und bedeutet soviel wie „Ratlosigkeit unter gleichzeitig erhöhtem Handlungsbedarf".

In der Suite kauert Kommodore Kurt Schröder in einen weißen Bademantel gehüllt - mit seinem Wangenpflaster, eingefallenem grauen Gesicht und krummen Rücken wie ein Haufen Elend - in dem Sessel vor seinem kleinen Schreibtisch und versucht, eine Erklärung zu unterschreiben. Sie soll seine behandelnden Ärzte Dr. Groth und Dr. Steinhaus dazu ermächtigen, das Beste für ihn zu tun.

In den Augen der beiden ist dieses Beste die möglichst sofortige Verbringung des alkoholkranken Mannes an Land. Denn Kurt Schröder kann schon deshalb nicht länger an Bord der *ARGO* bleiben, weil er sich in jeder wachen Minute vor Scham über sein Versagen als Schiffsführer, Repräsentant des Reeders vor den Passagieren und Vorbild der Mannschaft in den Suizid flüchten möchte. Ein um das andere Mal hat er dies in den letzten Stunden vor den beiden Ärzten flehentlich unter wildem Schluchzen beteuert: „Lasst mich doch in Ruhe abkratzen, Menschenskinder! Ihr könnt das doch. Als Mediziner. Zieht mir 'ne Spritze auf und ich hau sie mir selber rein. Aber ich halte das Drama mit dem Schiff nicht mehr aus. Wo bin ich bloß hingekommen? Mensch, hätte ich geahnt, wie abhängig ich von dem Scheißwodka bin - nie wäre ich hierher gekommen. Auf der *ALKOR*, das war was anderes. Aber hier? Sagt mal, stehen wir eigentlich schon in der Zeitung? Und weiß man draußen, was für ein Schwein und ein bodenloser Versager ich bin, und was ich mir hier leiste? Was sagt denn Langenkamp? Der hat mich vorige Woche in seinem Büro ... ernannt! Mich!! Als Kommodore!!! Oh Gott, das hätte doch nie passieren dürfen. Was soll denn bloß aus mir werden? Helft mir doch. Helft mir doch endlich!"

Diensthabender Kapitän Silvio Gabianes schweigt in seiner Couchecke gesenkten Blickes vor sich hin und gibt weder Mitleid noch Anklage zu erkennen.

Schröders Mutter Valerie weint mit zuckenden Schultern unhörbar in ein weißes Taschentuch.

Die beiden Doktores sehen sich verstohlen an. Natürlich werden sie dem Ansinnen ihres Patienten nicht folgen. Dr. Eugen Groth kann dies wegen des hippokratischen Eides, den jeder Arzt schwört, nicht. Und Dr. Sylvia Steinhaus darüber hinaus nicht wegen der persönlichen Gefühle für Kurt Schröder, der ihr immer noch etwas bedeutet und dem sie selbstlos solange beistehen will, bis er seine Krise überwunden hat und mit einem gesunden Selbstbewusstsein von seiner Sucht geheilt wieder in die Zivilisation entlassen werden kann.

Mitten in die verzweifelte Ratlosigkeit dieses Augenblick platzt das respektlose Klingeln des Telefons auf Schröders Schreibtisch. Der schreckt aus seiner furchtbaren Lethargie hoch und blickt verstört und hilflos in die Runde. Dr. Groth nimmt den Hörer ab: „Ah, ja! Hmm. Ja. Moment, ich geb Ihnen gleich den Kapitän!"

Damit hält Groth die Muschel zu und informiert Gabianes: „Herr Bonnhoff von der Brücke. Bremen hat angerufen. Die Kanadier wollen noch heute mit 'nem Heli einen weiteren Lotsen an Bord bringen mit neuen Informationen. Wir sollen das vorbereiten!"

Gabianes nickt sofort und murmelt Zustimmung. Aber der Doktor gibt Gabianes nicht den Hörer, sondern vertröstet Bonnhoff, denn ihm kommt eine Idee: „Okay, Herr Bonnhoff, der Käptn kommt sofort rauf zu Ihnen, ja?", und legt den Hörer auf. Dann sinnt er drei Sekunden nach und sieht seine Runde triumphierend an: „Mensch, Leute – das ist doch die Chance! Vielleicht kann der Flieger den Kommodore mitnehmen? Ohne Aufsehen! An Land in Behandlung. Das wär wirklich das Beste für ihn, oder?"

Die anderen runzeln die Stirn, schütteln die Köpfe. Aber Sylvia Steinhaus stimmt sofort zu: „So ist es. Und ich fliege mit! Wenn uns der Pilot nur nach Resolute bringen würde! Dann fliegen wir mit der nächsten planmäßigen Maschine über Ottawa oder Toronto nach Deutschland. Und Herrn Schröder nehme ich mit in meine Klinik. Was meinen Sie, Kollege – kann er das schaffen als quasi normaler Passagier? Wenn ich ihn medikatiere nach Ihren Anweisungen? Haben sie genug *Distraneurin* und *Paracefan*, das Sie mir mitgeben können? Wodka gibt´s doch wohl an Bord der Airlines? Falls er den braucht."

Noch ehe Dr. Groth ihr antworten kann, meldet sich Valerie Schröder zu Wort. Ohne Weinen und mit fester Stimme verlangt sie: „Bitte - ich möchte meinen Sohn begleiten, ja? Nehmen Sie mich auch mit, Frau Doktor! Geben Sie mir ein Zimmer in Ihrem Krankenhaus, damit ich Kurt pflegen und betreuen kann. Das bin ich ihm doch schuldig. Meinen Sie, dass das geht?"

Die Runde einigt sich rasch. Ohne Kurt Schröder, der den Trubel scheinbar nicht so recht mitbekommt, zu fragen, geben Gabianes und Dr. Groth grünes Licht. Der Kapitän eilt auf die Brücke, um das Oberdeck für die Landung des Helikopters vorbereiten zu lassen, und telefoniert dann mit der Reederei. In Bremen ist man zwar überrascht von dem Ansinnen, die Kanadier um den Transport eines Kranken und zwei Begleitpersonen zu bitten. Aber Köster glaubt, dass das ginge, wenn die Reederei die Kosten des Umwegfluges über Resolute trägt. Das aber muss der Reeder selbst entscheiden.

Langenkamp ist zu Hause gerade im Begriff, sich die Bettdecke über den müden Kopf zu ziehen, als das Telefon seine Hand in der Luft stoppt. Er hört zu, denkt zehn Sekunden nach und gibt sein Okay: „Na gut, versuchen Sie's, Köster. Ist vielleicht besser, wenn Herr Schröder auf diese Weise aus dem Verkehr gezogen wird. Zumindest kann er dann an Bord kein Unheil mehr anrichten. Und dieser Steinhaus wird ihn nicht auch noch interviewen!"

Im Hospital schreibt Dr. Groth auf dem Computer einen genauen Medikationsplan für Kurt Schröders nächste 48 Stunden, den er ausdruckt und seiner Kollegin überreicht: „So - das wär 's, glaub ich. Und hier haben Sie dann jeweils zwei 20-er Packungen der Medikamente." Dann druckst Dr. Groth noch ein bisschen herum, bevor er sich zu einem Kompliment durchringt, das er seiner Kollegin schon lange zu schulden glaubt: „Also wissen Sie, Frau Steinhaus - alle Achtung, das muss ich schon sagen. Sie nehmen da eine Riesenverantwortung auf sich. Das muss ja eine große Liebe zwischen Ihnen beiden gewesen sein damals. Oder - verzeihen Sie meine Indiskretion - ist sie das noch?"

„Nein, Doktor. Sie ist es nicht mehr. Aber ich mag diesen Mann immer noch. Und wenn er wieder so wird, wie er einmal war, dann ..."

„Ich wünsche Ihnen alles Glück mit ihm. Und ... würden Sie

mich hin und wieder auf dem Laufenden halten? Ich meine natürlich nur über Ihren Behandlungserfolg?"

„Aber klar! Und Ihnen danke ich auch. Ohne Sie hätte ich nicht den Mut gehabt, es zu versuchen!"

Während Kurt Schröder die Anstrengung der letzten Stunden schlafend bewältigt, packt seine Mutter liebevoll und kompetent in zwei mittelgroße Koffer, was sie glaubt, für ihn in den kommenden Wochen in der Klinik bereithalten zu müssen. Dass eine Suchtbehandlung Alkoholkranker und der anschließenden körperliche und geistige Wiederaufbau nicht eine Sache weniger Wochen, sondern eher bis zu sechs Monaten ist, weiß sie nicht. Doch diese Erkenntnis wäre jetzt eher hinderlich als hilfreich für sie. Jetzt geht es darum, Kurt Schröder ohne viel Aufsehen in den Helikopter, dann möglichst schnell und schonend in einen Linienflieger nach Europa und zuletzt in Sylvia Steinhaus' Neurologische Klinik - Spezialgebiet Suchtkrankheiten, Burn Out Syndrom, Lebens- und Versagensängste – im schicken, mondänen und teuren Bad Bergzabern im Schwarzwald zu bringen.

Als Valerie Schröder seine beiden und ihre Koffer gepackt hat, legt sie sich abgespannt und gleichzeitig hellwach auf die Couch im Salon der Kapitänssuite, ängstlich auf das Läuten des Telefons, die Ankunft des Helikopters und das Schnarchen ihres Sohnes lauschend und inständig hoffend, das noch alles gut wird.

Gänzlich anders verläuft die Aktion des Kofferpackens in der Suite des Ehepaares Steinhaus.

„Was machst Du denn da, Sylvia?"

„Ich packe, Ralf."

„Ja, das sehe ich. Willst Du mich ... verlassen? Oder was soll das? Und wo willst Du denn hin in dieser Wildnis? Bist du von Sinnen?"

„Keineswegs. Erstmal verlasse ich nur das Schiff, um Herrn Schröder an Land und dann in meine Klinik zu bringen."

„Aaah – daher weht der Wind! Warum bin ich nicht gleich darauf gekommen? Na klar – der Schröder! Willst ihn Dir gesund pflegen, was? Für nachher! Ich fass es nicht! Wann wirst Du endlich vernünftig, Sylvie? Ich liebe Dich doch! Mach doch nicht so 'nen Scheiß, Mensch! Bleib hier! Was geht Dich überhaupt der Schröder an?"

„Ja, Ralf: Ich habe auch versucht, Dich zu lieben. Aber Du bist gesund und Kurt Schröder ist krank. Hier an Bord wird er nur immer kranker. Und wer soll ihn an Land bringen? Dr. Groth muss an Bord bleiben. Schröders Mutter Valerie ist zu alt, um es allein zu schaffen. So ist die Lage. Und nun – lass mich bitte weitermachen. In einer halben Stunde kommt unser Hubschrauber!"

Bei diesen Worten kann Ralf Steinhaus nur noch den Unterkiefer fallen lassen. Das sieht so blöd aus, dass Sylvia Steinhaus wider Willen laut auflachen muss.

„Nun krieg Dich wieder ein. Alles hat seine Zeit. Unsere Ehe. Kurts Krankheit. Meine Pflicht. Und Deine Arbeit. Wir sehn uns vielleicht zu Hause. Irgendwann!"

32

In der einsetzenden Dämmerung knattert von fern das typische Fluggeräusch eines Hubschraubers näher. In der Brückennock greift Kreuzfahrtdirektor Trenkner zum Mikrofon der Bordsprechanlage und macht eine Durchsage an die Passagiere, die zu dieser Zeit noch im Speisesaal bei einem Digestiv zusammensitzen. Er und die Schiffsleitung haben sich wohlüberlegt dazu entschlossen, die Passagiere so kurzfristig zu überraschen, dass es gelingt, sie von dem bevorstehenden Spektakel fernzuhalten: „Guten Abend noch einmal, liebe Passagiere. Hier ist Ihr Kreuzfahrtdirektor zu später Stunde - wie versprochen mit einer guten Nachricht und einer Bitte an Sie. In ein paar Minuten wird bei uns auf der *ARGO* ein kanadischer Hubschrauber landen, der einen weiteren Lotsen zur Unterstützung der Schiffsleitung bringt. Ich muss Sie aber deshalb auffordern, aus Sicherheitsgründen unter Deck zu bleiben, weil der Helikopter mit seinen Propellern einen erheblichen Sturmwind erzeugt, der Ihnen gefährlich werden könnte. Wir werden Sie aber auch nicht lange einsperren müssen, denn nach kurzer Zeit startet die Maschine wieder. Im Übrigen können Sie den An- und Abflug aus den Fenstern des Speisesaals beobachten. Ich teile Ihnen dann mit, wenn Sie die Decks wieder betreten dürfen. Vielen Dank für den Augenblick und einen schönen Abend!"

In diesem Augenblick wissen allerdings weder Trenkner noch die Offiziere auf der Brücke und auf dem achtern gelegenen Sportdeck, dass die Landung dieses Hubschraubers unmöglich ist. Denn das kleine grüne Sportdeck mit den Shuffleboardfeldern und der Minigolfanlage eignet sich lediglich als Arbeitsdeck für kleine Hubschrauber, nicht aber für den riesigen *Seaking* Rettungshubschrauber der kanadischen Marine, die sich nun aus geringer Entfernung über Funk meldet:

„*ARGO, ARGO*, hier der Helikopter. Was ist das denn da? Sollen wir etwa auf dem grünen Gästehandtuch da unten aufsetzen? Das wird nichts, Leute. Over."

Die Männer auf der Brücke finden den Spruch des Piloten nicht zum Lachen. Nach einigen Momenten der Ratlosigkeit, während denen der große Hubschrauber im Tiefstflug lärmend die *ARGO* umkreist, meldet sich Kapitän Gabianes: „Okay, verstanden, Heli. Was können wir machen? Wie könnt ihr die Personen an Bord nehmen?"

„*ARGO*, es gibt zwei Möglichkeiten: Wir können versuchen, da drüben einen Landeplatz auf den Felsen zu finden und Sie bringen die Leute mit einem Boot an Land. Aber das muss dann schnell gehen – in einer Stunde ist es dunkel. Wir gucken mal nach – warten Sie!"

Und noch bevor die Brücke diesen Versuch kommentieren kann, dreht die Seaking auch schon ab und knattert die achthundert Meter zum Ufer des Sound hinüber.

„Ich halte das für Utopie", meint Bonnhoff in das Schweigen der Offiziere. „Falls der Heli da landen kann – mit unserem Tender wird das nicht gehen. Der Kommodore und die alte Dame können doch nicht über die Klippen an Land klettern wie unsere gesunden sportlichen Passagiere!"

Während der Hubschrauber auf der Suche nach einem ebenen und festen Landefleck minutenlang am Ufer hin- und herfliegt, meldet sich Dr. Groth zu Wort: „Fragen Sie ihn mal, ob sie die drei nicht mit ihrer Seilwinde aufwinschen wollen. So macht man das doch bei der Seenotrettung. Das geht im Sitzen und sogar im Liegen. Die haben eine Spezialtrage für Verletzte, einen sogenannten Stretcher!"

In den bisher vergangenen fünfzehn Minuten sind nun auch die Passagiere aufmerksam geworden, weil offenbar doch keine Landung des Hubschraubers bevorsteht. Ralf Steinhaus gibt natürlich als Erster seine Einschätzung der Lage bekannt: „Pah – Hubschrauberlandung! Unser Arbeitsdeck ist viel zu klein für den Riesenvogel da draußen. Passt auf: Die setzen den Lotsen mit ´ner einfachen Strickleiter ab. Ich versteh nur eines nicht: Was sucht der Pilot da hinten an der Küste? Da steckt doch was ganz anderes dahinter!"

Mit diesen Worten verlässt der Reporter den Speisesaal, um sich durch eine Hintertür Zutritt zum Geschehen zu verschaffen. Das fällt ihm leicht, kennt er doch längst die Gänge durch die Mannschaftsdecks und die Treppe zum Ruderhaus aus seinen nächtlichen Streifzügen durch das Schiff. Und da er damit rechnet, erneut von der Brücke verwiesen zu werden, hat er dieses Mal nicht nur seine Kamera dabei, sondern auch gleich seinen internationalen Presseausweis, der ihm – meistens – Tür und Tor öffnet. Seine Ahnung täuscht ihn nicht. Doch bevor noch Gabianes seine Stimme erheben kann, um ihn vermeintlich achtkantig hinauszuwerfen, fällt im Steinhaus ins Wort: „Nun mal langsam, Herr Kapitän: Was sich hier auf der *ARGO* abspielt, scheint mir nicht mehr ein privates Spielchen der Reederei zu sein. Und wenn Sie glauben, uns Passagiere und damit eine wenn auch kleine Öffentlichkeit an der Nase herumführen zu können, dann haben Sie die Rechnung ohne mich gemacht. Als international akkreditierter Journalist fordere ich Sie auf, mir die Fakten zu nennen. Dieser Hubschrauber da draußen bringt nicht nur einen Lotsen, der ohne weiteres über eine Strickleiter oder mit der Seilwinde an Bord kommen könnte. Was also ist hier heute Abend los? Beginnen Sie mit der Evakuierung? Wollen Sie wichtige Beweismittel oder sogar Personen von Bord bringen, um sie vor uns zu verstecken? Und weil wir gerade dabei sind: Mein Telefon in der Suite ist immer noch gestört. Oder ist das auch Absicht? Wollen Sie mir den Mund verbieten?"

Gabianes indes ist auch nicht auf den selbigen gefallen und kontert scharf: „Ach, Herr Steinhaus. Nun nehmen Sie die Sache mal nicht wichtiger als sie ist. Eine Sensation verbirgt sich jedenfalls nicht dahinter. Wir wollen lediglich die günstige Ankunft des Helikopters nutzen, um den erkrankten Kommodore Herrn Schröder ausfliegen zu lassen, der an Land besser behandelt werden kann. Dass es dazu einer oder zwei Begleitpersonen bedarf, wird Sie hoffentlich nicht stören, oder? So – nun machen Sie Ihre Fotos, meinetwegen auch hier von der Brücke aus. Aber stören Sie uns bitte nicht weiter!"

Erstaunt weicht Steinhaus zurück – da hat ihm doch glatt einer den Wind aus den allzusehr aufgeblähten Segeln genommen! Na so was. Nun schießt er wenigstens eifrig Bild um Bild des zurückkommenden Fliegers und möchte sich auch den Funkverkehr über Lautsprecher anhören. Aber den Gefallen tut ihm Gabianes nicht: Er schaltet den Lautsprecher ab und spricht über den Telefonhörer des UKW-Gerätes mit dem Piloten: „Na – an Land war nichts, oder?"

„Nein – negativ. Kein Landeplatz in der Nähe für uns, keine Anlegestelle für euch. Wir können die drei jetzt höchstens noch mit der Seilwinde von Bord holen. Das ist aber ´ne wackelige Angelegenheit. Sind die denn fit für so was? Da soll doch ein Kranker dabei sein, oder?"

„Ja, korrekt!", ruft Gabianes. Und dann: „Augenblick, wir fragen den Arzt!"

Dr. Groth, der im Hintergrund auf „Stand by" wartet, gibt seine Zustimmung: „Wenn Schröder wenigstens sitzen darf, dann geht das. Mit der Rettungsschlinge unter den Armen geht's nicht!"

„Okay Heli - dann bitte den Seiltrick mit dem Stretcher!"

„Wird gemacht, Käptn. Aber - was ist denn das da noch? Mensch, Ihr habt ja vergessen, die Drahtantenne wegzunehmen. Jetzt aber fix! Mann, das hätte schiefgehen können!"

Entsetzt gewahrt Gabianes die Langwellenempfangsantenne, die zwischen dem Signalmast auf dem Peildeck und der Spitze des Schornsteins gespannt ist. Aber Mangelsdorff, der sie im gleichen Moment sieht, sprintet schon an Deck und gleich darauf nehmen zwei Matrosen den heruntergelassenen Draht auf die Seite - der hätte das Bergungsmanöver in der Tat gefährden können. Gabianes wird später den Bootsmann für dieses liederliche Versäumnis tadeln.

Nun geht alles schnell und professionell. Während der riesige Hubschrauber wie ein todbringendes Insekt mit ohrenbetäubendem Getöse zwanzig Meter über dem Sportdeck in der Luft steht und sein „Downwash" Schmutzreste (Was denn - Schmutzreste auf der *ARGO*? Aber nicht doch!) in Staubwolken über Bord fegt, seilt sich ein Matrose der kanadischen Marine mit einem Drahtkorb - in dem schon der neue Lotse sitzt - auf das Deck herab, wo die beiden vom Bootsmann und drei Seeleuten in Empfang genommen werden.

Auf ein Handzeichen erscheint aus der achteren Treppenhaustür Dr. Groth mit dem von ihm gestützten Kurt Schröder, der in dem Drahtkorb sitzend und angeschnallt sogleich von der Winde des Hubschraubers hochgezogen und wohlbehalten in die Kabine hineingeschwenkt wird. Noch dreimal wiederholt sich dieses Manöver, dann sind auch Sylvia Steinhaus, Valerie Schröder und der Matrose an Bord der Seaking, die in einer Steilkurve hochzieht und rasch in der beginnenden Dunkelheit entschwebt. Nach Nordosten, Richtung Resolute. In die Sicherheit bestmöglicher medizinischer Behandlung für Kurt Schröder.

Den Männern auf der Brücke fällt ein, wenn auch kleiner, Stein der Erleichterung von den Herzen. In einer Anwandlung von Großzügigkeit, die indes auch mit der Unabänderlichkeit von Tatsachen zusammenhängt, die man nicht ewig verschweigen kann, teilt Gabianes Ralf Steinhaus unter vier Augen mit, dass sein Kabinentelefon ab sofort wieder frei ist, nicht ohne diese Maßnahme zuvor mit dem Reeder besprochen zu haben. Besänftigt klopft der Reporter dem Kapitän jovial auf die Schulter und eilt von der Brücke: „Na - geht doch, mein Bester. Warum nicht gleich so?"

Kurze Zeit später verlässt eine weitere Pressenotiz mit dramatischen Fotos vom über dem Schiff schwebenden Rettungshubschrauber via Satellit die *ARGO*. Sie lautet:

Ralf Steinhaus von Bord MS ARGO

Strandung der ARGO – war Alkohol im Spiel?

Wie unsere Exklusivfotos von der Nordwestpassage zeigen wurden heute am späten Abend kanadischer Ortszeit in einer dramatischen Bergungsaktion drei Menschen von Bord des immer noch auf Grund festsitzenden Kreuzfahrers geholt. Darunter ist auch der Kommodore des Schiffes, der nach Informationen aus dem Bordhospital alkoholabhängig sein soll. Ob die Strandung des Schiffes auf diesen Umstand zurückzuführen ist, wurde noch nicht bestätigt. Jedenfalls war der Kommodore beim Festkommen des Schiffes nicht auf der Kommandobrücke und wurde seitdem auch nicht mehr von den Passagieren gesehen.

„Woher hat das Schwein diese Lügen?"

Reeder Langenkamp ist außer sich, als er die Schlagzeilen liest.

„Wer hat da wieder die Schnauze nicht halten können? Beckmann - sofort alle Abteilungsleiter zu mir, aber dalli!"

„Ich hab schon mit der *ARGO* gesprochen, als ich heute morgen die Zeitung las", erklärt ausgerechnet Personalinspektor Ingo Matthies. „Kann mir nicht erklären, wer da geplaudert haben soll. An sich können das nur Dr. Groth und damit die engere Schiffsleitung wissen. Aber die haben bestimmt dicht gehalten."

„Also, dann war´s jemand im Hause!", vermutet Langenkamp

erbost. „Das wäre ja noch schlimmer! Frau Beckmann, kommen Sie mal rein, ja?“

Die Chefsekretärin erscheint und hat sofort eine Meinung zu diesem Thema: „Herr Langenkamp, erinnern Sie sich bitte an den Morgen, als Sie Herrn Schröder hier in diesem Büro zum Kommodore ... tja, ernannt haben. Und wie ihm da dieses Wodkafläschchen ... und ich habe Sie noch darauf aufmerksam gemacht, aber ...“

„Ja, ja stöhnt Langenkamp, „ich hab die Schuld, was? Mein Gott, dieser Mann war einer unserer unbescholtensten Kapitäne ...“

„... und das in Ihrem Büro habe nicht nur ich gesehen, Chef, sondern fast alle, die dabei gewesen sind. Nicht, Herr Matthies? Sie doch auch, oder?“

Ingo Matthies errötet prompt. Wenn rauskommt, dass er als Erster gequatscht hat. Und auch noch an Bord angerufen und seinen Freund, den Mangelsdorff, eingeweiht hat, dann kann er seinen Hut nehmen!

Doch es gibt auch moderate Stimmen aus seiner Runde. Hans Köster rät zur Mäßigung: „Ach, wissen Sie, Chef: Wenn das wirklich stimmt - auf die Dauer kann man doch solche Dinge nicht unter der Decke halten. Diese Reporter lassen ja doch nicht locker. Irgendwann kommt das raus. Und Sie waren doch in einer Zwangslage mit der Ernennung von Herrn Schröder. Sie sollten jetzt das Beste aus der Situation machen, indem Sie die Nachricht bestätigen und zugleich harte Konsequenzen ankündigen. Alkoholismus ist ja nicht immer nur eine Krankheit. Manche Säufer sind schon wegen absichtlicher Trunksucht wie Kriminelle verurteilt worden, weil sie im Suff Straftaten begangen haben. Mir kann keiner erzählen, dass ein Kapitän mit all seiner hohen Verantwortung nicht so viel Selbstkritik und Mumm aufbringt, um seine Sucht zu erkennen und etwas dagegen zu unternehmen! Ich glaube, ich an Ihrer Stelle würde schon mal Strafanzeige gegen ihn erstatten. Wegen ... tja, wegen was, weiß ich auch nicht. Aber dazu haben Sie ja Ihren Syndikus, den Doktor ... wie heißt er doch gleich?“

Dr. Benjamin Görgens, beim Landgericht Bremen zugelassener Rechtsanwalt, reicht am nächsten Morgen bereits Klage gegen den Kapitän auf Großer Fahrt Kurt Schröder wegen grob fahrlässiger

Gefährdung der Sicherheit der Passagiere und Besatzung des Kreuzfahrtschiffes *ARGO* in den besonders schwierigen Gewässern der Nordwestpassage, begangen unter der erschwerenden Kenntnis seiner eigenen Alkoholabhängigkeit, ein.

Das ist ein ernst zu nehmender Straftatbestand. Wenn der Bremer Staatsanwalt zügig arbeitet, dann erwartet Schröder bei seiner Ankunft in Deutschland eine Klage. Da er jedoch amtlich wohlbeleumdet und ohne jegliche Vorstrafen ist, einen festen Wohnsitz hat und Fluchtgefahr wohl nicht besteht, wird keine Vorführung beim Untersuchungsrichter und somit auch keine Untersuchungshaft angeordnet werden. Es wird genügen, ihm die Klageschrift an seine Wohnadresse in Bremen per Einschreiben und unter persönlicher Zustellung auszuhändigen. Damit hat die Justiz ihn beim Wickel.

Doch halt – der Mann ist ja Kapitän? Und: Kommen Kapitäne überhaupt regelmäßig nach Hause? Der Beamte in der Poststelle der Staatsanwaltschaft ruft in der Reederei an. Und erfährt nach langer Warterei am Telefon schließlich, dass Kapitän Kurt Schröder sein Schiff bereits verlassen hat. Damit gibt sich der Beamte zufrieden und schickt das Schreiben ab.

33

Die 148 Passagiere an Bord der *ARGO* verhalten sich zwei ganze Tage lang verhältnismäßig ruhig. Bei kostenlosen Getränken - der Schampus fließt kräftig - und kurzweiligen Tagen mit einem Feuerwerk der Artisten und des Orchesters an lebhafter Unterhaltung vergeht die Zeit schnell. Der Kreuzfahrtdirektor lässt sich ungern und deshalb nur selten blicken. Dennoch schwelt unter der scheinbar vergnüglichen Oberfläche die Frage, wann es denn nun weitergeht. Und ob!

Als sich auch am dritten Morgen - zwei Tage vor dem offiziellen Ende der Kreuzfahrt - immer noch keine Schlepper, keine Leichter zeigen und es keine Nachricht von der Schiffsleitung gibt, ergreifen die Passagiere die Initiative. Unter Führung ihres informellen Sprechers Ralf Steinhaus setzt sich eine Abordnung von zehn Männern und Frauen in Marsch und wird auf der Brücke vorstellig, wo sie Wachoffizier Bonnhoff empfängt und sofort Kapitän Gabianes verständigt. Der zitiert seinerseits Menno Trenkner herbei. Die Verhandlung kann beginnen. Ralf Steinhaus führt das Wort: „Herr Kapitän, so schön unsere Kreuzfahrt bisher war und so viel Mühe sich auch Herr Trenkner mit unserer Unterhaltung und unserem Wohlbefinden gegeben hat, so haben wir doch gestern Abend nach dem Dinner per Handzeichen darüber abgestimmt, dass 122 Passagiere die Reise so schnell wie möglich beenden möchten. Da das bis übermorgen mit eigener Kraft des Schiffes offenbar nicht mehr möglich ist, bitten wir Sie, sofort andere Möglichkeiten zu untersuchen, wie wir das Schiff verlassen können. Bedenken Sie bitte, dass wir auch eine Mindestmenge an Gepäck mitnehmen müssen, auf das wir nicht etwa wochenlang zu Hause warten können. Tja, Herr Kapitän - Sie sind am Zug!"

Gabianes Gesicht scheint in Stein gemeißelt. Man sieht lediglich seine Kieferknochen unter der straffen Gesichtshaut mahlen. Dann sieht er auf seine Armbanduhr, geht wortlos ans Satellitentelefon, wählt aus dem Kopf eine lange Nummer und wendet sich den zehn zu. Nach geraumer Zeit meldet sich die Zentrale in Bremen.

„Hier die *ARGO*, Kapitän Gabianes am Apparat. Bitte Herrn Langenkamp."

Minuten vergehen. Niemand spricht. Kein Räuspern, nichts. Dann endlich der Reeder über den zugeschalteten Lautsprecher: „Hallo, Kaptän Gabianes – was gibt 's denn? Sind die Leichter jetzt endlich da?"

„Nein, Herr Langenkamp, die Leichter nicht. Aber eine Abordnung der Passagiere, die mich bittet ..."

Weiter kommt der Kapitän nicht, denn durch die plötzlich aufgerissene Ruderhaustür stürmt Matrose Dunker mit umgehängtem Fernglas von der Nock herein, stoppt und blickt erschreckt auf die Versammlung: „Oh Verzeihung! Aber ... Herr Gabianes ... ich glaub, da tut sich was. Zwei Schlepper mit Anhang in Sicht!"

Gabianes gibt die Neuigkeit sogleich an den Reeder weiter und bricht mit dessen Zustimmung das Gespräch zunächst ab. Dann bittet er die Passagiere um einen Augenblick Geduld, um sich die Ankömmlinge da draußen selbst anzusehen. Es stimmt: Was sich da in einer Entfernung von vielleicht sechs Seemeilen langsam durch die Eisschollen vorankämpft sind ohne Frage zwei Schlepper. Stutzig machen den Kapitän allerdings die geschleppten Fahrzeuge. Während eines davon eine Art flache Schute ist, scheint das andere Fahrzeug Aufbauten zu besitzen. Eine Idee keimt in ihm auf: Könnte dieses Fahrzeug die Passagiere nach Resolute bringen? Rasch bezieht er Trenkner ein, der skeptisch ist: „Das Schiff möchte ich mir erst mal ansehen, bevor ich zustimme."

Die Abordnung hat natürlich alles mitgekriegt, war sie doch trotz der eisigen Morgentemperaturen hinter Gabianes nach draußen in die Brückennock gefolgt. Eine Stunde später herrscht mehr Klarheit. Die *ARGO* hat über UKW mit dem Schleppverband gesprochen, der nun mit bloßen Augen gut zu sehen ist und innerhalb einer weiteren Stunde bei dem Schiff eintreffen wird. Die Schlepperkapitäne haben bestätigt, dass sie einen Tankleichter ohne Aufbauten und einen Motortanker mitbringen, dessen Maschinen allerdings nicht mehr betriebsfähig sind. Er besitzt geschlossene Aufbauten. Ob die aber für den Transport von mindestens 122 Menschen geeignet sind, wagen sie nicht zu bestätigen.

Um 14.00 Uhr Ortszeit legen die Schlepper und ihre Leichter längsseits der *ARGO* an, ebenso neugierig wie skeptisch von sämtlichen Passagieren bestaunt. Trenkner und Gabianes sowie der

Leitende Ingenieur Kiriakoulis gehen sofort an Bord, um mit den Schlepperkapitänen zu sprechen und die Leichter zu begutachten. Später bittet der Kapitän auch Ralf Steinhaus hinüber. Als die vier nach einer Stunde zurückkehren, bittet Gabianes die „Abordnung" erneut auf die Brücke und Steinhaus erstattet Bericht: „So, Leute: Also - ich habe das größere der beiden Fahrzeuge gesehen und mir angehört, wie der Zeitplan der nächsten Tage aussieht. Einerseits sollen die Arbeiten zur Übernahme von Treibstoff von der *ARGO* einschließlich der Schleppversuche zum Freikommen des Schiffes und dem Wiederanbordnehmen der Ladung zwei bis drei Tage dauern. Während dieser Arbeiten müssen wir, die Passagiere, tagsüber das Schiff verlassen und können in dicker Kleidung auf dem Wasser in unseren Rettungsbooten unterkommen. Andererseits könnten wir wohl auf dem größeren Binnentanker ab morgen früh drei Tage lang nach Resolute geschleppt werden, wenn wir uns unter den primitivsten Bedingungen - das heißt, auf Kisten oder alten Rettungsringen sitzend - einschränken. Essen und Trinken liefert die *ARGO*. Und der Chief will sogar drei oder vier Ölöfen an Bord stellen, damit die Kälte gemildert wird. Dennoch kann ich Ihnen nicht vorschlagen, zu akzeptieren, was unsere Schiffsleitung uns anbietet ..."

Ralf Steinhaus braucht nicht weiter zu sprechen, denn das empörte Gelächter seiner Abordnung ist unmissverständlich:

„Das ist doch nicht zu fassen!"

„Ohne mich und meine Frau!"

„Was denkt Ihr euch denn, wer wir sind? Rindvieh auf See?"

Es werden aber auch konkrete Vorschläge gemacht:

„Kann man uns nicht mit großen Transporthubschraubern hier rausholen? Es gibt welche, da passen auf einen Schlag bis zu 50 Mann rein und die brauchen nach Resolute doch höchstens vier, fünf Stunden!"

„Richtig! Dann brauchte uns die ARGO-Crew nur noch hier an Land zu bringen, wo die Hubschrauber landen können!"

„Guter Vorschlag!" sagt Gabianes und man hört ihm eine gewisse Erleichterung an. „Ich rufe sofort in Bremen an!"

Langenkamp hört sich Gabianes Vorschlag an und verspricht, ihn zu prüfen.

„Das kann aber etwas dauern", meint er zu Gabianes, „und so lange fangen Sie bitte mit den Arbeiten zum Leichtern des Schiffes nicht an. Wir dürfen die Passagiere nicht unnötig verärgern, ja? Ich melde mich, so schnell es geht."

Das war leicht gesagt. Woher kriegt man in Kanada große Transporthubschrauber? Allenfalls beim Militär, oder? Man müsste die Regierung anrufen. Aber wen? Niemand in der Reederei hat Erfahrung mit so etwas.

Da die bisherigen Kontakte mit den Kanadiern über *Smit Berging* in Rotterdam gelaufen sind, rät man dort, die kanadische Seenotrettung einzuschalten und gibt Langenkamp eine Telefonnummer. In Toronto am Eriesee verbindet man den Reeder fünfzehn Minuten lang von einer Stelle zur nächsten und wieder zurück, bis er schließlich entnervt aufgibt und die Deutsche Botschaft in Ottawa anruft. Die wissen wenigstens schon von dem Desaster der *ARGO* und wollen versuchen, die Evakuierung der Passagiere zu organisieren: „Wenn, dann kann das wahrscheinlich nur das Militär?"

In den folgenden zehn Stunden geschieht jedoch gar nichts, denn auch in Kanada wird nachts lieber geschlafen als gearbeitet. Das treibt die Reederei, deren Krisenstab inzwischen rund um die Uhr schuftet, an den Rand der Verzweifelung. Die Probleme beginnen, sich zu häufen: Viele Angehörige rufen an und wollen wissen, wie, womit, wann und wo ihre Kreuzfahrer nach Hause kommen.

Neue Kreuzfahrtgäste rufen an und wollen wissen, ob ihre gebuchten Reisen nach Westgrönland, New York, Fort Lauderdale und Barbados überhaupt stattfinden.

Dubiose angebliche Schifffahrtsexperten rufen an und geben Ratschläge, wie die *ARGO* ohne weiteres wieder flott zu machen sei. Natürlich gegen Kasse!

Und zu allem Überfluss stornieren die ersten Reisebüros und Agenturen die angekauften Kontingente an Kabinen der *ARGO*.

Dies bleibt leider den beiden Hausbanken des *Atlantic Lloyd* nicht verborgen, die daraufhin schon mal vorsorglich den Kontokorrentzinssatz um einen Prozentpunkt erhöhen.

Dann endlich kommt am nächsten Morgen die ersehnte Nachricht von der Botschaft: Die kanadische Regierung lässt mitteilen, dass zwei schwere militärische Transporthubschrauber vom Typ *Sikorsky*

CH 53 mit Bestuhlung für jeweils 75 Personen zur Verfügung stehen. Die können starten, sobald die Reederei eine Kostenübernahmeerklärung in Höhe von 2500 kanadischen Dollar je Flugstunde und Maschine schickt. Die voraussichtliche Anzahl der Flugstunden für den Hin- und Rückflug der Maschinen von der Marinebasis in Ontario zum Havarieort der *ARGO* sowie für die Evakuierungsflüge nach Resolute ermitteln die Kanadier mit „about thirty hours".

Langenkamp greift zum Taschenrechner – und ein kalter Schauer läuft ihm über den Rücken: Das macht ja die stolze Summe von 75.000 Kanadadollars!

Der Reeder schluckt und ruft seine Versicherung an. Die schluckt nicht, sondern lehnt die Übernahme der Kosten mit dem Hinweis ab, dass die Versicherungsbedingungen der Schiffskasko einen solchen Schadensfall leider nicht abdecken.

Sein nächster Anruf gilt der Finanzbuchhaltung im Hause: „Haben wir kurzfristig 75.000 Kanadadollars zur Auszahlung?"

„Moment, Chef! Das sind dann .. äh ... das wären dann etwa 90.000 Deutsche Mark? Also eigentlich – nein. Wozu brauchen Sie das Geld?"

„Lassen Sie's! Ich mach das anders, danke!"

Jetzt muss der Reeder ans Eingemachte und er wählt den privaten Weg. Zwar fällt es ihm schwer, seinen Autohändler anzurufen und ihn zu bitten, den Liefertermin für die neue S-Klasse Limousine um drei Monate zu verschieben. Aber der stimmt, wenn auch zögernd, letztlich zu: Verschieben heißt nicht Stornieren und Langenkamp ordert schließlich alle zwei Jahre einen neuen Wagen. Da muss er schon mal ein Auge zudrücken und den vom Werk schon angelieferten Wagen eben zwischenfinanzieren.

Wenig später geht die Kostenübernahmeerklärung per Telefax nach Ottawa und die Hubschrauber erhalten den Startbefehl. Langenkamp läuft an diesem Abend zu Fuß nach Hause, denn er braucht dringend frische Luft, um seinen Kopf klar zu kriegen.

34

Sylvia Steinhaus und ihre Schutzbefohlenen haben Glück im Unglück. Auf dem Rollfeld in Resolute steht eine private kleine zweimotorige Düsenmaschine in Startposition nach Quebec, die der Tower gerade noch stoppen kann.

Die zehnsitzige Maschine ist leer und ihre Eigner freuen sich über drei unverhoffte zahlende Passagiere. Es wird ein ruhiger Nachtflug über 3500 Kilometer, den Kurt Schröder verschläft und die drei erreichen Quebec relativ ausgeruht um sechs Uhr Ortszeit am nächsten Morgen.

Von dort geht es nach nur dreistündiger Wartezeit mit einer Inlands *CANADAIR Boeing* 737 nach Montreal und beinahe nahtlos mit einem Lufthansa-Jumbo nonstop nach Frankfurt am Main. Schon am späten Nachmittag des Ankunftstages bezieht Schröder ein freundliches Einzelzimmer in Sylvia Steinhaus' Privatklinik.

Schröders Zustand ist erfreulich gut. Er hat den gesamten Flug lediglich unter Einnahme der von Dr. Groth mitgegebenen Medikamente und ohne zusätzliche Alkoholgaben überstanden, ist bei klarem Verstand und nimmt Mahlzeiten zu sich. Die einzigen Symptome seiner Suchtkrankheit scheinen seine anhaltenden Depressionen und eine ständige Müdigkeit zu sein. Frau Dr. Steinhaus gibt daher Anweisungen zu sorgfältigen Untersuchungen: „Wir machen einen Gesamtstatus mit sämtlichen Blutwerten sowie EKG und EEG, bitte! Und dann möchte ich mit unserem Oberarzt zusammen eine psychologische Betreuung entwickeln unter gleichzeitiger weiterer Entwöhnung."

Valerie Schröder ist zunächst mit der Eisenbahn nach Bremen gereist. In ihrer Wohnung will sie sich einige Tage lang gründlich ausschlafen und auf ihr von Frankfurt nachgesandtes Fluggepäck warten. Dann wird sie die Koffer neu packen für einen längeren Aufenthalt mit ihrem Sohn in der Klinik.

Sie muss sich außerdem um Geld kümmern; Sylvia Steinhaus hat per Kreditkarte die gesamten Reisekosten ausgelegt, weil Kurt die Unterschrift für seine Karte nicht leisten konnte. Und schließlich muss Valerie Schröder mit ihrer und Kurts Krankenkasse, der Seekasse, besprechen, ob und wieviel sie zu den Behandlungskosten und ihrer Unterkunft in der Klinik bezahlt.

Zu guter Letzt wird sie ihre Grünpflanzen und Blumentöpfe in die Obhut einer Nachbarin geben und sich von der Hausgemeinschaft damit verabschieden, dass sie die Situation ihres kranken Sohnes offenlegt und ihren Pflegedienst in der Klinik. Daran kommt sie schon deshalb nicht vorbei, weil jedermann in Bremen von der Havarie der *ARGO* weiß und einigen in diesem Zusammenhang auch der Namen Kurt Schröder etwas sagt.

Bevor sie Bremen für längere Zeit verlässt, bittet sie die Nachbarin noch um regelmäßige Leerung ihres Briefkastens. Ihren Aufenthaltsort, die Adresse der Klinik, nennt sie nicht. Das hat ihr Sylvia Steinhaus geraten: „Wir möchten nicht, dass unsere oft hochrangigen Patienten von den Medien belästigt werden. Das stört den Behandlungserfolg. Hinterlassen Sie bitte allenfalls eine Handytelefonnummer für den Fall, dass der Patient wirklich für dringendste Fälle erreichbar sein muss!"

Nachdem dies alles erledigt ist, setzt sich Valerie Schröder beruhigt in den Zug und fährt ab. Mit dem guten Gefühl, dass alles gut werden wird.

Leider geht dieser Wunsch nicht in Erfüllung.

35

Hubschrauber sind langsame Flugzeuge. Wer sich an Jets gewöhnt hat und selbst kürzeste Strecken am liebsten fliegt, der muss sich nun in Geduld üben: Kanada - nach Russland der zweitgrößte Staat der Welt - ist groß und die behäbigen Truppentransporter brauchen für die 2800 Kilometer von ihrer Basis in Ontario bis zum Schiff zehn Stunden reine Flugzeit. Und da ihre Reichweite nur tausend Kilometer beträgt, kommen noch zwei Tankpausen von je einer Stunde dazu. Die Passagiere werden also auf eine harte Probe gestellt, haben aber wenigstens Zeit genug, um jeder einen Koffer mit maximal 15 Kilo Gewicht zu packen. Das restliche Gepäck will die Reederei schnellstens nachschicken, wobei man in Bremen von mindestens zwei Wochen ausgeht. Das wird den Passagieren allerdings verschwiegen.

Einen Tag nach dem offiziellen Ende der Reise treffen die Maschinen am Himmel über der *ARGO* ein - genau 24 Stunden zu spät, um noch die für die Rückreise nach Europa gebuchte Maschine von Resolute zu erreichen. Man fügt sich in sein Schicksal und hofft, dass es der Reederei wenigstens gelungen ist, einen Flieger mit dem von der Anreise gewohnten Komfort der First Class und Premium Class zu besorgen. Zunächst kann aber von Komfort keine Rede sein, denn schon das Ausbooten an der Küste von Prinz William Island verlangt den Menschen an Bord einiges ab.

Damit alles möglichst schnell geht, werden nur drei der insgesamt sechs großen Rettungsboote zu Wasser gelassen und die jeweils 60 Menschren hocken wie „Heringe in der Dose", denn die Koffer müssen ja auch gleich mit.

Zudem müssen die Rettungsboote einen weiten Weg zurücklegen, denn die beiden schweren Helikopter konnten keinen geeigneten Landeplatz entdecken, der nahe genug am Schiffsort der *ARGO* liegt. So dauert der Transfer über eine Stunde und die Insassen der Boote erreichen das Ufer durchgefroren und nicht besonders gut gelaunt. Bei dem weiteren zwanzigminütigen Fußmarsch über Stock und Stein ereignet sich zu allem Überfluss auch noch ein Unfall: Eine ältere Dame bleibt mit einem Fuß in einer Felsspalte stecken, bricht sich dabei offensichtlich einen Fußknöchel und muss von zwei Matrosen mehrere hundert Meter getragen werden, wobei sie vor Schmerzen laut wimmert. Die übrigen armen Matrosen keuchen mehrmals hin und zurück unter der Last des Gepäcks.

Schließlich gelangen aber alle nunmehr 128 vorzeitig abreisenden Passagiere mit ihren Koffern in die beiden Hubschrauber, die sofort abheben, um das 800 Kilometer entfernte Resolute noch bei Tageslicht zu erreichen.

Dort allerdings ist deren Reise erst mal beendet: Auf dem Vorfeld des kleinen Flughafens steht kein komfortabler Jet, der sie alle aufnehmen könnte, sondern lediglich zwei Propellermaschinen, die außerdem mit Seilen fest am Boden verankert sind. Man sagt den Passagieren der *ARGO* auch gleich, warum: In der kommenden Nacht erwarten die Meteorologen des Airport einen kapitalen Blizzard! Und da es im Flughafen weder ausreichend viele Sitzgelegenheiten und in der kleine Stadt erst recht nicht genügend Hotelbetten gibt, bietet man den gequälten Reisenden stapelweise Isomatten und Wolldecken an, aus denen sie sich in der Abflughalle ein Nachtlager nach eigenen Wünschen bereiten dürfen.

Die Stimmung sinkt auf einen neuen Tiefpunkt, als ein Flughafenmanager zögernd fragt, was man zum Nachtessen servieren dürfe: Es gäbe Hamburger mit Stockfisch oder Seehundsteaks mit Pommes, dazu kalte Cola oder Mineralwasser ohne Kohlensäure. Auch einige wenige Flaschen kanadischen Whisky stünden bereit, allerdings keine Eiswürfel, da die entsprechende Eismaschine streikt.

Das Eis heult dann aber bald in derartigen Mengen vom stürmischen Nachthimmel, dass es bald die Fenster verklebt und jede Sicht nach draußen versperrt. Gegen zwei Uhr morgens fällt dann auch noch der Strom aus und es wird nicht nur dunkel, sondern auch bitterkalt in der Halle. Die Passagiere fluchen ohnmächtig vor sich hin. Jemand schreit nach Feuerholz. Vergebens!

„Schade, dass der Steinhaus nicht hier ist. Der würde jetzt ein Machtwort reden und uns hier heraushauen, was?“

* * *

Ralf Steinhaus hat tatsächlich den besseren Teil erwählt, indem er an Bord geblieben ist, um das Drama der *ARGO* bis zum bitteren – oder einem guten? – Ende zu verfolgen. Dazu wird er noch reichlich Gelegenheit finden, denn nachdem die meisten Gäste das Schiff verlassen haben, gehen die Männer der Besatzung ans Werk.

Die ganze Nacht über gibt es an Bord keine Ruhe. Das Maschinenpersonal schleppt Schläuche und Pumpen über Deck und lärmt mit Schraubenschlüsseln und Hämmern. Als sie mit den Installationen zum Abpumpen von Dieseltreibstoff fertig sind und die Leichter in die richtige Position verholt haben, bricht der angekündigte Schneesturm über das Schiff herein. Er kreischt in den Antennen und Relingen, rüttelt an den Masten und lässt das ganze Schiff erzittern, obwohl es doch so felsenfest auf Grund liegt. Niemand bekommt ein Auge zu. Als die Morgendämmerung über den wirbelnden Schnee siegt und der orkanartige Sturm nachgelassen hat, beginnt die Crew der *ARGO* lautstark mit dem Kampf gegen die Schneemassen. Mit Schaufeln, Besen, Kuchenblechen und Eimern muss der Schnee über Bord, dessen Gewicht das Schiff noch zusätzlich auf den Grund drückt.

Ralf Steinhaus hat alles im Kasten. Er fotografiert jetzt sogar mit Fausthandschuhen!

Dann endlich ist es soweit, dass die Pumpen gestartet werden sollen. Doch zuerst müssen ja die letzten noch anwesenden Passagiere von Bord, wie es die Klassifizierungsgesellschaft und die Behörden verlangt haben. Die erscheinen – in sämtliche vorhandene Wolle verpackt und von der Crew in knallrote Überlebensanzüge gezwängt – auf dem Bootsdeck, wo man sie in ein Rettungsboot pfercht, das mit ihnen in gebührender Entfernung vor Anker geht. Ralf Steinhaus hat sich den besten Platz gesichert: Er sitzt auf dem Fahrersitz, lugt aus der Glaskuppel mit Rundumsicht, berichtet seinen Mitmenschen, was er sieht. Und hofft, dass endlich etwas spektakuläres geschieht. Gibt es etwas langweiligeres als ein Schiff, das nun schon tagelang festsitzt?

Die Pumpen pumpen, was das Zeug hält. Zwei Tender loten um die *ARGO* herum die Wassertiefen. Der neue Lotse, der John Sinclair nicht etwa unterstützt, sondern ihn offenbar abgelöst hat, läuft emsig an Deck hin und her, gibt Anweisungen, spricht per Walkie Talkie mit den Tendern und ist überall gleichzeitig. Sinclair scheint verschollen zu sein. Seit der Landung des Neuen wird er nicht mehr gesehen.

Das Pumpen dauert vier Stunden, während denen man deutlich sieht, das die *ARGO* höher aus dem Wasser kommt. Am besten erkennt man es natürlich aus dem Rettungsboot. Und während Steinhaus seine Bootsbesatzung emsig wie ein Conferencier unterhält und gleichzeitig Foto auf Foto schießt, machen die beiden kleinen Schlepper hinter dem Heck fest und beginnen mit ihrer Arbeit. Bald schäumt ihr Schraubenwasser weiß auf und die Trossen kommen steif. Aber die *ARGO* rührt sich noch immer nicht.

Nach einer Stunde erhalten die Schlepper den Befehl, das Schleppen einzustellen. Die beiden Leichter sind nahezu voll mit Treibstoff, der Großteil des Wasserballasts ist außenbord gepumpt und Kapitän Gabianes will jetzt versuchen, durch Umpumpen der Restflüssigkeiten von achtern nach vorn das Heck der *ARGO* zu stützen, um die eigenen Propeller zusätzlich einsetzen zu können. Allerdings macht ihm Kreuzfahrtdirektor Trenkner einen Strich durch die Rechnung:

„So, Käptn – jetzt ist erst mal Schluss, bitte. Unsere Passagiere da draußen müssen total durchgefroren sein und außerdem ist es Zeit fürs Dinner. Und Ihre Crew braucht auch mal 'ne Verschnaufpause, oder?"

Die Versuche, die *ARGO* noch vor Dunkelheit von der Untiefe abzubringen, werden auf morgen verschoben. Wieder ist ein Tag auf und davon.

Am folgenden Morgen holt man die Passagiere bereits vor Tagesanbruch erneut aus den Kojen, um sie in ihr Rettungsboot zu verfrachten, denn der neue Lotse hat einen besonders hohen Wasserstand angekündigt und die Schlepparbeiten müssen unverzüglich beginnen.

Endlich – gegen zehn Uhr vormittags am fünften Tag nach der Grundberührung der *ARGO* schaffen sie es! Zuerst unmerklich, dann langsam und schließlich deutlich schneller ziehen die beiden kleinen Schlepper das Schiff rumpelnd aus seinem Geröllbett in tiefes Wasser! Dass der Vorgang weder mit lauten „Hurras" noch begeistertem Applaus begleitet wird, liegt an der Erschöpfung der Männer an Deck und der Passagiere.

Drei weitere Tage später erreicht die *ARGO* mit eigener Kraft bei langsamer Fahrt ihren Bestimmungshafen Resolute. Dort steigen die letzten verbliebenen Passagiere aus und ein Teil der Servicebesatzung.

Denn wann die nächste Reise des Schiffes beginnen wird, steht in den Sternen!

36

Kurt Schröder ist in seinem Klinikbett auf dem Weg der Besserung. Seit Tagen denkt er kaum noch an Alkohol. Die ihm verabreichten Medikamente scheinen auf ganzer Linie zu wirken. Er verschläft ganze Tage. Vorbei allerdings auch die wohlige Wärme nach dem ersten Schluck Wodka am Morgen. Vorbei auch die herrliche Wirkung auf Gemüt und Körper, mit der er seit Jahrzehnten den Tag begann: Sorglosigkeit und Lebensfreude, Zufriedenheit und Gelassenheit, Ruhen in der eigenen Person und Gleichklang von Seele und Umwelt. Sein Befinden wäre am ehesten mit „gespannter Erwartung" zu beschreiben. Er fühlt sich wie ein neuer Mensch: gespannt auf die Zukunft, zuversichtlich und mit neuem Mut.

Valerie, seine Mutter, hat die Betreuung des Genesenden übernommen. Sie bringt ihm alle Mahlzeiten, sorgt für die Einnahme der Pillen und Tropfen und bringt ihm die tägliche Zeitungen. Die allerdings sieht sie vor seiner Lektüre darauf durch, ob und falls ja welche Meldungen über das Schicksal der *ARGO* sie enthalten. Keinesfalls darf Kurt Schröder etwas darüber lesen, dass seine Person mit der Havarie des Schiffes in Verbindung gebracht wird.

Sylvia Steinhaus und ihr Oberarzt wachen in langen tiefenpsychologischen Gesprächen mit ihm darüber, dass Kurt Schröder zunächst ausschließlich seine Vergangenheit verarbeitet und sich mit seinem Vaterkomplex befasst, denn den haben die Ärzte letztlich als Ursache seines Abrutschens in den Alkohol identifiziert. Es geht darum, Schröders Bewusstsein dafür zu schärfen, dass er selbst es sein muss, der sein Problem erkennt und an seiner Überwindung aktiv arbeiten muss. Nur so kann er gesunden und seine Zukunft selbst bestimmen - ohne Ängste, Zweifel, Minderwertigkeitsgefühle. Und endlich auch ohne Alkohol.

Am siebenten Tag seines Aufenthaltes im Sanatorium klingelt in der Handtasche Valerie Schröders, die gerade in einem Supermarkt einkauft, das Handy ihres Sohnes. Ein wenig misstrauisch ob des unerwarteten Anrufs drückt sie die grüne Taste mit dem Telefonhörer, meldet sich zaghaft mit „Ja, bitte?" und hört eine männliche Stimme: „Gute Tag, mit wem spreche ich, bitte?"

„Hier ist Frau Schröder ....“

„Ja, guten Tag Frau Schröder. Petersen mein Name. Büro der Staatsanwaltschaft in Bremen.“

Valerie Schröders Puls rast von neunzig auf hundertneunzig.

„Was ... äh ... was wünschen Sie? Und woher haben Sie denn überhaupt diese Telefonnummer?“

„Ja, Frau Schröder, wir haben ihnen, beziehungsweise Ihrem Mann Kurt Schröder ...“

„Nein, Kurt Schröder, das ist mein Sohn!“

„Oh, Entschuldigung, das wusste ich nicht. Also, wir haben ihrem Sohn Kurt Schröder eine Klageschrift zugestellt. Per Postzustellungsauftrag an seine Bremer Adresse. Aber die kam leider als unzustellbar zurück. Eine Nachbarin hat uns dann die Handynummer gegeben, unter der Sie zu erreichen sind. Ich möchte jetzt von Ihnen wissen, wo wir Ihren Sohn erreichen, bitte. Können Sie uns eine aktuelle Postanschrift Ihres Sohnes nennen?“

Valerie Schröder bricht der Schweiß aus: „Eine ... Klage, sagen Sie? Was ... was für eine ... Klage? Was hat mein Sohn denn getan?“

„Na, das darf ich Ihnen eigentlich nicht sagen, Frau Schröder. Geben Sie mir bitte erst mal seine Postanschrift, ja?“

Valerie Schröders Gehirn arbeitet jetzt auf Hochtouren. Was bedeutet das, eine Klage gegen ihren Sohn? Droht ihm ein Prozess? Wird er verurteilt? Weswegen? Kann man wegen Alkoholtrinkens bestraft werden? Oh Gott – sie muss verhindern, dass Kurt etwas Schlimmes geschieht. Seine Adresse? Weiß sie nicht. Schließlich ist er Kapitän auf Großer Fahrt. Er lebt ... ja, er lebt auf dem Meer! Wo sonst leben Kapitäne? Das sagt sie auch dem Mann von der Staatsanwaltschaft.

„Mein Sohn ist Kapitän auf der *ARGO*. Das ist ...“

„Jaaa, das wissen wir, Frau Schröder. Aber die Reederei hat uns mitgeteilt, dass Ihr Sohn das Schiff verlassen hat. Mit Ihnen zusammen. Wohin ist er denn gereist? Hat er eine Wohnung irgendwo? Das müssen Sie doch wissen. Frau Schröder, bitte!“

„Also“, und Valerie Schröders Stimme nimmt einen sehr bestimmten unnahbaren Klang an, „ich weiß nicht, wo sich mein Sohn aufhält. Vielleicht hat er ein neues Kommando erhalten?“

Der Beamte des Büros der Staatsanwaltschaft Bremen ist verunsichert. Soll er Frau Schröder glauben? Weiß sie wirklich nichts über den Verbleib ihres Sohnes? Die Klageschrift ist definitiv unzustellbar. Was nun?

Das nächste, was Valerie tut, ist ungewöhnlich. Sie geht nicht etwa zu Kurt ans Krankenbett, sondern zu Sylvia Steinhaus, der sie - atemlos - von dem Telefongespräch mit dem Büro der Staatsanwaltschaft berichtet. Die beiden Frauen beraten, was zu tun sei. Dr. Steinhaus bangt um ihren Behandlungserfolg, falls ihr Patient die Klageschrift erhält. Andererseits fürchtet sie Konsequenzen für die Klinik und sich selbst, wenn sie seinen Aufenthalt in ihrem Institut verschweigt. Falls die Ermittlungsbehörden mithilfe des Mobilfunkbetreibers herauskriegen, wo Valerie den Anruf auf dem Handy entgegengenommen hat, dann kennen sie zumindest den Namen der Stadt. Eine verzwickte Lage!

Schließlich kommen die beiden Frauen überein, ihrem Patienten sowohl den Anruf zu verschweigen als auch seinen Inhalt. Leider nützt dies gar nichts, weil Valerie Schröder Kurts Handy abends auf seinem Nachttisch liegen lässt. Und weil der pfiffige Beamte am frühen nächsten Morgen erneut die Nummer wählt, denn er glaubt nicht, dass Valerie Schröder nichts über den Aufenthaltsort ihres Sohnes weiß.

Kurt Schröder, der schon wach ist und sich gut fühlt, nimmt das klingelnde Handy und meldet sich mit seinem Namen. Er hört sich an, was der Mann am anderen Ende der Leitung zu sagen hat. Er schaltet in Sekundenschnelle, begreift, was auf ihn zukommt, überfliegt alle Konsequenzen, legt auf und schaltet das Handy ab.

Was anschließend in seinem Hirn abläuft, lässt sich nicht ohne Weiteres verstehen. Nicht einmal Sylvia oder Valerie könnten es nachvollziehen. Wahrscheinlich würden beide rational vorgehen, der Klagebehörde den Zustand ihres Patienten und dessen Verhandlungsunfähigkeit schildern, um Aufschub seiner Einvernahme durch das Gericht ersuchen, auf einen Verhandlungstermin nach frühestens sechs Monaten drängen.

Doch Schröder tickt ganz anders. Er denkt: „Nix wie weg!"

Aber wie?

Schröder geht - nach seiner Meinung - auch rational vor. Seine Gedankengänge könnte man als „persönliche Reißleine" beschreiben: „In was für einer Scheißsituation befinde ich mich jetzt? Ich bin ein Säufer, der in seinem Leben total versagt hat. Man hat mir eine tolle Position mit hoher Verantwortung und Reputation angedient und was habe ich daraus gemacht? Ich habe sie alle enttäuscht! Meinen Reeder. Meine Mannschaft. Meine Passagiere. Und jetzt muss ich auch noch meine nächsten Mitmenschen enttäuschen. Meine Mutter. Meine Ärztin, die einmal meine Geliebte war. Ich soll dafür büßen, dass ich mein Leben verpfuscht habe!

Wirklich?

Bin ich allein Schuld daran? Oder nicht? Haben mir nicht Sylvia und ihr Oberarzt während der langen Sitzungen der letzten Tage klargemacht, wie Menschen in Zwangslagen geraten können, an denen sie letztlich nicht schuld sind? War es nicht Vater, der meinen natürlichen jugendlichen Optimismus gebrochen hat mit all seinen pessimistischen Erwartungen, mit negativen Vorsehungen, versteckten Drohungen und Zwängen? Hätte ich nicht ein anderes Leben gewollt als das eines Seemannes? Hätte ich nicht studieren, einen angesehenen Beruf ausüben und ein Leben an Land mit meiner Sylvia führen können? Mit Kindern und Familie? Mit unserem Segelboot auf der Weser? In Ruhe, Frieden und Sorglosigkeit?

Jetzt aber will man mich verhaften, um mich ins Gefängnis zu werfen!

Danach soll ich vor einem Gericht angeklagt werden.

Wofür?

Weshalb?

Habe ich die *ARGO* in der Nordwestpassage auf Grund gesetzt? Habe ich die Arbeiten zur Befreiung des Schiffes geleitet? Bin ich verantwortlich? Hat nicht mein Reeder gesagt, dass ich als Kommodore vor allem bei meinen Passagieren sein sollte? Und dass mein Schiff eigentlich von einem anderen, vom Ersten Offizier Gabianes geführt werde? Was soll ich vor Gericht? Was wirft man mir vor?

Ich werde nicht erscheinen!

Nicht zu diesem Zeitpunkt! Nicht als Trinker! Nein – ich werde von der Bildfläche verschwinden. Sie kriegen mich nicht. Ich haue ab, höre mit dem Saufen auf. Und dann stelle ich mich und verteidige mich selbst. Und wenn es das Letzte ist, was ich tue! Aber ich schaffe es!"

Kurt Schröder zieht sich Hose, Pullover, Jackett an. Er nimmt sein Handy samt Ladegerät, seinen Pass, das Seefahrtsbuch, seine Kreditkarte und etwa Bargeld an sich. Dann stiehlt er sich geschickt und ungesehen aus der Klinik und dem Park, findet in der Stadt eine Bushaltstelle und fährt zum Bahnhof.

Zwei Stunden später erreicht er den Frankfurter Hauptbahnhof. Dort geht er in den nächsten Kiosk und kauft sich eine Flasche Wodka, denn das Brennen im Magen ist wieder da und er hat keine Medikamente dabei, wüsste auch nicht, welche und wie viele er wann einnehmen muss. Er wird sich mit dem Schnaps über die Runden retten, bis er einen Schlupfwinkel gefunden hat, wo er den Kampf gegen die Sucht beginnen - und gewinnen - will.

Sein Ziel ist ein Schiff.

Das sucht er - wo sonst - in einem Hafen. Ein großer Hafen ist Rotterdam. Da liegen viele Schiffe. Am Abend ist er da. Kurt Schröder sucht und findet einen Schiffsausrüster. Dort kauft er sich einen kleinen Seesack, einen dunkelblauen Overall, Gummistiefel, Taklerhandschuhe, ein Takelmesser, eine Pudelmütze und eine wasserdichte Wetterjacke.

Verkleidet als einfacher Seemann verlässt er das Geschäft. In einem Supermarkt besorgt er sich die nächste Flasche Wodka sowie eine Dose Heringsfilets in Tomatensoße und ein Graubrot. Dann sucht er das Seemannsheim auf, das es in jeden größeren Hafen gibt. Das Bett kostet zwölf Mark die Nacht mit Frühstück. Schröder bekommt sogar ein Einzelzimmer, verzehrt mit Heißhunger den Fisch auf Graubrot, trinkt ein Viertel der Flasche Wodka aus und schläft tief und fest bis zum nächsten Morgen.

Um neun Uhr verlässt er das Seemannsheim nach einem einfachen, aber kalorienreichen Seemannsfrühstück und einem großen Schuß Wodka, den er sich heimlich in den Kaffee gegossen hat. Er schultert seinen Seesack und geht zu Fuß zum Hafen, wo er die lange Reihe der Reedereien, Stauereien, Schiffshändler und Heuerbüros entlang wandert. Bald findet er, was er sucht. Im Schaufenster eines professionellen Arbeitsvermittlers für Seeleute hängen lauter Angebote, die er interessiert studiert. Natürlich sucht man auf diese Weise keine Kapitäne oder sonstige Offiziere, sondern einfache Decksleute, ungelernte Arbeiter für die niedrigsten Arbeiten im Hafen oder an Bord. Man sucht dieses Personal auch nicht etwa für deutsche oder europäische Schiffe, sondern für ausgeflaggte und in Panama, Liberia oder auf den Philippinnen registrierte Dampfer, auf denen keine peniblen Besetzungsordnungen nach deutschem Recht gelten.

Eine Anzeige erregt Schröders Interesse besonders. Mit rotem Filzstift umrandet steht da:

Dringend!

Begleitmann/Matrose o.ä. gesucht für Tankerüberführung im Schlepp nach Alang /Indien. Schiff liegt in Antwerpen und läuft am 6.8. aus. Heuer in US-Dollar 1000/Monat. Reisedauer ca. 2 Monate, Rückflug bezahlt!

Das ist es! Schröder geht in den Laden: „Ist der Tanker schon besetzt? Der in Antwerpen?"

Die Frau hinter dem Tresen, grau, abgearbeitet, im Stress, guckt ihn kaum an, drückt ein paar Tasten auf ihrem Computer:

„Nee, aber ... ist das was für Sie? Sind Sie Matrose? Oder Maschinist? Haben Sie ein Seefahrtsbuch? Sie sind da ganz allein an Bord!"

„Ja, das passt mir", sagt Schröder. „Ich bin gelernter Matrose, ist allerdings lange her. Was muss ich denn da machen an Bord?"

Die Frau scrollt am Bildschirm eine Seite weiter und dreht den Computer zu Schröder hin. Der liest:

„Begleitmann für 250 000 Tonnen-Tankerwrack PELAGO CROWNE zur Verschrottung nach Alang/Indien im Schlepp von Antwerpen via Kanaren, Kap der guten Hoffnung, Komoren. Unterbringung in renovierter Lotsenkammer. Toilette, Dusche gegenüber. Waschzeug, Handtücher. Arbeitskleidung. Verpflegung Konserven, Gaskocher, alkoholfreie Getränke. Rückflug nach Antwerpen bezahlt. Aufgaben: Betreuung der vorgeschriebenen Navigationslichter/Tag- und Nachtsignale, Hilfe bei Überwachung der Schleppverbindung, Kontakt zu den Schleppern mit UKW-Seefunkhandy."

Kurt Schröder schluckt. „Verdammt - das wird hart! Acht Wochen allein an Bord eines Tankerwracks. Garantiert kein Schnaps. Nicht mal 'n Bier! Wie übersteh ich das?"

Andererseits ist es die einzige Möglichkeit, von der Bildfläche zu verschwinden. Und zwar gründlich. Niemand wird ihn dort vermuten, geschweige denn finden. Wie wird sein Körper den Entzug verkraften ohne die Unterstützung durch Medikamente? Ohne ärztliche Betreuung? Egal - es muss gehen! Er hat schon Geschichten gehört. Früher. Von Leuten, die das durchgemacht haben. Er wird es auch schaffen.

Er muss es schaffen.

Er will es schaffen.

Schröder legt seinen Pass und das Seefahrtsbuch vor. Die Frau schreibt von der ersten Seite seine persönlichen Daten ab, ohne zu erkennen, dass er zuletzt als Kapitän gefahren ist. Dann druckt sie ihm ein Eisenbahnticket nach Antwerpen, einen Hafenplan mit dem Liegeplatz der *PELAGO CROWNE*, den Namen des Agenten, der ihn dort an Bord einweisen wird sowie die Rückflugoption mit Air India ohne Datum aus und wünscht ihm „Gute Fahrt".

„So einfach geht das also", denkt Kurt Schröder, schultert seinen Seesack und macht sich auf den Weg. Mit gemischten Gefühlen. Sein Wodka reicht nur noch für heute. Schweiß bricht ihm aus. Angstschweiß!

„Ach, Scheiß drauf - eine gönn ich mir noch!"

Am Bahnhof kauft er eine neue Flasche. Die letzte?

Dann besteigt er den Zug nach Antwerpen und ist weg.

37

Reeder Langenkamp erfährt es als Erster.

„Tja, Ihr Kommodore ist leider nicht auffindbar", sagt Petersen vom Büro des Staatsanwalts am Telefon. „Wir wissen einfach nicht, wo er abgeblieben ist. Seine Spur konnten wir vom Schiff bis nach Frankfurt Airport verfolgen, aber dann ...? Wissen Sie mehr?"

Langenkamp ist ratlos, aber das Thema Kurt Schröder interessiert ihn im Augenblick auch nicht besonders. Er hat ganz andere Sorgen. Die begannen mit dem äußerst problematischen Rücktransport der *ARGO*-Passagiere, die zwei weitere Tage in Resolute festsaßen, bis sie endlich eine Sondermaschine der *CANADAIR* abholte und zu ihrem Anschlussflug nach Montreal brachte. Er rechnet inzwischen doch mit einigen Schadensersatzklagen.

Die nächste Sorge bereitet ihm das Ergebnis der Untersuchung seines Schiffes durch zwei Marinetaucher, die - von den kanadischen Behörden eingesetzt - noch am Havarieort das Unterwasserschiff auf Schäden untersuchten und prompt ein verbogenes Ruderblatt sowie einen langen Riss in einem der Tieftanks der *ARGO* entdeckten, in dem sich Ballastwasser befunden hatte. Das bedeutet das Aus für die nächsten von Passagieren bereits bezahlten beiden Reisen, denn die *ARGO* würde nun nach Montreal ins Dock verbracht und dort repariert werden müssen. Das konnte zum Glück wenigstens mit eigener Kraft geschehen, wenn auch langsam und zeitraubend.

Die Verluste durch entgangene Einnamen und Reparaturkosten erreichten bereits die erste Million Deutsche Mark!

Für die dritte Sorge schließlich sorgt wieder einmal der unermüdliche Ralf Steinhaus, der nun in aller Gründlichkeit von seinem Arbeitszimmer zu Hause aus alle seine Fotos in den Medien ausbreitet und die Öffentlichkeit tagelang mit schockierenden Berichten über die vermeintlich katastrophalen Zustände an Bord des Kreuzfahrers unterhält. Seine Schlagzeilen schreien es schonungslos heraus:

Unglücksschiff *ARGO*:
Betrunkener Kommodore mit Hubschrauber von Bord geholt
ARGO gefangen im Eis – Passagiere verletzt an Land gesetzt

*Festsitzende ARGO: Bergungsarbeiten laufen an –
wie schwer ist das Schiff beschädigt?*

Sachverständige: Extremreisen müssen verboten werden!

Aber es kommt noch schlimmer. Wie viele Journalisten und Reporter, so verfügt auch Steinhaus über gute Kontakte zu Polizeidienststellen und Gerichtsbehörden. Die sind auch gar nicht unfroh darüber, denn das System beruht auf Gegenseitigkeit. Findige Journalisten konnten schon öfter den Ermittlungsbehörden helfen, um Sachverhalte aufzuklären oder sogar gesuchte Personen zu finden. Da gibt man dann auch schon mal auf dem Vorwege einen Tipp, der sonst der Öffentlichkeit verborgen bliebe, für den Pressemenschen aber bares Geld bringt. So geschieht es auch Ralf Steinhaus, dessen Telefon läutet: „Hallo, Herr Steinhaus, Petersen hier, von der Staatsanwaltschaft. Sagen Sie mal, Sie sind doch immer bestens informiert. Können Sie uns sagen, wo der Kommodore Schröder abgeblieben ist? Der von der *ARGO*?"

Steinhaus ist perplex: „Schröder? Na, der ist ja von Bord geholt worden mit dem Heli, noch am Havarieort, zusammen mit der Ärztin, meiner Frau Sylvia. Und mit seiner Mutter. Sie wollten ihn in die Klinik meiner Frau in Bad Bergzabern bringen, soviel ich weiß."

„Na ja, das wissen wir auch schon, Herr Steinhaus. Wir konnten nämlich sein Handy orten lassen, nachdem ich erst seine Mutter und dann ihn selbst an der Strippe hatte. Aber seitdem ist er weg. Sie könnten mir allerdings den Namen der Klinik geben, damit wir seine Spur dort wieder aufnehmen, nicht? Das wäre doch schon was!"

Ralf Steinhaus denkt einen Augenblick nach. Soll er seine Frau in Schwierigkeiten bringen? Er glaubt zwar nicht, dass die Preisgabe des Aufenthaltsortes eines Patienten unter ihre ärztliche Schweigepflicht fällt, möchte sie aber andererseits nicht in die Fahndung nach Schröder hineinziehen.

„Also, Petersen, das möchte ich im Augenblick nicht tun. Aber ich will Ihnen gerne helfen. Geben Sie mir mal Schröders Handynummer. Ich rufe Sie dann an, sobald ich ihn habe, ja?"

„Na gut, Sie Schlitzohr, meinetwegen", lacht Petersen. „Mal sehen, ob Sie das auch wieder hinkriegen!"

Ralf Steinhaus ruft sofort seine Frau in der Klinik an und findet Petersens Verdacht bestätigt: Sylvia Steinhaus ist in heller Aufregung und macht sich natürlich die allergrößten Sorgen, seit Kurt Schröder am späten Vormittag vermisst wird. Noch schlimmer ist Valerie Schröder dran, die mit einem Herzanfall in das nächste Krankenhaus gebracht werden musste.

„Wo kann er denn hin sein, Sylvie? Hat er was gesagt? Kann er überhaupt weit kommen? Ich meine – wie ist sein Gesundheitszustand? Braucht er nicht Pillen? Wo kann man ihn suchen?"

„Das weiß ich nicht, Ralf!"

„Na ja, aber ich krieg ihn auch so. Ich gehe in die Presse. Wir finden ihn. Bestimmt!"

„Nein, Ralf! Auf keinen Fall! Du machst ihn fertig, wenn er sich in der Zeitung sieht. Du hast so schon genug Unheil angerichtet mit Deinen Horrorgeschichten ...!"

Ihre letzten Worte hört der Reporter schon nicht mehr, denn er tippt bereits eine E-Mail mit der nächsten Horrormeldung und einem Foto Kurt Schröders an BILD:

Angeklagter ARGO-Kommodore flüchtig!
Polizeifahndung läuft. Wer hat den kranken Mann gesehen?

Spurlos verschwunden aus der Klinik ist der dort zu einer Suchtbehandlung eingelieferte Kommodore des Unglücksschiffes ARGO. Will sich Kurt Schröder seiner Festnahme entziehen? Immerhin droht ihm nach Mitteilung der Staatsanwaltschaft ein Verfahren wegen grob fahrlässig herbeigeführter Trunkenheit im Dienst als Kapitän des in der Arktis verunglückten Kreuzfahrtschiffes. Die Polizei bittet die Bevölkerung um Mithilfe bei der Fahndung nach dem kranken Mann, der dringend auf medizinische Hilfe angewiesen ist. Hinweise nimmt jede Polizeidienststelle entgegen.

Den ganzen nächsten Tag über warten Redaktionen, Polizei, Staatsanwaltschaft, Sylvia Steinhaus und Ralf auf den Anruf eines Zeugen, während der stündlich Schröders Handynummer wählt – vergeblich! Schröder geht nicht ran. Das kann er auch nicht. Denn es geht ihm gar nicht gut ...

38

Kurt Schröders Aufstieg aus der Dunkelheit beginnt.

Aber er ist selbst nicht aktiv dabei. Vielmehr wird er von seiner Nase genötigt, wach zu werden, weil es bestialisch stinkt. Der Gestank ist ihm im Grunde bekannt. Er hat ihn schon oft gerochen. Aber noch nie derartig intensiv. Durchdringend. Nervend. Verletzend. Es ist der Gestank frischer, noch nasser Ölfarbe!

Aber es ist noch etwas anderes, das ihn zwingt, wacher zu werden. Es ist seine Zunge, die widerlich wie ein trockener, altbackener Kartoffelkloß in seiner Mundhöhle kauert.

Es ist auch sein Kopf, der in stetem bohrenden Schmerz hämmert. Und es ist sein Rücken, der sich so unglaublich kalt anfühlt, dass er meint, auf eiskalter Erde zu liegen. Eiskalte Erde und Ölfarbe. Sein Gehirn kann das einstweilen nicht verarbeiten. Schröder wartet. Vielleicht wird er wacher werden, wenn er wartet?

Oh Gott, wie saumäßig elend er sich fühlt! Aber leider klappt es mit dem Erwachen.

Jetzt dringen neue Reize in sein gemartertes Hirn, die allerdings ebenso wenig zu der eiskalten Erde passen, wie die frische Ölfarbe. Dieses dumpfe, rhythmische Poltern. Das ferne Rauschen.

Erde - Ölfarbe - Poltern - Rauschen.

Dazu gesellt sich nun auch noch ein Druck auf seinen ganzen Körper, der sich beständig langsam verschiebt. Vom Rücken mehr auf die linke Seite. Und wieder zurück. Wenn der Druck sich zur Seite verschiebt, dann lässt die Kälte im Rücken etwas nach. Und kehrt zurück, wenn der Druck wieder in den Rücken weicht.

Nein, so wird das nichts. Jetzt wird er versuchen, seine Augen zu öffnen. Vielleicht sieht man etwas, das einem weiter hilft. Gerade will er mit dem Öffnen der Augen beginnen, als ihn ein jäher Schmerz in Sekundenbruchteilen durch mehrere Ebenen seines Unterbewusstseins an die Oberfläche des Wachens schießt.

Sein Magen rebelliert. Der Schmerz fährt schneidend aus dem Magen die Speiseröhre hinauf und wallt gleichzeitig in seine Eingeweide hinab, dass Schröder sich automatisch krümmt, um den Schmerz zu lindern. Aber das nützt ihm gar nichts. Alles bleibt wie es ist. Der Gestank nach Ölfarbe und die Kälte des Rückens.

Das Poltern und Rauschen. Der schwankende Druck. Die Schmerzen.

Es ist zum Verrücktwerden!

Weil sich nichts ändert, wird Schröder ärgerlich.

Es kann nicht sein, dass er nicht Herr seiner Sinne ist. Geschweige denn nicht Herr der Lage. Sein ganzes bisheriges Leben bestand aus der einen Pflicht, Herr zu sein.

Herr über seine Gefühle.

Herr über seinen Körper.

Herr über seine Mitmenschen.

Herr über sein Schiff.

Diese Pflichten haben ihn geformt, haben ihn hart gemacht, hart gegen sich selbst, hart gegen seine Nachgeordneten, hart gegen die Gewalt der See, hart gegen alles, was ihm je in die Quere kam.

Er will jetzt gefälligst wissen, wo er sich befindet. Und warum es stinkt, poltert, rauscht, drückt und schmerzt. Also wird er die Augen öffnen und sehen, was zum Teufel los ist um ihn herum, mit ihm, nicht wahr?

Er befiehlt es seinem Körper. Und der öffnet die Augen für ihn. Vielleicht wäre es besser für Kapitän Schröder gewesen, wenn es ihm nicht gelungen wäre, die Augen zu öffnen. Denn innerhalb der folgenden 15 Minuten überfällt ihn seine schreckliche Wirklichkeit mit der vollen Wucht aller Schuld, die er auf sich geladen hat.

Zuerst sieht er einen schwachen, grauen Schimmer, der aus einer kreisrunden Lichtquelle schräg hinter und über seinem Kopf stammt. Kreisrunde Lichtquellen sind Schröder ein Begriff. Er assoziiert: „Bullauge", von drinnen gesehen.

Dann entlarvt er den wechselnden Druck auf Rücken und Seite als ein Schwanken der Unterlage, auf der er offenbar liegt. Das bedeutet: Der schwankende Raum um ihn herum könnte auf einem Schiff sein. Dann aber kann die Kälte im Rücken die stählerne Wand einer Kabine sein. Ist es eine Kabine?

Jetzt geht es schnell: Ja, es ist eine Kabine!

Ja, die stählernen Kabinenwände sind grellweiß gestrichen und noch fast klebrig von der frischen, stinkenden Ölfarbe.

Ja, das Rauschen muss von Seegang stammen, der an den Bordwänden des Schiffes entlang wäscht.

Ja, das rhythmische Poltern wird ein Dieselgenerator sein, wie er zur Stromerzeugung auf jedem Schiff - auch im Hafen – Tag und Nacht arbeitet.

Eine Reihe von Fragen bleibt aber offen: Wieso schwankt das Schiff, wenn es im Hafen liegt? Und wenn es nicht im Hafen liegt, sondern auf See ist: Warum fehlt dann das Geräusch der Hauptmaschine, die das ganze Schiff antreibt?

Und vor allem: Warum ist Schröder so sauelend zumute? Weshalb hat er so furchtbare Magenschmerzen? Und dann: Wie kommt er überhaupt in diese vollkommen kahle, stinkende Kabine, wo doch die Kapitänssuite auf seinem Luxus-Kreuzfahrtschiff *ARGO* die ihm gewohnte und zustehende Wohnung ist?

Bei diesem Gedanken an die *ARGO* aber trifft Kapitän Kurt Schröder endgültig der kalte Schlag, der ihm das volle Bewusstsein zurückgibt und die ganze schreckliche Tragweite seines Versagens offenbart.

Mühsam, unendlich mühsam wälzt er sich aus dieser Koje, versucht sich stehend am Bullauge aufzurichten, erkennt entsetzt das vollkommen überspülte Deck des verrosteten Tankers. Und hat nur einen Gedanken: Wie bin ich hierher gekommen?

Auf dieses grauenvolle Schiff?

In diese elende Kammer?

Und dann ist er endlich wach. So wach, dass ihm alles einfällt. Wie war das noch in dem Büro? Und wo? Ach – in Antwerpen, ja klar! Und was wollte er da? Er wollte ein Schiff! Er hat unterschrieben und Papiere bekommen? Papiere. Wo sind die Papiere? Sie müssen hier sein. In dieser stinkenden Kabine. Aber wo?

Ahh – da sind sie ja. Wie heißt das Schiff? *PELAGO CROWNE*? Heimathafen? Surabaya. Hm!

Und da sieht er sich plötzlich vor der *PELAGO CROWNE* stehen. Neben sich einen Mann, der sich Henk nennt. Henk van der Meeren.

„So, Schröder, das ist sie. Nun kommen Sie schon – haben wohl noch nie 'n Schiff gesehen, was? Na ja, vielleicht noch nie so eins?"

Sie klettern die steile Gangway zu dem Riesenschiff hoch, das offenbar nur noch wenig Ballastwasser in den Tanks hat, so hoch ragt es aus dem glucksenden Hafenwasser Antwerpens empor.

Hoch wie ein Wolkenkratzer. Und lang wie ... ihm fällt kein Vergleich ein. Dann steigen die beiden Männer über steile Treppen in das Deckshaus des Schiffes und erreichen schließlich eine offen stehende Kammertür, aus der es stinkt. Nach frischer Farbe.

„Das ist sie, Schröder. Ihre Kammer. Hier für Sie ein Weltempfänger-Radio und ein paar Bücher, damit's Ihnen nicht zu langweilig wird. Klo und Dusche sind gegenüber. Und da, in der Kammer daneben, sind Ihre Vorräte. 150 Dosen Konserven, alles vom Feinsten. Fleisch, Gemüse, Kartoffeln, Marmelade, Brot, Butter, Speck. 120 frische Landeier einzeln in Wachs konserviert. Haltbare Milch, Tomaten- und Multivitaminsaft in Tetrapacks. Und der Kocher natürlich. Propan mit Flasche, 13 Kilo Gas, das reicht für 'n halbes Jahr. Der Müll kommt in die Tonne, die steht an Deck, an Steuerbord achtern. Und wenn die voll ist – über Bord, ja? Sonst holen Sie sich die Ratten hier rauf."

Ratten? Schröder schaudert 's. Henk merkt es nicht.

„Und jetzt zu Ihrem Job. Kommen Sie mal mit."

Er muss hinter Henk mit auf die Brücke. So etwas hat er noch nie gesehen. Das riesenhafte Ruderhaus des Riesenschiffes ist fast völlig leer. Alles Brauchbare hat man abtransportiert. Aus Löchern in den Wänden hängen lose Kabel, aus den Fußböden abgebrannte Halteschrauben. Durch die trüben Fenster überblickt er mühsam das dreihundert Meter lange Deck des Tankers mit seinen tausend Rohren und Ventilen, Leitern, Pollern, Lüftern und Relingen. Alles ist rot von Rost, schwarz von alter abblätternder Farbe. Schröder graut vor dem Schiff! Was soll er hier?

„So, und jetzt das Wichtigste: Hier in der Ladestation ist Ihr UKW-Handy, wenn Sie mit den Schleppern sprechen wollen. Oder die mit Ihnen. An sich brauchen Sie das nicht, nur wenn die Schlepper Sie allein lassen, um zu bunkern. Oder wenn Sie die Schlepptrossen kontrollieren sollen. Die sagen Ihnen dann schon, was Sie machen müssen."

Was denn – wenn die Schlepper mich allein lassen? Wieso sollten die das?

„Ja – und einmal täglich müssen Sie die Lampen und die Signalkörper angucken, ob die brennen und in Ordnung sind. Um den Generator unten im Maschinenraum müssen Sie sich eigentlich nicht kümmern. Höchsten mal den Ölstand prüfen. Tja, das wäre denn alles. Noch Fragen?"

Kurt Schröder wäre froh, wenn er diesen forschen jungen Mann, dem sein Job offenbar auch noch Spaß macht, endlich los wäre. Dann könnte er nämlich in seine Kammer hinuntersteigen, um sich die letzte Flasche Wodka vorzuknöpfen. Und das alles hier erst mal vergessen. Wenn die Schlepper mich verlassen! Wenn die Ratten kommen!! Wenn ...!!!

Das war offenbar gestern. Oder doch schon vorgestern?

Schröder hatte innerhalb von zwei Stunden die Flasche ausgetrunken. Die Ganze! Seine Letzte!! Seine aller-alser-assler ... lessszzzte. Dann hatte ihn das Bewusstsein verlassen. Ja, so muss es gewesen sein. Und nun ist er wach. Und fühlt sich saumäßig schlecht. Gleichzeitig nagt das schlechte Gewissen in ihm.

„Mensch, Schröder – du musst dich doch melden! Abmelden musst du dich doch!! Du kannst doch deine Mutti nicht so einfach mir nichts, dir nichts verlassen. Und Sylvia auch nicht. Sylvia! Meine Liebe..."

Er wankt und stolpert – sich mühsam an den Handläufen der Gänge festhaltend – zur Tür, die an Oberdeck führt. Stemmt sich gegen den Winddruck und wacht in der beißend frischen Luft, die ihm aus dem englischen Kanal um die Ohren pfeift, erst richtig auf. Auf der Kimm sieht er die Strandküste an Backbord. Sie sind noch nicht weit gekommen. Er blickt über die Reling in die Tiefe und versucht, die Fahrt des Tankers abzuschätzen.

„Pah – acht Knoten!" Die Schlepper, die weit voraus laufen müssen, kann er im Dunst nicht entdecken.

Dann fällt ihm das Handy ein, mit dem er telefonieren und sich abmelden will. Er hat es in der Kammer vergessen und muss den ganzen beschwerlichen Weg noch mal machen. Es dauert eine Viertelstunde, bis er es gefunden hat und wieder an Deck ist. Er schaltet es ein, wählt die Nummer der Wohnung seiner Mutter in Bremen. Nichts – keiner da! Schade. Nun wird er sich nicht abmelden können. Wäre ja auch komisch. Sich abzumelden. Am Handy. Für zwei Monate. Oder? Wenn ihm doch bloß nicht so furchtbar übel wäre! Dieses Magenbrennen! Diese pelzige Zunge!

„Ich muss was trinken! Alkohol! Das ist die Lösung – dann geht der Schmerz weg! Die Vorräte! In der Kammer nebenan, schnell runter in die Kammer!"

Schröder erreicht die Kammer und beginnt wie ein Wahnsinniger, die Vorräte zu durchwühlen. Doch so sehr er auch mit Konservendosen, Plastikflaschen und Pappkartons um sich wirft - es gibt keinen Alkohol. Keinen Alkohol - auf einem Schiff!!

„Das haben die Schweine gewusst", schreit er die Wände an. „Ich darf ja keinen Schnaps! Aber woher haben die das gewusst?"

Weinend vor Elend bricht Schröder zusammen und bleibt auf dem Fußboden der Vorratskammer liegen. Sollen sie doch mit ihm machen, was sie wollen. Soll er doch krepieren wie ein Hund. Was ist das bloß für ein Scheißleben!

39

„Wir haben ihn!"

Ralf Steinhaus hat es diesmal nicht geschafft. Aber Petersen, der dem Mobilfunkprovider einen Dauerauftrag erteilt hat auf Überprüfung des Gesprächsverhaltens des Handys, das dem Teilnehmer Kurt Schröder gehört.

„Er hat in Bremen angerufen bei der Festnetznummer der Wohnung seiner Mutter. Und jetzt raten Sie mal, woher der Anruf kam, Herr Steinhaus? Von einem Gebiet bei Zeebrügge in Belgien. An der Kanalküste. Sieht aus, als wäre er auf einem Schiff. Und das könnte aus Antwerpen ausgelaufen sein!"

„Wann genau war das, Petersen?"

„Um - warten Sie mal - ja, hier steht's: Gestern Nachmittag um 16. 24 Uhr. Am 6.8."

„Prima. Jetzt will ich 's genau wissen, Petersen. Sie hören von mir!"

Ralf Steinhaus' Jagdfieber ist erwacht. Schon sitzt er am Telefon. Auslandsauskunft. Die Hafenbehörde von Antwerpen, bitte. Am besten die Lotsenstation Scheldemündung. Nein, Frollein, die für Seelotsen. Die haben Sie nicht? Dann bitte den Hafen selber. Sie haben vier Nummern? Gut, dann her damit, ja alle vier!

Nach einer Viertelstunde heftigen Telefonierens meldet sich endlich die Lotsenstation.

„Ah - schön, dass ich Sie erreiche. Hier ist die Staatsanwaltschaft in Stuttgart, Löble mein Name. Wir ermitteln in einem Fluchtverdachtsfall. Würden Sie mir bitte sagen, welche Schiffe gestern ab Mittag den Hafen von Antwerpen verlassen haben? Moment, ich schreibe mit!"

Steinhaus' Bluff gelingt ohne Weiteres und seine Liste nimmt Form an.

„Küstenmotorschiff *Walter Rahm* nach Hull - Containerfrachter *Contrans Luxem* nach Oslo - Autotransporter *Merchandise Cartransport* nach Charleston/USA - Tanker *PELAGO CROWNE* nach ... äh ... Mann, das ist weit, nach Alang in Indien. Ach ja - das war dieser verrostete Kahn hinter den beiden Hochseeschleppern. Der geht bestimmt zum Abwracken! Ist wohl 'ne Zweimonatsreise."

Ralf Steinhaus bedankt sich artig für die „Amtshilfe" und legt auf. Seine Gedanken jagen sich: Wenn Schröder auf diesem Tanker ist, dann ist es eine Sensation. Aber es passt. Wo sonst könnte sich ein Mann in seiner Lage vor einer drohenden Einvernahme durch die Behörden verkriechen? Ein Tanker im Schlepp nach Indien, zwei Monate lang? Und was bezweckt Schröder mit seinem Verschwinden? Allmählich gelingt es Steinhaus, sich in den Gedankenstrom des kranken Kommodore hineinzuversetzen. Vielleicht will er es auf eigene Faust schaffen, den Schnaps zu besiegen? Alle Achtung, das wäre ja 'ne Geschichte für sich.

Dann aber wenden sich seine Gedanken dem Ziel dieser Fahrt zu: Indien - Abwracken - Tanker! Was bedeutet das?

Hat er vor nicht allzu langer Zeit gelesen, was die Inder dort an ihrem Ozean für eine riesige Umweltschweinerei veranstalten?

Jagen die nicht jahrein – jahraus Tausende von ausgedienten, in aller Welt zu Spottpreisen zusammengekaufte Wracks bei Hochwasser mit full speed auf den Strand, um sie mit Schweißbrennern inmitten der Natur für die Hochöfen Indiens zu zerlegen?

Fließen dabei nicht Hunderte von Tonnen Schmieröle, Treibstoffe und anderer Gifte einfach ins Meer?

Und sterben nicht an den giftigen Dämpfen und glühenden Trümmerteilen Dutzende von angelernten Schrottbrennern - zu Hungerlöhnen achtzig Wochenstunden schuftend - barfuß und ohne Schutzkleidung grausame Tode?

Das ist doch, gerade angesichts der soeben in Mode kommenden Klimakatastrophe, ein Thema für die Weltpresse!

Ralf Steinhaus handelt rasch: Er trommelt sein Filmteam zusammen, das in dringenden Fällen jederzeit für ihn springt, setzt sich mit den beiden Jungens in sein Auto, rast die halbe Nacht hindurch ohne Halt nach Antwerpen und hat um zehn Uhr morgens den *Seaking* Hubschrauber einer belgischen Offshore Service Firma gechartert. Mit dem werden die drei Männer draußen auf dem Kanal die *PELAGO CROWNE* jagen, den Kommodore Kurt Schröder aufspüren und das ganze Unternehmen akribisch filmen.

Und zwei Monate später werden sie alle nach Indien hinunterfliegen und das Ende der *Crowne* auf dem Schrottstrand von Alang filmen. Auf dem Rückflug werden sie Kurt Schröder begleiten und ihn nicht mehr aus den Augen lassen. Bis zu seinem Prozess. Von dem Ralf Steinhaus exklusiv berichten wird.

Jawoll!

40

Seeposition 51 Grad 22 Minuten Nord, 01 Grad 12 Minuten West. Westausgang Englischer Kanal.

Uhrzeit 11.10 UTC. Wind aus West, Stärke acht Beaufort. Seegang Stärke vier, durchschnittliche Wellenhöhe acht Meter. Kurs 265 Grad. Flughöhe 400 Fuß.

Fast jede der langen Seen bricht schäumend, weiße Gischtstreifen im durcheilten Wellental hinterlassend.

Der große *Seaking* Hubschrauber rüttelt und holpert in den Böen. Pilot und Copilot suchen mit ihren Augen die grauweiße Unendlichkeit der Wasserfläche unter den tief hängenden, regenschweren Wolken ab.

Die beiden Flieger sind nicht allein an Bord. Dies ist ein privater, bezahlter Auftragsflug. Hinter ihnen kauern zwei Kameraleute und ein Reporter mit ihrer umfangreichen Ausrüstung an Handycams und Objektiven, seltsamen Gestellen mit Schraubklemmen, mit Kabeln, Notizbüchern und Listen. Die beiden Männer sitzen verkrampft zwischen ihren Geräten, weil ihnen nicht besonders wohl ist bei der Schaukelei. Das wird durch das Warten nicht besser - seit gut fünfzehn Minuten sind sie nun in der Luft.

Die Wellen unter dem Hubschrauber sehen an sich harmlos aus. Das finden jedenfalls die Piloten. Eigentlich gleichen sie einer riesenhaften, gutmütig dahinziehenden Herde grauer Elefanten, die bei ihrer instinktiven Suche nach neuen Weideflächen langsam die Wildnis einer endlosen Steppe durchstreifen. Nichts scheint ihren Rhythmus, ihr träges Gleichmaß, ihre gemessenen Schritte und ihre stete Zielstrebigkeit erschüttern zu können. Es sei denn, sie träfen auf ein unerwartetes Hindernis.

Jetzt meldet sich der Pilot über die Kopfhörer der Bordsprechanlage: „Da sind sie! Seht Ihr? Da, etwas rechts. Ich geh mal `n bisschen tiefer." Der Pilot dreht den Kopf, zeigt mit der behandschuhten Rechten nach vorn durch die hektisch pendelnden Scheibenwischer. Nun sehen es auch die Fotografen und sie drücken sich die Nasen an den Seitenscheiben der Kabine platt. Betrachten stumm das gewaltige Schauspiel, dass sich ihnen aus dem diffusen

Weißgrau der See entgegenschiebt wie auf der Drehscheibe einer riesenhaften Theaterbühne.

Zuerst sehen sie das riesige, schwarze, von dunkelroten Roststreifen gezeichnete Schiff. Das heißt, sie erkennen es eigentlich nicht als solches, sondern eher an den Wellenelefanten, die nun – in ihrer gemächlichen Ruhe gestört – aufgeregt auf das Hindernis prallen, das sich ihnen abrupt in den Weg stellt. Jetzt erkennt man ihre Macht, ihre Wucht, ihre unnachgiebige Gefährlichkeit. Sie fallen über den großen Tanker her, der sich träge durch den Seegang wälzt und aussieht, als könne und wolle er sich ihrer Gewalt nicht mehr erwehren. Sie treffen ihn auf seiner ganzen Breitseite, gischten gewaltig in die Höhe, stürzen sich als windgepeitschte, brüllende Wasserfälle über den Rumpf, waschen um die lange Laufbrücke, über Rohre und Ventile an Deck, wuchten gegen die ebenfalls rostüberzogenen, ehemals weißen Aufbauten bis hinauf zur Kommandobrücke und rauschen zuletzt als reißende Sturzbäche über die Leeseite zurück in das Element ihrer Schwestern, die sie gleichmütig in ihrer Mitte aufnehmen und gemeinsam weiterziehen, als sei nichts geschehen. Aber es marschieren immer neue Wassergebirge heran! Und je näher der Hubschrauber kommt, desto mehr schaudert es die Männer über dem Schiff. Einer der Kameramänner fragt - lauernd - die Piloten: „Sind da etwa noch Leute drauf?"

„Weiß ich nicht. Der Tanker soll ja nach Indien. Zum Abwracken. Kann sein, dass da welche mitfahren. Aber das dauert ja Wochen ..."

Unglaublich, dieses Bild! Es gibt nichts Vergleichbares. Aber das ist noch nicht alles.

„Jetzt zu den Schleppern!", ruft der Pilot in sein Mikrofon, legt den Helikopter in eine steile Linkskurve, überfliegt den Bug des Tankers in 50 Metern Höhe und geht auf Südwestkurs.

Das Nächste, was die Männer sehen, sind zwei weiß aufschäumende Streifen zwischen den Wellengebirgen vor dem Bug des Tankers. Sie blitzen immer nur kurz auf, um gleich wieder zu verlöschen und an anderer Stelle erneut zu erscheinen. Fast scheint es, als dresche ein gewaltiger Meeresriese mit seiner Peitsche auf die See ein – aus welchem Grund auch immer.

„Was ist denn das da?", ruft einer der Kameraleute und zeigt hinunter.

„Das sind die Schlepptrossen. Sind über tausend Meter lang, jede. Die kommen immer mal abwechselnd steif und sinken wieder ins Wasser, je nachdem, ob das Wrack gerade zurückfällt oder mitläuft!"

Und dann sehen sie die Schlepper. Oder vielmehr das, was von den Schleppern über der Wasseroberfläche zu sehen ist. Und das ist nicht viel.

Die beiden Hochseeschlepper *ENERGY* und *VITALITY* sind mit ihren Aufbauten kaum höher als die brechenden Seen und so kurz, dass sie jedes Wellental und jeden Wellenberg einzeln bezwingen müssen. Sie laufen mehr unter als über Wasser. Pausenlos von Gischtwolken eingedeckt und von massiven Wasserwänden überspült reißen sie langsam ihren Anhang hinter sich her, der tausend Meter hinter ihnen immer wieder nach beiden Seiten ausschert und an den Hecks der Schlepper zerrt. Das macht ihre Bewegungen im Seegang nicht angenehmer. Es ist ein schlimmer Job, einer Sisyphusarbeit gleich, hinter fest verschraubten Fenstern und Luken.

Einmal winkt ein Seemann hinter einem der Ruderhausfenster des linken Schleppers, als der Hubschrauber dicht auf die See hinuntergeht. Aufgeregt winken die Kameraleute zurück. Dann ist er vorbei.

„So – und jetzt zu Eurer Arbeit: Was wollt Ihr drehen?"

Der Reporter gibt die Anweisungen: „Ja, wir drehen ja einen Dokumentarfilm. Jetzt brauchen wir zuerst eine Totale. Das ganze Wrack mit den Schleppern, so wie eben, nur umgekehrt, also von schräg vorne. Dann einen Überflug und zuletzt einen Zoom auf den Aufbau. Am besten direkt von vorn. Die Aufbauten, vor allem die Fenster, die Bullaugen unter dem Ruderhaus, Vollformat. Geht das?"

Der Pilot bietet sein ganzes fliegerisches Können auf. Er fliegt den einsamen Schleppzug langsam und ganz tief über der See von vorn an, steuert zwischen den 400 Meter neben einander herlaufenden Schleppern hindurch auf den gewaltig schäumenden Bug des Tankers zu. Zieht dann etwas hoch und setzt fast auf dessen

Deck auf. Schon lecken die Spritzer der Brecher über seine Frontscheiben.

Jetzt steht die Maschine zehn Meter über dem Deck und zwanzig Meter vor dem Brückenhaus quer in der Luft. Der Kopilot hat die rechte Schiebetür des Helikopters geöffnet. Angeleint und halb draußen hängend dreht einer der Filmleute. Im Sucher erscheinen Bullaugen. Verdammt schwer, die Kamera ruhig zu halten. Er zieht den Zoom weiter auf, bis die Kamera praktisch durch die runden Schiffsfenster hindurch bis in die Kabine guckt.

Gerade will der Mann die Kamera abschalten, da erscheint es ihm, als sei da ein Gesicht in dem Rund eines Bullauges gewesen. Eine leichte Gänsehaut läuft ihm von den Schultern über seine Oberarme und den Rücken hinunter. Ein Gesicht! Kann das sein? Er glaubt es nicht, genauso wenig wie der Pilot vorhin. Ein Mensch auf diesem Schiff? Nach Indien? Wochenlang? Und ganz allein?

Da – plötzlich sieht Steinhaus ihn auch. Mit bloßem Auge!

„Schröder!" schreit er, als könne der das da unten hören. „Kurt Schröder ist an Bord! Menschenskinder, er ist es tatsächlich. Habt Ihr ihn gut gekriegt? Scharf, für die Zeitung?"

Der Kameramann lässt seinen Digitalcamcorder zurücklaufen und grinst. Dann hält er Steinhaus den Monitor vor die Nase.

„Fantastisch, Mensch! Und das liest morgen die ganze Welt in der Zeitung!"

41

Kurt Schröder schreckt aus tiefster Benommenheit hoch, stößt sich den Kopf an der Wange seiner Koje, stürzt auf den Boden seiner Kammer und rappelt sich mühsam hoch.

Was ist das für ein schreckliches Getöse da draußen an Deck? Er lässt den festen Halt des Kojenbords los, um zum Bullauge zu gelangen, taumelt aber – sich um seine eigene Achse drehend – im Delirium tremens gegen den Tisch und kracht erneut auf die nackten Stahlplatten. Der macht ihn dennoch wacher, als er sein möchte. Aber schließlich erreicht er das Fenster, greift nach den beiden Schraubverschlüssen, die ihm wie zwei Handgriffe Halt bieten und stiert nach draußen. Was er sieht, lässt ihn an seinem Verstand zweifeln. An dem bisschen Verstand, über den er noch zu verfügen glaubt.

Ein riesenhafter Hubschrauber tanzt da über dem gischtübersprühten Tankerdeck hin und her, auf und ab, fegt die Gischtfontainen der See als geriffelte Pfützen durch die Speigatten und erzeugt mit seinen Rotorblättern hämmernde Luftdruckfrequenzen, die Schröder schmerzhaft in den Ohren und schlimmer noch in der Magengegend spürt, als boxte ihn jemand von innen und unten auf das Zwerchfell.

Dann, ganz plötzlich, überkommt ihn der eruptive Brechanfall, den er weder aufhalten noch eindämmen kann, so rasend schnell entleert sich sein stinkender Mageninhalt über den Tisch, die halbe Kojenwäsche und die glitschigen Flurplatten. Sich eisern festhaltend an den Verschlussschrauben des Bulleyes hustet er sich den ätzenden Schleim aus Speichel, Wodka und Magensäure aus der schmerzhaft brennenden Kehle und begreift nicht, was da draußen vor sich geht: „Holen sie mich ab?"

„Bin ich so wichtig, dass man einen Hubschrauber schickt?"

Dann erkennt er den Mann mit der Handycam. Und daneben Ralf Steinhaus, der auch noch winkt, so, als habe der auch ihn identifiziert. Und nun dämmert Kurt Schröder die gnadenlose Wirklichkeit: Er wird bei lebendigem Leibe geschlachtet! Man wird ihn auf die Titelseiten der Presse zerren. Ihm die Schuld an dem Desaster der *ARGO* geben. Und ihn schließlich in einem Gerichtssaal auseinander nehmen, dass kein Reeder ihm jemals mehr ein Kommando anvertraut.

Aber - hat er sich nicht schon freiwillig selber um jedes Kommando gebracht, indem er sich auf diesem Seelenverkäufer von Wrack verkriecht? Was soll denn der Rest der Welt von so einem halten, der sein Heil nur noch in der Flucht sieht? In einer Flucht vor sich selbst! Vor seiner Sucht!! Vor seiner Angst!!!

Da - endlich - lässt ihn der grausame Lärm des Flugzeugs allein. Stattdessen krächzt das an der Schottwand hängende und hin und her pendelnde UKW-Handfunkgerät: „Wachmann auf der *Crowne*, hier Schlepper *VITALITY*, bitte kommen!"

Der Anruf weckt in Schröder irgendein Bewusstsein an seinen eigentlichen Lebenssinn. An seinen Beruf. Noch hat er nicht ganz vergessen, dass er hier eine wenn auch noch so lächerlich kleine Aufgabe zu erfüllen hat. Ja - er soll auf dieses Schiff aufpassen! Seine Stimme kommt ihm selber merkwürdig fremd vor, als er sich zusammenreißt und die Sprechtaste drückt: „*VITALITY*, ich ... heiße ... Schröder! Kurt ... Schröder!"

„Okay, Kurt. Was war das denn eben? Galt der Besuch Ihnen? Over."

„Weiß nicht, *VITALITY* ... Filmemacher ... oder so. Nichts bestimmtes!"

„Na gut. Dann bis nächste Woche. Wir bunkern in Las Palmas, da kriegen Sie ein bisschen Abwechselung an Deck - okay? Byebye. Over and out!"

Kurt Schröder fällt erschöpft auf seine beschmutzte und stinkende Koje. Aber irgendwo in seinem Hirn hat sich ein Gedanke eingenistet: „Die brauchen mich! Vielleicht bin ich noch nicht am Ende ..."

42

In Sylvia Steinhaus' Klinik hat sich die Aufregung gelegt. Die Ärztin ist von ihrem Mann Ralf über Kurt Schröders Auffinden an Bord des Tankerwracks informiert worden und hat diese gute Nachricht natürlich sofort Kurts Mutter Valerie, die noch auf der Intensivstation der Notfallklinik liegt, mitteilen lassen. Deren Befinden bessert sich auch aus diesem Grund beträchtlich und ihre Rekonvaleszenz macht deutliche Fortschritte.

Doch schon am folgenden Morgen folgt ein herber Rückschlag, als ein allzu forscher junger Krankenpfleger der alten Dame die Zeitung ans Krankenbett bringt. Zwar schreit das blutrünstige Boulevardblatt die neuesten Nachrichten über die *ARGO* nicht mehr auf der ersten Seite hinaus. Aber der Pfleger hat die Zeitung schon mal so aufgeblättert, dass Valerie annehmen muss, es sei die erste Seite, auf der ihr das unscharfe und verzerrte Gesicht ihres Sohnes aus dem Rahmen eines Bullauges förmlich entgegenspringt! Schließlich aber ist es doch der Text der dazugehörenden Meldung, der in der Kranken einen bösen Zwiespalt der Gefühle zwischen Angst und Hoffnung, Scham und Ärger auslöst:

Kommodore der ARGO auf Hoher See entdeckt
Seeamt bereitet Prozess gegen die Schiffsleitung vor

Offenbar versteckt sich Kommodore Kurt Schröder, der vorgestern aus einer Suchtklinik geflüchtet war (wir berichteten), an Bord eines Schiffes. Wie der bekannte Sensationsreporter Ralf Steinhaus bei einer spektakulären Jagd nach dem Verschwundenen per Hubschrauber und mit einem Filmteam herausfand, begleitet Kurt Schröder den ausgeschlachteten Supertanker PELAGO CROWNE, der im Schlepp zweier Hochseeschlepper zum Abwracken nach Indien unterwegs ist.

Nach Ankunft des Schiffes in etwa acht Wochen wird der Staatsanwalt die sofortige Festnahme Schröders verlangen und ihn voraussichtlich wegen erneuter Fluchtgefahr in Untersuchungshaft schicken.

Inzwischen bereitet das Seeamt in Emden bereits eine Untersuchung vor, in der auch Schröder aussagen soll. Wenn er überhaupt erscheint!

Diese Meldung ist dann aber auch zunächst die letzte über den „Fall *ARGO*", denn das Interesse der Öffentlichkeit nimmt erfahrungsgemäß schneller ab als das der Fachwelt. Und die hat ihre eigenen Organe, informiert sich aus seriösen Quellen und berichtet gemäßigt. Da jedoch weder Sylvia Steinhaus noch ihr Mann Ralf oder gar Schröders Mutter Valerie die *Deutsche Schifffahrtszeitung* oder *Schiff und Hafen* lesen, legt sich deren Aufregung etwas.

Das gilt auch für die Belegschaft der Reederei in Bremen, wo man zur Tagesordnung zurückgekehrt ist. Die *ARGO* ist ohne Passagiere und ohne den größten Teil der nun arbeitslosen Servicekräfte - der Köche, Bäcker, Stewards und Putzkräfte - mit eigener Kraft auf dem Weg zum Dock in Montreal. Reeder Langenkamp ist über die eingeleiteten Verfahren von Staatsanwalt und Seeamt informiert. Nun wartet man - eingedenk der in Schifffahrtskreisen geläufigen Weisheit „auf hoher See und vor den Gerichten ist der Mensch in Gottes Hand" in Demut ab, arbeitet aber mit Hochdruck an neuen Einnahmequellen, um wenigstens die finanzielle Schlappe der *ARGO* auszubügeln.

Dabei erkennen die Frauen und Männer in Bremen bald mit Genugtuung und vorsichtigem Optimismus, dass der Fall *ARGO* in der reiselustigen Öffentlichkeit offenbar nicht die befürchtete abschreckende Wirkung hat. Im Gegenteil scheint er eine gewisse Neugier geweckt zu haben, denn andere Reedereien verkaufen mit großem Erfolg neue Abenteuerreisen. So geht die ausgebuchte *SEA MISTRESS* der Konkurrenz auf eine erste Antarktiskreuzfahrt von Ushuaia am Kap Hoorn ins ewige Eis der Südpolregion.

Da wissen die armen Passagiere allerdings noch nicht, dass sie und ihr Schiff nur mit knapper Not dem Seeteufel von der Schippe springen. Denn erst auf der Rückfahrt nach Südamerika erwischt eine Monsterwelle die *SEA MISTRESS*, zerschlägt die Ruderhausfenster und ersäuft die Steuerelektronik der Maschinen bis zum völligen Blackout ...

43

Indessen schreibt Ralf Steinhaus an einem für ihn ganz neuen Projekt, das gleichwohl mit der Havarie der *ARGO* zu tun hat und sogar den Namen des Unglücks trägt.

Es ist das Drehbuch für einen dokumentarischen Fernsehfilm. Er hat lange und hart mit dem Norddeutschen Rundfunk, Abteilung Fernsehspiel in Hamburg-Lokstedt, verhandelt, bis er endlich den Auftrag für ein erstes Exposé erhielt. Letztlich überzeugten seine Aufnahmen aus dem Hubschrauber über dem Tankerwrack die Filmleute. Nun schreibt er die erste Fassung für den neunzigminütigen Dokumentarfilm.

Und der heißt „Grundberührung".

Natürlich ist es „seine" Geschichte von der Nordwestpassage. Aber der Clou an dem Buch ist die zweite Grundberührung, der Augenblick nämlich, an dem die Schlepper *ENERGY* und *VITALITY* die *PELAGO CROWNE* auf den Strand von Alang setzen und die Inder mit dem gespenstischen Abwracken des einstigen stolzen Supertankers beginnen.

Die erste Drehbuchfassung muss innerhalb von zwei Wochen fertig sein, die zweite nach Korrektur durch die NDR-Redaktion schon eine Woche später. Denn die Dreharbeiten in Alang sind an den Ankunftstermin der *PELAGO CROWNE* gebunden. Die Filmgesellschaft *dokumenta film*, die den Streifen herstellen soll, scharrt ungeduldig mit den Hufen.

Es ist harte Arbeit!

Die Redakteure sind penible Wortschinder und Erbsenzähler!

Es geht um Kosten von einer Million Mark!

Um sein Honorar von fünfzigtausend!

Aber die Produktionsleiterin begnügt sich nur mit dem Allerbesten. Ralf Steinhaus schreibt Tag und Nacht.

Wenn alles gut läuft, dann wird er – der große Ralf Steinhaus – seine Reporterkarriere mit einem einmaligen Filmwerk krönen. Ach was – er wird eine neue Karriere starten als Filmemacher!

Reporter war gestern – jetzt winkt der Oscar für das beste Drehbuch! Wetten, dass?

44

Nach zwei grausamen, elenden Wochen in der nach Ölfarbe und Wodkakotze stinkenden Lotsenkammer, nach schweißtriefenden Fieberschüben und wilden Schmerzattacken, nach tiefster Verzweiflung, Todessehnsucht, immer neuen Komata und endlosen Delirien, die der scheinbar vollkommen zerstörte Mann seinem ärgsten Feind nicht wünscht, geht es Kurt Schröder mit einem Mal besser!

Liegt es an der ruhigen See?

An der durch das Bullauge hereinscheinenden Sonne?

An der wohligen Wärme, die endlich die Ölfarbe trocknet und die Glieder durchdringt?

Schröder wacht plötzlich ohne Schmerzen auf. Und er verspürt einen gewaltigen Hunger. Und Durst. Durst – mein Gott, kann ein einzelner Mensch solch einen Durst haben?

Wasser! Wasser!! Waasseerr!!!

Das Wasser aus dem Tieftank schmeckt nicht gut und frisch, wie es sollte. Kann es ja auch gar nicht auf so einem Kahn. Egal. Er stürzt Glas auf Glas herunter.

„Spült alles durch“, murmelt er. „Los, noch ein Glas! Eins für die Nieren. Eins für die Leber. Eins für das Hirn.“

Dann guckt er sich an, was in dem winzigen Rasierspiegel am Schott nicht so einfach ist, und erkennt sich doch ganz realistisch als einen versoffenen, unrasierten, dreckigen, stinkenden, zerlumpten, widerlichen Gestrandeten, aus dessen blutunterlaufenen Augen ihn zwei trübe Pupillen angucken, dass es ihn graust. Unwirsch reißt sich Schröder den ehemals nagelneuen Overall vom Leib, den er zwei Wochen lang anhatte, klettert aus Unterhose und Unterhemd, feuert alles in die Ecke und wankt – noch ein wenig unsicher – auf den Gang hinaus und rüber in das winzige Bad auf der anderen Seite. Dort dreht er die Dusche auf, wartet ein paar Augenblicke auf warmes Wasser, das nicht kommt. Und nimmt es dann so Atlantikkalt, wie es aus dem Tank rauscht. Aus einer blauen Flasche auf der Wandkonsole schöpft er die Flüssigseife über sich bis es schäumt. Dann findet er kein Handtuch, flucht, verlässt die Dusche und eilt, so schnell ihn seine noch klapperigen Beine tragen, hinaus an Deck. Stürzt an die Reling, an der er sich hält.

Reckt den nassen Körper in die grelle Sonne und den warmen Wind, versucht sich in tiefem Atmen. Und stößt zuletzt einen Schrei der Befreiung aus, der eher nach einem wilden Tier als nach einem eben noch todkranken Menschen klingt.

Und dann überfällt ihn der Hunger. Was hat er überhaupt gegessen die ganzen Wochen? Hat er überhaupt gegessen? Oder nicht? Nein! Und jetzt könnte er ein halbes Schwein auffressen. Schröder kommt ein albernes Lachen an. Glucksend vor Albernheit stellt er sich ein halbes Schwein in einer riesigen Konservendose vor. Na ja – vielleicht findet er Frühstücksfleisch? Oder Gulasch? Oder Corned Beef? Und Brot. Und Kartoffeln. Und ...

Aber zuerst muss er sich etwas anziehen. Als er die Kleidungsstücke sichtet, die man an Bord als Arbeitskleidung für ihn bereitgelegt hat, merkt er ärgerlich, das alle Hosen, Jacken und Overalls viel zu groß sind. Nur die zwei Paare Arbeitsschuhe passen. Wie kann das angehen? Wer sucht denn die richtigen Schuhe, aber viel zu große Kleidung aus? Er probiert und probiert. Und dann erkennt Kurt Schröder, dass alles in der Länge passt. Ärmel und Hosenbeine sind okay, genau wie die Schuhe. Doch um die Hüften und die Schultern schlottern die Stücke wie an einer Vogelscheuche.

„Du hast abgenommen, Mensch!", erkennt er erschrocken. „Mindestens fünf Kilo, wenn nicht mehr!"

Nun kommt ihm der Hunger erst recht zu Bewußtsein und er macht sich über die Konserven her. Den Inhalt einer Dose argentinisches Corned Beef verschlingt er mit einer Gabel fast ohne zu kauen. Danach gluckert ein Liter H-Milch direkt aus dem Karton durch seine Kehle. Jetzt eine kleine Büchse Pfirsichhälften in Sirup. Beim Trinken aus der Dose schneidet sich Schröder an der scharfen Kante, die der Dosenöffner hinterlassen hat, die Unterlippe auf. Der Sirup färbt sich rot, aber das bemerkt er gar nicht vor lauter Gier. Nun ist er erst mal satt, oder? Er atmet tief durch, freut sich grinsend über sein gelungenes Dreigangmenü und – muss sich sofort übergeben! Alles kommt wieder raus, zum Glück dieses Mal nicht auf seine Koje, sondern nur in den Karton mit den Dosen, denen er sein Abendessen entnommen hat. Angewidert und wütend schlurft Schröder in seine Kammer, wirft sich auf seine immer noch stinkende Koje und ist nach Sekunden eingeschlafen.

Deshalb hört er auch das Funkgerät nicht, das minutenlang plärrt: „*PELAGO CROWNE*, Kurt, hallo, Kurt, Schlepper *VITALIZY* hier, *VITALITY*. In drei Stunden sind wir vor Las Palmas. Komm an Deck und nimm die Schleppleine wahr, okay?"

Keine Antwort. Sie müssen es wieder versuchen, denn sie brauchen ihn. Die beiden Schlepper werden nacheinander zum Treibstoff bunkern in den Hafen der Inselhauptstadt Las Palmas de Gran Canaria einlaufen. Vorher muss der jeweils draußen verbleibende Schlepper beide Schlepptrossen übernehmen. Dazu muss Kurt Schröder auf das Vorschiff gehen und den Schlepper über sein Funkgerät warnen, falls sich die Trossen umeinander vertörnen. Sonst könnte es bei der weiteren Schleppfahrt zum Bruch der Trossen kommen, was für ihn und die Schleppercrews äußerst schwierige und gefährliche Manöver erfordern würde. Auf Schröder kommt also eine höchst verantwortungsvolle Aufgabe zu, von der er noch nichts ahnt. Hoffentlich kann man ihn rechtzeitig wecken!

45

Reeder Hans Heinrich Langenkamp und sein technischer Inspektor Herbert Großkopf verlassen den *CANADAIR*-Flieger in Montreal, wo die *ARGO* am gleichen Morgen eingedockt wurde. Während Großkopf die Reparatur des Unterwasserschiffes und der Tanks durch die Werft beobachten will, wird sich Langenkamp intensiv mit der Schiffsleitung über Ursache und Hergang der Grundberührung unterhalten. Auch der noch an Bord befindliche neue Lotse, der John Sinclair abgelöst hatte, ist noch da.

Die Besprechung findet in der Offiziersmesse statt. Anwesend sind Kapitän Gabianes, die beiden nautischen Offiziere Bonnhoff und Mangelsdorff sowie der Chief-Ingeneur Kiriakoulis und der Lotse. Auf dem langen Messetisch liegt das Logbuch der *ARGO* – aber nicht aufgeklappt!

Die Stimmung ist zum Zerreißen gespannt, denn Langenkamps Miene bedeutet nicht Gutes. Zumindest müssen die Männer von der Brücke damit rechnen, umgehend nach Hause geschickt zu werden, falls der Reeder zu dem Schluss kommt, dass sie die überwiegende Schuld an der Havarie des Schiffes tragen. Langenkamp kommt ohne lange Vorreden zur Sache: „Also, meine Herren – nun mal die Karten auf den Tisch! Sie hatten alle nautischen Unterlagen, Wetterberichte, zwei Seeleute mit Kapitänspatent und einen ortskundigen kanadischen Lotsen an Bord und haben dennoch mein Schiff auf die Steine gesetzt. Das hat mich bis heute fast eine Million Deutsche Mark gekostet und das ist noch lange nicht das Ende der Fahnenstange, weil wir zwei Anschlussreisen ausfallen lassen müssen und die Buchungslage für die neuen Reisen noch nicht optimal ist. Schlimmstenfalls muss ich die *ARGO* außer Dienst stellen oder sogar verkaufen. Was das für Sie alle bedeutet, muss ich Ihnen wohl nicht weiter erläutern!"

Die Stille knistert. Wer wagt das erste Wort? Gabianes räuspert sich: „Ja – Herr Langenkamp, also das mit den beiden Kapitänen müssen wir wohl ein wenig ... äh ... anders sehen. Der Herr Schröder ..."

„Geschenkt, Gabianes", fällt ihm der Reeder ins Wort. „Herr Schröder ist der erste, der über diesen Zwischenfall gestolpert ist.

Er hat in schwieriger Lage sein Schiff verlassen, ist freiwillig von Bord gegangen und hat damit sein Amt auf der *ARGO* verspielt. Deshalb erwartet ihn eine Anzeige und die Staatsanwaltschaft wird ihn verhaften lassen. Reden wir also lieber von Ihrer Verantwortung. Oder haben Sie nicht begriffen, dass Sie nach Schröders Ausfall in die Kapitänspflicht einspringen mussten?"

„Doch, ja! Und das hab ich ja auch getan. Leider habe ich mich dabei auf den Lotsen Mister Sinclair verlassen, der das Schiff am Abend der Grundberührung für mein Gefühl schon viel zu dicht unter Land manövrierte. Aber was soll man machen? Der Mann hat die Beratungspflicht und ich bin letztlich nur seinen Anweisungen gefolgt."

„Nun, Lotse", wendet sich der Reeder an den Kanadier, „was sagen Sie? War Ihr Kollege Sinclair sachkundig genug für die Beratung meiner Schiffsleitung? Wie dicht wären Sie in der Simpson Strait an die Küste herangefahren?"

„Das kann ich von hier aus nicht sagen, Sir. Ich war schließlich nicht an Bord und weiß deshalb nichts von der Wetter-, Wind- und Strömungssituation. Aber Kollege Sinclair kennt eigentlich die Gegend ganz gut. Obwohl er natürlich auch nicht unter Wasser gucken kann. Das könnte nur ein Sonargerät, das aber leider nicht an Bord der *ARGO* ist."

Langenkamp merkt, dass er die Frage falsch gestellt hat und versucht es anders: „Also gut - wenden wir uns der Lage nach dem Auflaufen des Schiffes zu. Nach dem Ankermanöver sind Sie Wache gegangen, ja?"

„Selbstverständlich, Herr Langenkamp!", antwortet Gabianes und sieht den Zweiten Offizier an. „Die erste Wache von zwanzig bis vierundzwanzig Uhr hatte Herr Bonnhoff."

„Genau. Um Mitternacht übergab ich an Mangelsdorff. Bis dahin gab es keine besonderen Vorkommnisse."

„Aha", runzelt Langenkamp die Stirn, „dann ist die *ARGO* also während Ihrer Wache auf Grund geraten, nicht wahr?"

Mangelsdorffs Antwort klingt ein wenig kläglich, als er leise beginnt: „Nein, das nicht ... also ich meine ... das schon. Aber ... aber ich konnte das nicht erkennen, weil ... tja ... das war nämlich so. Also Herr Bonnhoff hat mir die Wache übergeben und gesagt, alles sei in Ordnung. Und dann hat er noch gesagt, dass die Tiefenalarme der beiden Echolote, die waren ja eingeschaltet, also dass die nicht gepiept hätten. Und da war für mich klar, dass wir eben noch genug Wasser unter dem Kiel gehabt haben."

„Soso. Und das alles haben Sie dann ja auch im Logbuch vermerkt: Lote an, Tiefenalarme an, Wassertiefe in Metern, keine Gefahr. Kann ich das Logbuch mal sehen, bitte?"

Zögernd schiebt Bonnhoff dem Reeder die Kladde hin, ohne sie zu öffnen. Das macht Langenkamp böse.

„Und wenn Sie bitte Ihrer Liebenswürdigkeit die Krone aufsetzen und das Buch auch noch an der richtigen Stelle öffnen würden, ja?"

Dann ist es amtlich: „Aha – keine Eintragung der Wassertiefe, meine Herren Wachoffiziere. Na prima! Und warum nicht, bitte schön? Nun bin ich gespannt, wie Sie ihren Kopf aus dieser Schlinge ziehen ..." Niemand antwortet. Aber man sieht hinter den Stirnen der Männer fieberhaftes Nachdenken. Bonnhoff denkt darüber nach, warum er sich von den Passagieren und ihrer Begeisterung für das Nordlicht von seiner Pflicht hat ablenken lassen. Mangelsdorff denkt darüber nach, ob er nicht doch ausplaudern soll, dass Ralf Steinhaus ihn erpressen wollte und die Alarme angeblich selbst ausgeschaltet hat. Beide denken darüber nach, wie und wo sie ein neues Kommando (Gabianes) bzw. eine neue Heuer (Mangelsdorff) finden können. Und der Chief denkt darüber nach, dass er eine Stunde nach Mitternacht im Maschinenraum war und meinte, ein leises Schurren gehört zu haben. Nur der Lotse denkt über etwas ganz anderes nach, nämlich ob er sein Flugzeug nach Hause noch kriegt. Aber das ganze Nachdenken dauert Reeder Langenkamp zu lange. Und deshalb fällt er sein eigenes Urteil: „Tja, meine Herren: Aus meiner Sicht haben Sie, Herr Bonnhoff und Sie, Herr Mangelsdorff grob fahrlässig Ihre Pflichten als Wachoffiziere verletzt. Wenn das Seeamt bei seiner Verhandlung in wenigen Wochen zu der gleichen Einstellung gelangt, werde ich Sie entlassen. Das gleiche gilt für Sie, Herr Gabianes, wobei das Seeamt Ihnen wahrscheinlich ohnehin ihr Patent entziehen wird und ich Sie damit nicht mehr als Kapitän einsetzen kann. Eine Disqualifizierung zum Wachoffizier kommt in meinem Hause jedenfalls nicht in Betracht."

Die Männer senken die Köpfe. Aber Langenkamp ist noch nicht fertig: „Sie haben aber noch eine Gnadenfrist: Einstweilen beauftrage ich Sie, mein Schiff auf der nächsten Reise von Halifax nach Westgrönland und danach weiter nach Miami zu führen. Sollte Ihnen auf diesen beiden Reisen der geringste Fehler unterlaufen, dann werde ich Sie umgehend ablösen lassen, wobei Sie Ihre Heimflüge und die Flüge ihrer Ersatzleute selbstverständlich bezahlen werden. Das wäre dann alles. Danke!"

46

Ralf Steinhaus liefert beim NDR die erste Drehbuchfassung für seinen Dokumentarfilm „Grundberührung" ab, schreibt auf dem Bürocomputer der Vorzimmerdame eine Rechnung und kassiert zehntausend Mark.

Für die zweite und die endgültige Fassung braucht er nun ein Interview mit Kurt Schröder. Weil der aber nicht da ist, denkt sich der Reporter die Antworten Schröders einfach aus. Gute Reporter können so etwas. Sie bringen ihre Erfahrung mit Tausenden anderer Interviews ein und wissen, dass alle Menschen auf ganz bestimmte Fragen fast immer die gleichen Antworten geben. Tun sie dies nicht von selbst, dann legt der Interviewer den Leuten die Antwort in Form einer listig gestellten Suggestivfrage in den Mund und stellt sie dann im Text als authentisch dar. Eine solche Frage beginnt häufig mit den Worten „Wenn Sie die Ihnen bekannten Fakten über diesen Fall bewerten, kommen Sie dann nicht auch zu dem Schluss, dass der Täter sein Opfer gekannt haben muss?"

Außerdem braucht Steinhaus nun noch ein Interview mit Kurt Schröders Mutter Valerie. Und an die kommt er nur über seine Gattin Sylvia ran. Also ruft er sie in der Klinik an: „Hallo Sylvie, mein Schatz! Mensch, haben wir uns lange nicht mehr gesehen, was? Du, ich hab 'n paar Tage Zeit und wollte 'n bisschen ausspannen. Was meinst Du, können wir uns in Bergzabern treffen? Ich fahr gleich los!"

Sylvia Steinhaus ist total sprachlos. Was nimmt sich dieser Mann eigentlich heraus? Trampelt auf den Nerven seiner nächsten Angehörigen herum, blamiert ihr nahestehende Menschen in aller Öffentlichkeit, versucht, sie zu vergewaltigen. Und jetzt will er mit ihr ausspannen, was immer das bedeuten soll? Nein! Und außerdem: Da steckt doch wieder irgend so eine List dahinter. Wenn Ralf am Telefon Süßholz raspelt und sie Sylvie nennt, dann will er was von ihr. Bestimmt hängt es mit dem Verschwinden Kurt Schröders zusammen. Nein - ohne mich. Dieses Mal lässt sie ihn hängen!

„Tag, Ralf. Du, ich glaube nicht, dass wir gemeinsam ausspannen sollten, wie Du es nennst. Wie stellst Du dir das denn vor? Noch vor zwei Wochen hast Du mich beschimpft, weil ich mit dem kranken Kurt Schröder das Schiff verlassen habe. Inzwischen hast Du ihn aufgespürt und damit weitergemacht, ihn in der Presse in schlimmster Form zu verunglimpfen. Seine Mutter ist wegen seiner Flucht aus der Klinik mit einem Herzinfarkt zusammengebrochen. Und Du – Du willst mit mir ausspannen?"

„Ach, Sylvie, das ist es ja gerade. Ich rufe auch an, um mich nach ihrem Befinden zu erkundigen. Wie geht es Valerie? Ist sie auf dem Wege der Besserung? Ich würde sie auch gerne besuchen, wenn Du mir sagst, wo ich sie finden kann."

Sylvia geht ihrem Mann dieses Mal nicht auf den Leim.

„Das könnte Dir so passen, was? Nein, mein Lieber, hör endlich auf, mich vor Deinen schmutzigen Karren zu spannen. Valerie Schröder ist über den Berg und ich wünsche nicht, dass Du sie an der weiteren Genesung hinderst. Und jetzt – ich habe zu tun. Und ruf mich bitte nicht mehr an, es sei denn, Du hast eine gute Idee, auf welcher Basis wir künftig noch miteinander leben können. So wie in den vergangenen Wochen geht es jedenfalls nicht weiter, Ralf!"

Das saß!

Valerie Schröder ist inzwischen von der Intensivstation des Krankenhauses in ein normales Krankenzimmer verlegt worden, soll aber nach einer Woche zur Pflege und psychologischen Betreuung in Sylvias Klinik umziehen. Die beiden Frauen sind Freundinnen geworden. Nicht wegen der gemeinsamen Verantwortung für den Sohn und ehemaligen Geliebten, sondern wegen ihrer Gesinnungen, die sich ähneln. Es sind Liebe, Fürsorge und Güte, die sie füreinander spüren. Und für Kurt.

Ralf Steinhaus indes sitzt auf dem Trockenen. Jetzt muss er auch noch das Interview mit Valerie „erfinden"! Nicht, dass es ihm schwer fällt! Aber es wäre einfacher und klänge vielleicht auch echter, wenn er mit ihr hätte sprechen können. Nun ja – er macht sich ans Werk und drei Stunden später liest er befriedigt und mit einem impertinenten Grinsen im Gesicht beide Interviews durch. Ja – so ist es gut. Besser hätte es keiner seiner lebendigen Gesprächspartner ausdrücken können, so ehrlich, so wahr, so demütig, so schuldbewusst und so anrührend, dass die Leser und die Fernsehzuschauer später heiße Tränen weinen werden. Das wird ein echter Steinhaus. Da ist sich Ralf sicher!

Auch die Dreharbeiten beginnen noch rechtzeitig. Schon ist ein Kamerateam der Firma *dokumenta movie* dabei, Ralfs Handycam-Filme von Bord der *ARGO* im Studio zu bearbeiten, um sie kinoreif zu machen. In Kürze werden sie auch im größten Tankerhafen Europas, Rotterdam, drehen.

Was Ralf im Moment tun kann, ist die Agentur in Antwerpen ausfindig zu machen, um Schröders Weg an Bord der *PELAGO CROWNE* authentisch nachzuzeichnen. Es gelingt ihm tatsächlich, bei der Agentur auch die Frau aufzuspüren, die Schröder den Job an Bord übertragen hat, aber er kann sie nicht dazu überreden zuzugeben, dass sie eigentlich hätte erkennen müssen, wer dieser Mann war - nämlich der glücklose und überall in der Presse erwähnte Kurt Schröder. Mit der Aussage der ganz verstörten Frau und ihrem Foto geht Steinhaus erneut in die Presse:

Heuerbüro in Antwerpen „shangheite" ARGO-Kommodore

Wie unser Reporter Ralf Steinhaus jetzt entdeckte, agierte eine belgische Job-Agentur für Seeleute als Fluchthelfer, als sie den inkognito um Arbeit nachsuchenden Ex-Kommodore der ARGO als Wachmann auf das Tankerwrack vermittelte, auf dem er nach Indien unterwegs ist. Dies geschah nach Aussage der Beschäftigten Ellen Donkerque (Foto) in Antwerpen allerdings versehentlich: Sie erkannte nicht, um wen es sich handelte und konnte auch nicht wissen, dass Kurt Schröder bereits von den deutschen Behörden gesucht wurde.

Auf der Außenreede von Las Palmas geht ein Lotsenboot längsseits des Schleppers *ENERGY*. Man bespricht die notwendigen Manöver und weist dem Tanker eine Seeposition zu, auf der er treibend warten kann. Der Lotse will wissen, ob der Tanker bemannt ist. Statt einer Antwort, die dem Schlepperkapitän nur schwer über die Lippen kommen will, knackt plötzlich der Lautsprecher im Ruderhaus und Schröder meldet sich mit klarer, beinahe energischer Stimme: „*ENERGY*-Käptn, hier ist die *PELAGO*, Kurt Schröder, komm mal".

Erleichtert nimmt der Schleppermann den Hörer ab: „Okay, Kurt, wir haben gestoppt auf Reede Las Palmas, Lotse ist an Bord, wollen jetzt zuerst die *VITALITY* loswerfen. Komm mal auf die Back. Und nimm deine Funke mit, ja?"

Die Manöver klappen auf Anhieb. Bis auf einen kleinen Zwischenfall, der besser nicht passiert wäre: Bevor die *VITALITY* zum Bunkern den nahen Hafen ansteuert, schert sie dicht unter dem Bug des Tankers vorbei und der Skipper kommt aus seinem Ruderhaus und schreit gut gelaunt zu Kurt Schröder hinauf: „Hey Kurt, sollen wir dir was mitbringen von Land, 'ne Buddel Brandy oder so? Was brauchst du sonst?"

Schröder glaubt zuerst, sich verhört zu haben. Dann begreift er und überlegt blitzschnell, ob er die Chance beim Schopf packen soll. Schnaps! Endlich wieder Schnaps!! Schon will er zustimmen. Will „Ja, bitte, aber Wodka" schreien. Aber da ist der Schlepper schon vorbei. Der Skipper winkt ihm noch einen Gruß zu und dann schäumt das Fahrzeug der weißen Hauptstadt der Kanaren entgegen.

Beschämt wendet sich Schröder ab und ist im Grunde froh darüber, dass seine Bestellung im letzten Moment schief gegangen ist. Besser so! Was soll der Scheiß? Fang jetzt nicht wieder an mit der Sauferei! Es scheint doch so, als kommst du allein über den Berg. Stell das doch nicht wieder in Frage! Mensch, Kumpel! Alter Sack! Aus jetzt!

Aber damit ist die Sache leider nicht ausgestanden. Als die *VITALITY* nach knapp drei Stunden mit frisch gefüllten Treibstofftanks wieder auf der Reede ankommt, da wiederholt sich das Spiel. Dieses Mal kommt der große Schlepper sogar bei der *PELAGO CROWNE* längsseits und sein Skipper fordert Schröder auf, eine Leine zu ihm herunter zu lassen. Das mag Schröder nun doch nicht ablehnen. Unten bindet man eine bunte Plastiktüte an die dünne Leine und einer schreit „Hiev up!" Schröder beginnt mit zwiespältigen Gefühlen, die Tüte zu sich heraufzuziehen. Wenn sich darin Schnaps befindet, dann wird er den über Bord schmeißen, sobald der Schlepper weg ist. Doch soweit kommt es gar nicht, denn die Tüte knallt einmal heftig gegen die Bordwand. Und als er sie endlich oben hat und hineinguckt, da blickt er in eine unappetitliche Soße aus braunen Glasscherben in goldgelbem Weinbrand. Auf den Resten der Etiketten liest er noch *Brandy Solera Veterano*. Dann winkt er den Männern auf dem Schlepper ein Dankeschön zu, wendet sich schleunigst ab und schleudert die Plastiktüte auf der dem Fahrzeug abgewandten Seite in hohem Bogen über die Reling.

Das ist der Sieg! Der Sieg über sich selbst. Der Sieg über den Alkohol, der ihn hierher gebracht hat. Und der Beginn der mühsamen Rückkehr in ein Leben ohne Promille!

Die Betankung der beiden Schlepper bis zur Fortsetzung der Schleppfahrt dauert acht Stunden. Dann versinken die Kanaren im Dunst des späten Abends und eines fantastischen Sonnenuntergangs. In aufgeräumter Stimmung bereitet sich Kurt Schröder ein besonders feines Dinner zu, das er sogar an Oberdeck zelebriert. An dem kleinen Tischchen aus seiner Kabine, das er liebevoll mit Papierservietten, Besteck und Trinkglas deckt, verzehrt er als Vorspeise eine auf dem Propangaskocher erhitzte klare Oxtailsoup, danach als Hauptgericht zwei Rindsrouladen mit Salzkartoffeln aus dem Glas und grünen Bohnen und als Dessert eine kleine Dose Ananas in Scheiben. Zu trinken gibt es Multivitaminsaft aus dem Karton, getrunken aus dem Wasserglas. In der lauen Abendbrise begleiten ihn die letzten Seemöwen, gierig nach den Resten auf seinem Teller schielend, bis dunkle Wolken und kühler Wind sowohl ihn wie auch die Möwen an Land und in seine Kammer treiben.

* * *

Auf der *PELAGO CROWNE* stellt sich eine Art beschaulicher Routine ein, die Kurt Schröder viel Ruhe und Zeit zum Schlafen und Nachdenken, zum Sonnen an Deck und zur Erholung von dem endlosen Stress des arktischen Desasters der *ARGO* bringt. Sein Gesundheitszustand stabilisiert sich, weil er eine gute Konstitution hat und der jahrelange Alkoholkonsum seine inneren Organe noch nicht dauerhaft schädigen konnte. Was ihn nervt, ist die Langeweile an Bord des Wracks, die Einsamkeit ohne einen menschlichen Gesprächspartner und die Sorge um seine Mutter. Weiß sie überhaupt von seiner Flucht auf das Meer? Noch auf der Reede hat er versucht, Valerie von seinem Handy aus anzurufen. Das Gerät konnte gerade noch zwei Nummern wählen, bevor der Akku leer war. Entsetzt hat er sein Ladegerät gesucht und auch gefunden. Aber der Netzstecker passt nicht in die einzige Steckdose in seiner Kammer. Nun ist er stumm und taub und sein einziger Kontakt zur Außenwelt besteht in dem täglichen kurzen UKW-Gespräch mit den Schleppern.

Er nimmt sich vor, beim nächsten Tankstop vor Monrovia in Westafrika den Akku laden zu lassen. Bis dahin wird sich Valerie gedulden müssen und auch Sylvia, der er gerne eine Nachricht zukommen lassen würde. Leider kommt er während dieser Grübeleien nicht auf den naheliegenden Gedanken, sich der Hilfe der Schlepper zu bedienen, die natürlich über alle Möglichkeiten weltweiter Funktelefonie verfügen. Ein vorbereiteter Text, den er per UKW zum Schlepper übermittelt hätte, würde in Minuten per Telefon, Telefax oder E-Mail zu jedem beliebigen Anschluss versandt werden. Schade – er hätte den beiden an Land viel Sorge und Leid erspart.

48

In der Seestadt Emden an der Emsmündung in Ostfriesland bereitet eine Kammer des dortigen Amtsgerichts die Untersuchung des Unfalls der *ARGO* vor. Eine solche Untersuchung ist immer dann gesetzlich vorgeschrieben, wenn ein Seeschiff eine Havarie erleidet, bei der erhebliche Sachschäden oder gar Personenschäden zu beklagen sind. Der vorsitzende Richter muss kein Seemann sein, sollte aber nautische und Schifffahrtskenntnisse besitzen. Als Fachleute unterstützen ihn zwei Beisitzer, die im Hauptberuf Schifffahrtsexperten sind: erfahrene Kapitäne, Lehrer an Seefahrtsschulen oder auch Schiffsbauer.

Aufgabe eines Seeamtes ist es, am Ende einer Seeamtsverhandlung einen sogenannten Spruch zu fällen, der die Hintergründe des Unglückes erhellen und die eventuelle Schuld der handelnden Personen feststellen soll.

Ein Seeamt kann keinerlei Strafen aussprechen, sondern lediglich staatlich verliehene Befähigungszeugnisse von Seeleuten, die sogenannten Patente, aberkennen. Berührt das Verhalten eines verantwortlichen Seemannes die Strafgesetze, dann kann der Seeamtsspruch vor einem ordentlichen Gericht als Gutachten verwendet werden.

In Emden liegen bereits die Unterlagen vor, die Auskunft über die Fahrt der *ARGO* durch die Nordwestpassage geben können: das Logbuch der Brücke mit allen nautischen Eintragungen wie der personellen Besetzung der Brücke, Schiffsstandorten, gesteuerten Kurse, Geschwindigkeiten, Wetterbedingungen, besondere Manövern wie dem Ankern. Dann das Funktagebuch mit allen Eintragungen über die Kommunikation des Schiffes mit Land- und Seefunkstellen. Ferner das Maschinenlog mit den von der Brücke angeforderten bzw. von dort oben gegebenen Fahrtstufen und Maschinenmanövern.

Für die Seeamtsverhandlung benötigen der Richter und seine Beisitzer die Aussagen der an dem Unfall unmittelbar beteiligten Zeugen: Kapitän, nautische Offiziere, andere Seeleute, Maschineningenieure – kurz aller Personen, die zur Aufklärung des Unfalles beitragen können.

Im Fall der *ARGO* will der Amtsrichter als Vorsitzender des Seeamtes zunächst Kurt Schröder, die Offiziere Silvio Gabianes, Gert Bonnhoff und Günther Mangelsdorff, den Matrosen Klaus Dunker und den Lotsen Mr. John Sinclair vorladen.

Dass dies nicht gelingt, findet der Richter bedauerlich. Kurt Schröders Ladung kommt als unzustellbar zurück. Damit ist der in seinen Augen als Hauptbeteiligter anzusehende Zeuge nicht greifbar. Ebenso betrübt ihn die Tatsache, dass die kanadische Regierung es ihrem Bediensteten John Sinclair freistellt, ob er in Deutschland (oder hilfsweise vor der deutschen Botschaft in Kanada) aussagen will oder nicht. Mit dem Fernbleiben dieser beiden wichtigsten Personen kann die Seeamtsverhandlung nicht beginnen.

Es ergeht erst mal ein Ersuchen an die Polizei, Kurt Schröder aufzufinden, um ihm die Vorladung zuzustellen. Und ein weiteres Ersuchen an das Auswärtige Amt, über die Botschaft und die kanadische Behörde den Lotsen einzuvernehmen.

Auch die zweitwichtigsten Personen, nämlich die nautischen Offiziere der *ARGO* können nicht ohne Weiteres vor Gericht erscheinen, weil sie das Schiff gerade nach Grönland bringen. Und dann nach Florida.

Die Sache kommt ins Stocken.

Ins Stocken kommt auch die Verhaftung des Kommodore, die der Staatsanwalt gerne vorantriebe, wäre nur dieser blöde Tanker nicht so schrecklich langsam und wäre die Reise zweier Polizeibeamter nach Alang in Indien nicht so unmäßig teuer. Schließlich regt der Staatsanwalt an, Interpol einzuschalten.

Die Inder sollen den Tanker erwarten, Schröder von Bord holen und nach Deutschland ausliefern. Das sagen sie auch zu. Aber sie wollen ihn nur in Bombay in ein Flugzeug setzen. Ob er dann wirklich nach Deutschland fliegt oder vorher irgendwo aussteigt? Zum Beispiel in Dubai bei der Zwischenlandung zum Tanken?

Da kommt allen Beteiligten „Kommissar Zufall" zu Hilfe. Ausgerechnet der kleine Beamte Petersen findet heraus, wer Kurt Schröder in Alang am Strand erwarten will: Sylvia Steinhaus! Petersen hatte in seinen Bemühungen, Kurt Schröders Weg zu verfolgen, nicht nachgelassen und war schließlich auf Sylvias Klinikadresse gestoßen. Endlich hatte er sie am Telefon: „Guten Tag, Frau Doktor Steinhaus. Hier ist Helmut Petersen von der Staatsanwaltschaft in Bremen. Entschuldigen Sie bitte die Störung, aber ich habe eine Frage. Wie wir erfahren haben, sind Sie mit Herrn Kurt Schröder von Bord der *ARGO* an Land gegangen und dass er zunächst in Ihrer Klinik war. Wir wissen inzwischen auch, dass sich Herr Schröder jetzt auf einem Schiff nach Indien befindet. Meine Frage an Sie ist: Sind Sie immer noch seine behandelnde Ärztin und erwarten Sie Herrn Schröder vielleicht sogar zurück in Ihrer Klinik?"

Für einen Augenblick ist es still in der Leitung. Überlegt Sylvia Steinhaus blitzschnell, ob und wie sie sich aus dem Fall Schröder heraushalten sollte? Nein, im Gegenteil: „Herr Petersen, unser Patient Herr Schröder hat es ja vorgezogen, für eine Weile - na, sagen wir mal - abzutauchen, wahrscheinlich, um der ständigen Diffamierung seiner Person in der Presse und den Nachstellungen von Reportern zu entgehen. Außerdem glauben wir, dass Herr Schröder versuchen will, sein persönliches Gesundheitsproblem allein auf dem Schiff zu lösen. Ich hoffe sehr, dass es ihm gelingt. Ich habe mir aber auch vorgenommen, bei der Ankunft des Schiffes in Alang in Indien zu sein, um ihn dort abzuholen und sicher nach Hause zu begleiten. Sind Ihre Fragen damit beantwortet?"

Petersen ist erleichtert und froh über diese Antwort und versucht nun, Sylvia Steinhaus als Gehilfin vor seinen Karren zu spannen: „Das höre ich mit Freude, Frau Doktor. Und Sie würden uns einen riesigen Gefallen tun, wenn Sie uns mit ihrem Vorhaben unterstützten. Zwar wird Herr Schröder in Deutschland dem Untersuchungsrichter vorgestellt werden müssen, weil eine Anklage gegen ihn erhoben wurde. Aber wenn Sie ihn dazu bewegen könnten, dass er sich freiwillig stellt und erneut in Ihrer Klinik aufgenommen wird, dann wird man ihn sicher nicht in Untersuchungshaft nehmen."

„Schön, Herr Petersen! Ich bin über die Dinge informiert und will versuchen, Herrn Schröder in Ihrem Sinne zu beraten. Ich glaube übrigens nicht, dass er sich wirklich schuldig gemacht hat. Aber das müssen dann wohl die Gerichte feststellen, nicht wahr?"

Petersen fertigt einen langen Aktenvermerk für den Staatsanwalt an und erntet dafür großes Lob. Die Akte Schröder enthält nun auf dem vorderen Deckel einen Vermerk: WARTEN AUF FREIWILLIGE RÜCKKEHR DES BEKLAGTEN!

Dem Beklagten geht es zunehmend besser.
Seinen eintönigen und einsamen Tagesablauf hat er durch einen straffen Stundenplan derart diszipliniert, dass er manchmal kaum die Zeit findet, alle seine Aktivitäten wirklich durchzuziehen: 7 Uhr Aufstehen, schnelles Joggen über die immerhin 300 Meter lange Tankerbrücke, dreimal von den Aufbauten am Heck zum Vorschiff und zurück gegen die Uhr.
7 Uhr 30 Rasieren, Duschen, Körperpflege
8 Uhr Frühstück mit Dosenbrot, Spiegel- oder Rührei, Frühstücksfleisch oder Corned Beef, Kaffee, Milch, Saft abwechselnd
9 Uhr Aufräumen der Kammer, Bett machen, Müll an Deck in die Tonne. Saubermachen der Kammer, des Proviantraumes und des Bades

11 Uhr Rundgang an Deck, Überprüfen des Zustandes der Schlepptrossen auf dem Vorschiff auf eventuelle Scheuerstellen. Überprüfen der Tagsignale und Flaggenleinen am Signalmast über der Kommandobrücke. Klarmeldung an die Schlepperkapitäne mittels UKW-Handy, Klönschnack über Wetter, Weltpolitik, Befinden
12 Uhr Inspektion des Generators im Maschinenraum, Ölstand prüfen, Dieseltank Füllstand peilen, Bordnetzspannung prüfen, Wasserstand in der Bilge prüfen. Bei Unregelmäßigkeiten die Schlepper verständigen, ggf. Hilfe anfordern
13 Uhr Mittagessen, meistens eine Dose Eintopf, seltener Fleisch/Kartoffeln/Gemüse, Dessert
13 Uhr 30 Abwaschen, Abtrocknen, „Küche" säubern. Müll an Deck in die Tonne
Danach war Schröder meist etwas erschöpft. Er legte sich hin und schlief zwei Stunden.
16 Uhr Kaffee und Kekse an Deck an einem sonnigen (oder, je nach Wetterlage) schattigen Plätzchen. Beobachtung der Wellen und der Tiere.
Da die Route des Schleppzuges oft in Sichtweite von Küsten verläuft, umschwärmen viele Seevögel - meist Möwen, Alks, Lummen und gelegentlich sogar Pelikane - das Schiff, während er auf

offener See auch die riesigen Albatrosse antrifft, die sich in kunstvollem Schwung aus den Wellentälern erheben und elegant hinter dem Heck einher segeln.

Auch viele Meerestiere begleiten die *Pelage Crowne.* Fliegende Fische schwirren an den Bordwänden entlang. Große Schulen von Delphinen spielen stundenlang in der Bugwelle. Vereinzelt lugt auch mal ein Wal aus dem Wasser und einmal sieht Schröder das wunderbare Schauspiel einer wohl zwanzig Meter langen Buckelwalmutter mit ihrem „erst" drei Meter großen Baby.

18 Uhr Zum frühen Abend geht Schröder dann ans Heck des Tankers, um die bewusste Tonne zu leeren. Er tut dies noch bei Tageslicht und immer zur selben Zeit, weil die Seevögel die Abfälle dann sofort entdecken und sofort kreischend mit deren Vertilgung beginnen, sodass zum Schluss nur noch Verpackungsreste übrigbleiben, die rasch in der See versinken.

19 Uhr Abendessen, kalt mit Dosenbrot und Belag wie zum Frühstück

20 Uhr Abwäsche und Aufräumen

21 Uhr Rundgang an Deck, Überprüfung der Nachtsignale: Topplichter, Positionslampen, Schlepplicht. Dann Radio hören: *Deutsche Welle*!

Als Schröder in der vierten Woche der Reise ein defekte Glühbirne im hinteren Topplicht entdeckt, macht er sich kurz entschlossen auf den Weg in den Maschinenraum, findet tatsächlich in der ehemaligen Werkstatt der Elektriker einen Schraubenzieher und sogar Ersatzglühbirnen und klettert über die verrostete und dreckige Leiter hinauf in schwindelnde Höhe. Es dauert eine geschlagene Stunde, bis er das ebenfalls verrostete Lampengehäuse aufgefummelt und die Birne ersetzt hat, weil er nur mit einer Hand arbeiten kann und sich mit der anderen festhalten muss. Völlig erledigt und total schmutzig schleppt er sich in stockdunkler Nacht in seine Kammer und fällt, so wie er ist, in die Koje.

Nein – so etwas wird er sich nicht noch einmal zumuten!

Aber als der Schleppzug mit der *PELAGO CROWNE* in der vierten Woche bei glühender Äquatorhitze vor Monrovia ankommt und das Übernahmemanöver der Schlepptrosse durch die *VITALITY* schief geht, ist er wieder fit: Er verhindert sogar das Vertörnen der beiden Trossen unter dem Bug des Tankers, indem er mit einer dicken Holzlatte dazwischen geht, mit denen er die Trossen trennt, bis der Zug nachlässt und die Trossen klar laufen.

Am Nachmittag bittet er sogar, von einem der Schlepper mit an Land genommen zu werden. Der Skipper stimmt sofort zu. Schröder lässt eine an Deck bereitliegende Strickleiter, die sogenannte Lotsenleiter, an der Bordwand hinab, klettert an Deck der *ENERGY* und fährt mit zur Tankpier. Die liegt im abgesperrten Freihafen der Stadt und er gelangt nicht in die Stadt, aber auf der Tankpier gibt es einen Schiffshändler und der hat genau, was Kurt Schröder braucht: einen Universalstecker für die Steckdose in seiner Kammer. Damit wird er sein Handy aufladen. Und - endlich - mit seiner Mutter telefonieren. Und mit Sylvia!

Glücklich und stolz verachtet er die langen Regale mit den zollfreien Alkoholika, lässt sich an Bord der *ENERGY* zu einem starken Mokka einladen, klönt mit der Besatzung und kehrt gut gelaunt auf seinen Tanker zurück. In seinem Bewusstsein verankert sich die Zuversicht, auf dem besten Wege in die Abstinenz zu sein.

Gut, dass er die Statistik der Rückfälle nicht kennt. Danach ist seine Chance, die harte Prüfung, der er sich freiwillig gestellt hat, nicht zu bestehen, groß. Nur dreißig Prozent aller Alkoholiker bleiben trocken. Der große Rest rutscht in die soziale Isolation mit all ihren dramatischen Folgen ab: Verlust des Arbeitsplatzes, der Wohnung, der zwischenmenschlichen Beziehungen, der Gesundheit und schließlich des Lebens ...

50

Noch am selben Abend hat er - mit dem Handy an der Steckdose - Valerie in der Klinik am Telefon. Die ist überglücklich, kann zuerst kaum sprechen vor Rührung und Erregung. Außerdem ist das Mobilfunknetz schwach und die Verständigung nicht die beste.

„Mein Junge ... wo bist Du denn? Wie geht es Dir? Was machst Du nur für Sachen? Ich hab mir solche Sorgen gemacht, Kurt!"

Nachdem er seine Mutter beruhigt und getröstet hat, bittet er sie, ihm Sylvia ans Telefon zu holen. Aber das klappt nicht.

„Wahrscheinlich macht sie gerade die Abendvisite, Kurt. Soll ich sie bitten, zurückzurufen?"

„Das kannst Du tun, Mutter. Aber wir laufen gleich aus und ich weiß nicht, wie lange ich noch erreichbar bin. Falls ich sie nicht selber sprechen kann, richte ihr bitte meine Grüße aus und sage ihr, dass ich über den Berg bin, ja? Ich hoffe, sie freut sich dann."

„Das wird sie, Kurt. Ich glaube, sie macht sich ebensolche Sorgen um Dich wie ich. Das kannst Du mir glauben. Sie ist eine ganz Liebe, weißt Du?"

„Ja, Mutter, das weiß ich. Und nun tschüss erst mal. Wir bleiben in Kontakt. In zwei Wochen werden wir vor Kapstadt sein, dann rufe ich Euch auf jeden Fall wieder an!"

Sylvia Steinhaus erfährt an diesem Abend sehr spät von Kurt Schröders Anruf und ihr sofortiger Rückruf bleibt ohne Erfolg: „The person you are calling is not availible at time, please call again later!"

Dennoch ist sie glücklich. Aber dass ihr Patient schon über den Berg sein will, daran glaubt die erfahrene Suchtärztin noch lange nicht. Dazu hat sie zu viele Rückschläge bei jeder nur möglichen Therapie erlebt. Sie liegt in dieser Nacht noch lange wach und versucht, sich darüber klar zu werden, was sie eigentlich für Kurt empfindet. Ist es vor allem die ärztliche Sorge um seine bereits angegriffene Gesundheit? Um den Verlauf des unglaublich harten und kräftezehrenden Entzuges an Bord? In welchem Zustand werde ich ihn wiedersehen in Alang am Strand? Wird er mir nach Deutschland folgen? Was werden die Behörden mit ihm machen? Wird er schuldig gesprochen und nie wieder das Kommando eines Schiffes bekommen? Kurt Schröder ist noch jung. Viel zu jung, um die Hände in den Schoß zu legen. Aber wohl zu alt, um etwas vollkommen Neues zu beginnen. Wie kann ich ihm helfen? Will er das überhaupt? Will er überhaupt etwas von mir? Sie hofft es und bangt gleichzeitig darum. Ja – Sylvia spürt so etwas wie Sehnsucht nach ihm. Wenn es doch nur bald so weit wäre und sie in den Flieger steigen könnte!

Zehntausend Kilometer weiter südlich und zur fast gleichen Uhrzeit liegt auch Kurt Schröder schlaflos auf seiner Koje und denkt die gleichen Gedanken. Sein Handy ist eingeschaltet, aber das Balkendiagramm im Display zeigt keinerlei Empfangsfeldstärke an. Konnte Mutter ihr schon meine Nachricht überbringen? Wird sie ihr glauben, dass es mir so gut geht? Werde ich sie wiedersehen? Vielleicht brauche ich nach dieser langen Reise gar keinen ärztlichen Beistand mehr? Wie soll ich ihr klar machen, dass ich sie trotzdem wiedersehen will? Nein – wiedersehen muss! Und dann? Was will ich von ihr? Mich bedanken für ihre Fürsorge, klar! Was sonst? Ist da nicht mehr als Dankbarkeit? Vielleicht Sehnsucht nach all der Einsamkeit auf diesem verfluchten Wrack, das mir dennoch das Leben rettet? Ja – Sehnsucht! Aber dann: Was soll der Quatsch, du Blödmann? Die Frau ist verheiratet. Gegen ihren Mann, den Steinhaus, hast du doch überhaupt keine Chance! So wie der reden kann. So weltgewandt, wie der auftritt. Lass es! Du darfst dich nicht wieder verlieben, so wie damals an der Elbe. Das hat keine Zukunft. Du bist doch nur auf See zu Hause. Was weißt du von dem Leben an Land? Nichts!

Aber dann kommt Kurt Schröder die Angst. Die Angst vor eben dieser Zukunft. Was, wenn die mich verurteilen, weil ich mein Schiff im Stich gelassen habe? Wenn die mir mein Patent abnehmen? Ich kann nichts, außer ein Schiff führen! Was bin ich an Land? Eine Null! Wer will schon eine Null? Sylvia Steinhaus, die erfolgsverwöhnte Ärztin mit eigener Klinik? Wahrscheinlich Millionärin? Würde sie mich wollen, wenn – nur mal angenommen, ihr Mann der Ralf Steinhaus ... ach, hör jetzt auf! Schluss! Aus!! Schlafen!!!

Es ist früher Morgen und die Sonne geht über der Küste Südafrikas auf, als Kurt Schröder endlich Schlaf findet.

51

Auf der Reede vor Kapstadt treffen neue Nachrichten für Kurt Schröder ein. Die *PELAGO CROWNE* hat noch nicht einmal ihre Seeposition für das nächste Tankmanöver der Schlepper erreicht, als auch schon sein Handy klingelt.

Zuerst ist es Sylvia, die ihm aus dem Hörer heraus förmlich um den Hals fällt. Sie reden fünfzehn Minuten miteinander. Über seine Eigentherapie und ihre Sorge um den Erfolg. Über ihren Plan, ihn in Alang abzuholen. Über den Prozess und seinen möglichen Ausgang. Über Valeries Gesundheitszustand und Ralf Steinhaus neueste Pläne, einen Film zu machen. Und dann sprechen sie plötzlich ganz vertraulich nur noch über sich selbst: „Kurt, ich möchte Dich etwas sehr persönliches fragen. Ich vermisse Dich. Wie ist es bei Dir?"

„Das ist sehr schön, Sylvia. Mir geht es ebenso. Ich bin sehr einsam hier auf dem riesigen Schiff und habe niemanden zum Reden. Dafür hab ich unendlich viel Zeit zum Nachdenken. Nach meinem Telefongespräch mit Mutter von Monrovia aus hab ich die ganze Nacht wach gelegen, weißt Du ..."

„Du - und ich auch, nachdem sie mir Deine Nachricht berichtete. Ich wäre so gerne bei Dir an Bord."

„Na, und was würde Dein Mann dazu sagen?"

„Ach, weißt Du, Ralf jagt immer neuen Sensationen nach. Wir haben uns nicht mehr gesehen, seit ich mit Dir von Bord bin und ich vermisse ihn nicht. Wenn er mich anruft, dann nur, um mich auszunutzen. Neulich wollte er unbedingt, dass ich ihm einen Kontakt zu Deiner Mutter vermitteln sollte. Nein, Kurt, da ist nicht mehr viel zwischen uns."

„Brich nichts übers Knie Sylvia. Lass uns erst zusammen sein. Kann sein, dass ich Dich dann in die Arme nehme."

„Ich hätte nichts dagegen, Kurt. Nein - ich wünsche es mir!"

Die nächste Nachricht kommt von Petersen.

„Tag, Herr Schröder. Petersen, Staatsanwaltschaft Bremen. Endlich erreiche ich Sie mal persönlich."

Schröder weiß nicht, was er von dieser Ansprache halten soll. Wieso freut sich die Staatsanwaltschaft darüber, ihn sprechen zu können? Herrscht zwischen einem Ankläger und seinem Beklagten nicht eher eine Art Feindbild? Er sagt erst mal nichts.

„Tja – ich habe kürzlich mit Ihrer Ärztin gesprochen, die mir erklärte, dass sie Sie nach Ihrer langen Reise in Indien abholen will. Wissen Sie schon davon?"

„Ja."

„Schön. Dann möchte ich Ihnen eine gute Nachricht überbringen: Wenn Sie sich nach Rückkehr zu einer ersten Aussage bei uns einfinden, werden wir Sie bis zur Seeamtsverhandlung auf freiem Fuß belassen, vorausgesetzt Sie bleiben in Deutschland zu unserer Verfügung. Kann das so laufen, Herr Schröder?"

„Ja."

„Gut. Dann lassen Sie es uns so vereinbaren, ja? Ich mache mir einen Aktenvermerk über dieses Gespräch. Vielen Dank Herr Schröder. Und weiter – na, eine gute Reise kann ich Ihnen wohl eher nicht wünschen? Aber weiterhin gute Besserung vielleicht?"

„Danke."

Beim dritten Anruf hört Schröder mit Erleichterung und Freude die klare und feste Stimme seiner Mutter, die ihm von ihrer wiederhergestellten Gesundheit berichtet und versucht, ihm Zuversicht zu geben: „Sei unbesorgt, Kurt. Ich glaube, Du wirst viel Fürsprache haben, wenn Du zurück bist. Deine Ärztin Sylvia ist mir eine große Stütze und Dir wird sie auch beistehen."

Dann meldet sich die *ENERGY* über UKW und sie müssen das Gespräch beenden.

„*PELAGO CROWNE, ENERGY* hier. Bitte kommen!"

„Ja, Kurt am Telefon, moin?"

„Ja, moin, Kurt. Du – neue Order von unserer Reederei. Die Zeit wird knapp. Wenn wir den nächsten Termin für das höchste Monatshochwasser in Alang erreichen wollen, damit Dein Dampfer gut auf den Strand kommt, dann müssen wir jetzt Gas geben. Wir bunkern deshalb heute nicht in Kapstadt, sondern laufen gleich weiter. Die nächsten beiden Male werden wir auf See betankt. Und in genau vier Wochen müssen wir da sein."

„Ja – verstanden. Geht das denn mit dem Betanken? Bei schwerem Wetter?"

„Bei schwerem Wetter natürlich nicht. Aber bei den Seychellen und dann nördlich der Malediven ist das kein Problem. Da ist es fast immer ruhig wie auf einem Ententeich."

„Schön! Na, dann hab' ich ja endlich Zeit, mich mal richtig zu erholen. War ja nicht auszuhalten, der ewige Stress beim Bunkern, nicht? „Na: Dir scheint's ja richtig gut zu gehen, was? Machst ja Witze!"

„Alles Galgenhumor. Over."

Die weitere Reise der *PELAGO CROWNE* verläuft ohne Zwischenfälle. Die geplante Treibstoffübernahme auf See gelingt problemlos und sogar, ohne dass die Schlepper die Trossen lösen müssen: Sie gehen auf langsame Fahrt herunter, nehmen den kleinen Tanker zwischen sich, übernehmen die Schläuche und lassen zwei Stunden lang ihre Ölbunker volllaufen.

Dann, eines sonnigen und trotz der frühen Stunde schon glühend heißen Morgens ohne jeden Windhauch taucht an der östlichen Kimm die indische Küste auf. Wenig später gehen die Schlepper im Golf von Khambhat – 150 km nördlich von Bombay - mit der Fahrt herunter. Bald erscheint ein Lotsenboot und geht bei der *VITALITY* längsseits. Die Lotsen steigen über und besprechen mit den Schlepperkapitänen das gewaltsame Strandungsmanöver des Supertankers in einer etwa 200 Meter breiten Lücke zwischen Dutzenden anderer Wracks.

Der Tanker muss bei dem gerade einsetzenden Hochwasser mit dem Bug so dicht wie möglich an die Slumstadt mit den armseligen Hütten der Tausenden von Arbeitern herangeschoben werden, um bei Ebbe auf ganzer Länge trocken zu fallen. Nur so können die Männer mit den Schweißbrennern das Schiff in wochenlanger Arbeit in kleinste Sektionen zerlegen, die mit schweren Lastwagen abtransportiert werden. Kräne und schweres Gerät kann man auf dem Sandgrund nicht einsetzen. Was hier geleistet werden muss, das ist schwerste körperliche Handarbeit unter steter Lebensgefahr.

Nach den Instruktionen der Schlepperkapitäne kommt das Lotsenboot zur *PELAGO CROWNE.* Schröder lässt die Lotsenleiter herunter und sechs Inder in khakifarbenen Overalls klettern an Bord. Vier von ihnen beginnen damit, die beiden Schlepper am Heck der todgeweihten *PELAGO CROWNE* zu vertäuen, um sie auf den Strand zu schieben. Die anderen zwei erklären Schröder in holperigem Englisch, dass man zuerst die Ballasttanks leer pumpen wird, damit der Tiefgang des Schiffes auf ein Minimum verringert wird. Das machen die Männer selbst, indem sie für eine Stunde im Maschinenraum verschwinden. Tausend Tonnen Ballastwasser fließen in dickem Strahl aus den Lenzventilen außenbords.

Dann geht alles schnell. Sie nehmen Schröder mit von Bord. Er darf gerade noch das teure Weltradio, eine zweite Garnitur Unterwäsche, sein Telefon und das UKW-Handy in seinem Seesack mitnehmen, bevor ihn das Lotsenboot in rasender Fahrt an Land bringt. Im Vorbeifahren winkt er den Schleppern und ihren Crews, die er vermutlich nicht wiedersehen wird, einen letzten Gruß zu.

Dabei befällt Schröder kurzzeitig eine wehmütige Stimmung. Sechsundfünfzig Tage und Nächte lang verbanden ihn und sein Schiff zwei zehn Zentimeter dicke, tausend Meter lange Stahltrossen und eine hauchdünne unsichtbare Funkbrücke mit dem Rest der Welt. Sie schleppten ihn und das Schiff über die unendliche Weite zweier Ozeane.

Das Schiff in den grausamen Tod der Schneidbrenner.

Und ihn – in ein neues Leben?

Das jedenfalls hofft Kurt Schröder.

Und als er auf dem wackeligen Anlegesteg vor den Slums von Alang zwischen all den dunkelhäutigen Schrottbrennern die schlanke Gestalt einer blonden Frau entdeckt, da weiß er es. Denn die Frau ist Sylvia Steinhaus. Sie fallen sich in die Arme. Kurt Schröders lange Reise ist zu Ende ...

52

Saal Nummer 12 im Amtsgericht zu Emden ist gut besetzt, als der vorsitzende Richter mit seinen beiden Beisitzern und der Schriftführerin auf dem altmodischen Podium Platz nimmt.

Unten sitzen die als Beteiligte geladenen Männer der Schiffsleitung der *ARGO* Kurt Schröder, Silvio Gabianes, Gert Bonnhoff und Günther Mangelsdorff. Als Zeugen nehmen der Matrose Klaus Dunker und Bordarzt Dr. Eugen Groth teil.

Im Saal folgen der Verhandlung neben etwa fünfzig interessierten Zuschauern auch Reeder Hans Heinrich Langenkamp mit seinem nautischen Inspektor Hans Köster, der Kartograph Werner Popp, Valerie Schröder und Dr. Sylvia Steinhaus. Etwas abseits auf einem Stuhl am Gang sieht der Richter den Beamten der Staatsanwaltschaft Petersen, den er kennt, und nickt ihm einen Gruß zu.

In der letzten Reihe haben eine Gruppe von Fotoreportern ihre Stative aufgebaut. Natürlich ist auch Ralf Steinhaus unter ihnen, der mit dem zu erwartenden Spruch des Seeamtes den vorletzten Mosaikstein in seine journalistischen Meisterleistung im „Fall *ARGO*" einfügen wird.

Neben der Tür zum Gerichtssaal haben zwei Justizwachtmeister Aufstellung genommen - eine alltägliche Routinemaßnahme, um Störungen der Verhandlung zu unterbinden.

Es ist genau zehn Uhr, als der vorsitzende Richter die Verhandlung eröffnet: „Guten Morgen allerseits. Im Fall der Grundberührung des unter Deutscher Flagge fahrenden Passagiermotorschiffes *ARGO* der Reederei *Atlantic Lloyd* Bremen, das vermutlich in der Nacht zum Donnerstag, 11. Juli 1996, in der kanadischen Nordwestpassage, genauer in der Simpson Straße etwa eine halbe Seemeile südlich des Ufers der King Williams Insel Grundberührung hatte, haben wir gemäß Seeunfalluntersuchungsgesetz Paragraph 3, Absatz 1, Satz 1 bis 4 den Unfallhergang aufzuklären.

Als Zeugen im Verfahren sind die unmittelbar Beteiligten Personen der Schiffsführung sowie ein Matrose, der Bordarzt und der kanadische Lotse geladen. Letzterer konnte der Ladung nicht folgen. Eine diesbezügliche Anfrage über die Deutsche Botschaft bei der kanadischen Regierung, Innenministerium, Abteilung Seeverkehr wurde dahingehend abschlägig beschieden, dass der Lotse Herr John Sinclair nicht abkömmlich sei, ersatzweise aber eine eidesstattliche Verhandlungsschrift vor dem Marineattaché der deutschen Botschaft erstellt worden sei und dem Seeamt übersandt werde."

Der Richter blättert in den Akten und hält ein Blatt Papier hoch: „Richtig. Die Aussage des Lotsen ist bei den Akten und wird als Beweisstück beigezogen, falls erforderlich."

Die anwesenden Zeugen werden jetzt namentlich genannt und ersucht, etwa falsche Details zu ihrer Person sogleich geltend zu machen: Kurt Schröder, Seemann mit Befähigungszeugnis AG, Kapitän auf Großer Fahrt, Kommodore auf MS *ARGO* zum Zeitpunkt des Unfalls, geboren am/in, derzeit wohnhaft in ...,

Silvio Gabianes, Seemann mit Befähigungszeugnis AG, Kapitän auf Großer Fahrt, Erster Offizier auf MS *ARGO* zum Zeitpunkt des Unfalls,

Gert Bonnhoff, Seemann mit Befähigungszeugnis AWG, Wachoffizier auf Großer Fahrt, zweiter Offizier an Bord MS *ARGO* zum Zeitpunkt des Unfalls,

Günter Mangelsdorff, Seemann mit Befähigungszeugnis AGW Wachoffizier auf Großer Fahrt, Dritter Offizier MS *ARGO* zum Zeitpunkt des Unfalls,

Klaus Dunker, Seemann, Vollmatrose an Bord MS *ARGO* zum Zeitpunkt des Unfalls,

Dr. Eugen Groth, Arzt für Allgemeinmedizin, Bordarzt auf MS *ARGO* zum Zeitpunkt des Unfalls.

„Sind diese Angaben richtig oder hat jemand Einwände oder Berichtigungen? Das ist nicht der Fall. Gut. Dann beginnen wir mit der Verhandlung. Ich bitte Sie, der Reihe nach zu schildern, wie es zu der Grundberührung der *ARGO* kam. Bitte, Herr Schröder, kommen Sie doch hier nach vorn und nehmen Sie auf dem Zeugenstuhl Platz, ja?"

Kurt Schröder erhebt sich, geht die wenigen Schritte zu dem Stuhl, der neben dem Richtertisch steht. Aber er setzt sich nicht, sondern sieht den Richter und die Beisitzer an und sagt: „Das weiß ich nicht."

Gemurmel im Saal. Der Richter stutzt: „Wie – das wissen Sie nicht? Wieso nicht? Sie waren der ... der Kommodore, oder?"

„Das stimmt. Aber ich war zum Zeitpunkt des Unfalls nicht dienstfähig. Ich lag krank in meiner Kabine."

Erneut Unruhe im Publikum.

„Ach so. Na dann ... tja ... dann haben Sie von der Grundberührung überhaupt nichts mitgekriegt, oder wie?"

„Nein."

„Und - Sie waren krank. Wem hatten Sie das Kommando denn übertragen? Wer führte das Schiff verantwortlich an Ihrer Stelle?"

Nun setzt sich Kurt Schröder doch auf den Zeugenstuhl: „Ja, das war eigentlich schon vorher geregelt. Ich ... äh ... ich sollte mich hauptsächlich um die Passagiere kümmern. Das hatte mir der Reeder vor meiner Abreise an Bord gesagt. Und ich habe das dann zu Beginn der Reise Herrn Gabianes, dem Ersten Offizier gesagt. Deshalb nehme ich an, dass er die *ARGO* führte, als sie an Grund geriet."

Ungläubiges Raunen im Publikum. Auch der Richter ist erstaunt.

„Hm, das hört sich alles ein bisschen befremdlich an. Sie sagen, Ihr Reeder hat Sie beauftragt, ihr Amt als Kapitän dem ersten Offizier zu übertragen, damit Sie sich um die Passagiere kümmern können? Hab' ich das richtig verstanden?"

Bevor Kurt Schröder aber antworten kann, erhebt sich Reeder Langenkamp im Publikum und ruft dazwischen: „Also, Herr Richter, ich muss hier jetzt aber mal eingreifen und etwas klarstellen ..."

„Moment, Moment - wer sind Sie denn, bitte? Sie können hier nicht einfach ..."

„Mein Name ist Langenkamp, ich bin der Reeder der *ARGO* und was der Herr Schröder da sagt, das ist so nicht richtig. Ich habe ihm lediglich klar gemacht, dass er zu seiner Unterstützung ja noch einen weiteren Offizier mit Kapitänspatent an Bord hat, falls er wegen seiner Pflichten als Kommodore bei den Passagieren mal kurzzeitig nicht auf der Brücke sein könne. Dass Herr Schröder dann aber wegen seiner ... seiner ... äh, hm ... Krankheit dauerhaft ausfallen würde, habe ich erst viel später erfahren." Langenkamp setzt sich wieder hin.

„Hm - tja, dann können Sie also gar nichts darüber aussagen, wie es zu dem Unfall kam. Und wer kann hier nun mal Klartext reden? Also dann, der Nächste bitte. Herr Gabianes, nicht wahr?"

Silvio Gabianes löst Schröder auf dem Zeugenstuhl ab und nimmt Platz. Schröder wirft Langenkamp einen wütenden Blick zu. Und Gabianes beginnt: „Also, das war so, Herr Richter, an dem Abend, als es passierte, wollten wir zu Anker gehen, außerhalb des Fahrwassers und möglichst dicht unter Land wegen der Passagiere, damit die nicht so weit gefahren zu werden brauchten mit den Schlauchbooten. Das machen wir beim Landgang immer so, wenn es geht. Na, der Lotse Mister Sinclair fuhr mir ein bisschen zu dicht an die Küste und ich sagte ihm das auch. Aber er meinte, das sei okay und schließlich ließen wir auf ... äh, ich glaube ... ja, wohl so auf vier Metern Wasser die Anker fallen."

Der Richter blättert im Logbuch der *ARGO,* das als Beweisstück vor ihm liegt und bestätigt die Aussage des Ersten Offiziers.

„Gut. Und weiter. Warum kam das Schiff fest? Haben die Anker nicht gehalten? Trieb die *ARGO* ab auf ein Flach, oder ...?"

„Nein, das nicht. Also ... Herr Richter ... ehrlich gesagt, ich weiß nicht, warum das Schiff später auf Grund geriet. Eigentlich hätte das nicht passieren können. Das heißt, passieren können hätte es vielleicht schon. Aber die Wachoffiziere hätten es bemerken müssen. Weil – ja, weil ... die Echolote, die liefen doch. Und die melden, wenn es zu flach wird. Dann gibt's eine Piepton. Einen lauten. Aber die haben keinen gehört. Sagen sie jedenfalls."
Der Richter schüttelt entgeistert den Kopf: „Na schön. Und wo waren Sie, als es passierte? Wurden Sie gleich gerufen?"

„Ich war – glaube ich – beim Dinner mit den Fahrgästen und dann in meiner Kabine. Ich wurde erst morgens gegen vier Uhr aus dem Schlaf geholt. Vom Dritten Offizier Mangelsdorff. Dann bin ich natürlich sofort auf die Brücke, aber da saß die *ARGO* schon auf." Der Richter tuschelt – offenbar genervt und ratlos – mit seinen Beisitzern. Dann meldet sich der nautische Beisitzer zu Wort, ein in Ehren ergrauter ehemaliger Kapitän und nach seiner Fahrenszeit zuerst Lotse auf der Weser und zuletzt Lehrer an der Seefahrtsschule: „Meine Herren, spüre ich bei Ihnen eine gewisse Konfusion oder irre ich mich? Da ist die Rede von einem Kommodore, der dauerhaft als Schiffsführer ausfällt und annimmt, dass nun sein erster Offizier sein Schiff führt. Darf man erfahren, warum der Kommodore ausfiel und was Sie unter dauerhaft verstehen?"

Für einen Augenblick stockt das Geschehen. Wer soll diese Fragen beantworten? Doch da erhebt sich auch schon mutig Bordarzt Dr. Groth und tritt vor: „Herr Richter, ich habe als einer der Ersten an Bord davon Kenntnis erhalten, dass der Kommodore ... nun, ja ... dass der Herr Schröder ein Alkoholproblem hat. Meine ärztliche Schweigepflicht ist hier nicht mehr berührt, denn über diese Krankheit des Herrn Schröder haben sich ja schon gewisse Reporter (Groth schaut Ralf Steinhaus an, der merklich zusammenzuckt) in der Boulevardpresse öffentlich ausgelassen. Und deshalb kann ich ..."

Wieder ist es Reeder Langenkamp, der aufspringt und lautstark in die Verhandlung eingreift: „So ist es, Herr Richter. Mein Kommodore hat mich und die ganze Besatzung der *ARGO* getäuscht, und zwar arglistig getäuscht, als er meiner Bitte nachkam, für seinen verstorbenen Vater einzuspringen und Kommodore auf der *ARGO* zu werden. Aber damit kommt er nicht durch: Ich habe ihn angezeigt wegen grob fahrlässiger Pflichtverletzung und er wird dafür hoffentlich hart bestraft werden und dann ..."

Jetzt schreit aber Dr. Groth den Reeder an: „Nein, Herr Langenkamp, so ist es nicht! Herr Schröder ist kein vorsätzlicher Trinker, sondern ein nicht schuldfähiges Opfer einer Psychose, die er nicht zu vertreten hat!"

Lautes, erregtes Raunen des Publikums, dann die donnernde Stimme des Richters: „Ruhe bitte, meine Damen und Herren, Ruhe im Saal!"

Und an die Kontrahenten gewandt, mit gemäßigtem, aber autoritärem Tonfall: „Wir sind hier nicht in einem Gerichtssaal, nicht wahr? Ich wiederhole: Es geht hier ausschließlich um die Frage, warum ein Schiff auf Grund geraten und wer gegebenenfalls dafür verantwortlich ist. Wir fällen hier einen Spruch, der vor einem ordentlichen Gericht als Gutachten für ein Strafverfahren verwendet werden kann. Weiter nichts. Ich stelle jetzt fest, dass sich jedenfalls mindestens ein Inhaber eines Kapitänspatents an Bord befunden hat, der offenbar wusste, dass der ernannte Schiffsführer - aus welchen Gründen auch immer - das Schiff nicht führen konnte und der es deshalb für den ausgefallenen

Kapitän tun musste. Stimmen Sie mir darin zu, Herr Kapitän Gabianes?"

Der Genannte verbeugt sich artig. Der Richter fährt milde fort: „Na also. Was sind Ihre Erkenntnisse darüber, Herr Gabianes, dass die bevorstehende Grundberührung der *ARGO* nicht erkannt wurde? Haben Ihre Wachoffiziere falsch gehandelt? Was ging auf der Brücke vor? Mangelnde Aufmerksamkeit? Ablenkung? Nun reden Sie schon, Mann!"

Silvio Gabianes schüttelt langsam und nachdenklich seinen Kopf: „Meine Vermutung ist, dass die Echolote versagt haben, als sie den zu geringen Wasserstand nicht anzeigten. Aber – fragen Sie bitte die beiden Wachführer, Herr Richter."

Der Richter schweigt aber, nimmt stattdessen das Logbuch der *ARGO* zur Hand, blättert die Seite mit den Eintragungen der Nacht auf, in der das Schiff havarierte und tuschelt erneut mit dem Beisitzer. Der stellt nun die Fragen: „Ich lese Ihnen mal vor, was hier steht. Beziehungsweise, was hier nicht steht. 20 Uhr, Wache Bonnhoff. Schiff auf Ankerposition. Wetter ruhig, keine besonderen Vorkommnisse.

24 Uhr Wachwechsel, Übergabe an die Wache Mangelsdorff, keine besonderen Vorkommnisse.

Sagen Sie mal, haben Sie sich keine Gedanken darüber gemacht, ob Ihr Schiff vielleicht treibt? Ob die Anker überhaupt halten? Ob sich die Wassertiefe eventuell ändert? Wo war Ihre Sorgfalt in dieser Nacht, meine Herren? Sie waren in schwierigen Gewässern. Kannten Sie sich dort aus? Haben Sie den Lotsen hinzugezogen? Haben Sie die Echolote beobachtet? Ich finde keinerlei Eintragungen darüber!"

Beklemmende Stille. Man könnte eine Stecknadel fallen hören. Die beiden Wachoffiziere senken die Köpfe. Da meldet sich plötzlich der junge Matrose Dunker zu Wort: „Also, Herr ... äh, Herr Beigeordneter: Wir haben schon aufgepasst. Ich war Ausguck in der Wache von Herrn Mangelsdorff und hab kein Vertreiben bemerkt. Und die Echolote, die liefen auch. Und ich nehme an, dass die Offiziere die Tiefenalarme eingeschaltet hatten, weil das ist doch selbstverständlich, wenn man in flachem Wasser ankert, so hab ich das jedenfalls gelernt ...!"

„Aber warum haben die Alarme nicht funktioniert?", will der Beisitzer wissen, „und warum haben Sie nicht wenigstens die Wassertiefen eingetragen und damit nachgewiesen, ob und wie die sich veränderten. Wissen Sie, was ich glaube, Herr Vorsitzender? Hier herrscht ein klarer Fall von grober Fahrlässigkeit vor. Ich habe in all den Verhandlungen, denen ich beiwohnen durfte, keine derart sorglosen Wachoffiziere erlebt wie diese beiden Herren von der *ARGO*."

Der Richter lehnt sich zurück und sieht Bonnhoff und Mangeldorff in die Augen. Eine Minute lang. Im Saal ist es totenstill. Dann steht Wachoffizier Bonnhoff auf und geht zum Richtertisch. Seine Stimme ist leise, kaum zu verstehen. Aber dann geht ein Ruck durch seinen Körper, seine Gestalt strafft sich. Er blickt in den Zuschauerraum, dann den Vorsitzenden an: „Also gut – ich kann nähere Angaben machen, Herr Richter. Ich muss allerdings vorher sagen, dass ich keine Namen nennen darf, weil man ... ja, weil ich erpresst werde."

Aufgeregtes Murmeln im Zuschauerraum. Dann der Richter: „Meine Herrschaften, bitte halten Sie doch Ruhe! Also, Herr Bonnhoff, womit kann man Sie erpressen? Und zu welchem Preis? Ich meine, wer kann ... na gut, ich will sie nicht unterbrechen, bitte sagen Sie uns, was Sie wissen!"

„Ja. Also das war zwei oder drei Tage nach der Grundberührung. Ich hatte die Wache von 20 bis 24 Uhr und war allein auf der Brücke. Da kam plötzlich einer der Passagiere herein. Er verwickelte mich in ein Gespräch über die Grundberührung und stellte mir allerlei Fragen, so ähnlich wie Sie, Herr Richter. Also zum Beispiel, wie das passieren konnte und so. Und dann wollte er einen Blick in das Brückenlogbuch werfen. Und da hab ich ihn rausgeworfen. Aber er blieb einfach da. Und dann ... tja, dann hat er mich erpresst. Er hat behauptet, das er die Tiefenalarme der beiden Echolote ausgeschaltet hat und dass ich und auch mein Kollege Mangelsdorff das nicht bemerkt hätten. Ja, und wenn er das ... äh ... also, wie soll ich sagen? Wenn er das an die Zeitungen melden würde, dann ... ja, dann wären wir unsere Patente los. Wegen Unfähigkeit. Oder Fahrlässigkeit. Ja ..."

Nach diesen Worten lugt Bonnhoff erst einmal unauffällig zu Ralf Steinhaus, um dessen Reaktion zu testen. Der scheint angespannt zugehört zu haben. Und als der Richter fragt: „Sagen Sie mal, ein Passagier? Der will etwas an die Zeitungen bringen? Das machen eigentlich nur ... Reporter. War der Passagier vielleicht ein ... ein Reporter?"

Als sei dies das Stichwort zu seiner sofortigen Flucht zu sein, springt Ralf Steinhaus auf, reißt hastig sein Kamerastativ mit der teuren Hasselblad an sich, schiebt es mit zwei Handgriffen zusammen und versucht, die fünf Meter zum Ausgang aus dem Saal 12 zu schaffen. Aber es ist zu spät. Denn Bonnhoff, der ihn als Einziger kennt und ihn beobachtet hat, durchschaut sein Vorhaben sofort und reagiert blitzartig: „Das ist er!" schreit er in den Saal, „halten Sie den Mann fest, schnell! Das ist Steinhaus, der Reporter ... der Erpresser!"

Die beiden Justizwachtmeister haben keinerlei Mühe, Ralf Steinhaus am Verlassen des Saals zu hindern. Der brüllt zwar noch ein „Alles gelogen, lassen Sie mich sofort los, Ihr seid wohl alle verrückt geworden!", aber es hilft ihm nichts. Denn nun schreitet Petersen ein und ersucht die beiden, Reporter Steinhaus Handschellen anzulegen. Das geschieht auch unter dessen heftigem Protest.

Der Richter aber unterbricht die Verhandlung: „Herr Petersen, wie verfahren wir jetzt mit dem Mann ... äh ... wie war doch der Name? Steinhaus, richtig? Also mit dem Herrn Steinhaus? Das ist mir denn doch ein äußerst wichtiger Zeuge, den ich gerne nachträglich befragen möchte, wenn die Staatsanwaltschaft nichts dagegen hat."

„Keine Einwände meinerseits, Herr Richter. Aber wenn Herr Bonnhoff recht haben sollte mit seinen Vorwürfen gegen Herrn Steinhaus, dann wird mir klar, warum der so übereilt den Saal verlassen wollte. Und deshalb möchte ich ihn so schnell wie möglich dem Untersuchungsrichter vorführen, nicht wahr? Oder wollen Sie, Herr Steinhaus, hier vielleicht gleich zu den Aussagen des Herrn Bonnhoff Stellung nehmen? Haben Sie tatsächlich die Echolote manipuliert?"

Ralf Steinhaus holt erneut tief Luft zu einem Tobsuchtsanfall. Doch dann besinnt er sich eines Besseren. Nein – jetzt will er seinen großen Auftritt haben und auskosten. Sein Gesicht verzieht sich zu einer hässlichen Fratze, als er sich dem Richtertisch zuwendet und hervorstößt: „Ja, meine Herren, ich habe die Tiefenalarme der beiden Echolote ausgeschaltet. Und wissen Sie, warum ich das gemacht habe? Um genau das zu provozieren, was Sie gerade eben bestätigt haben, Herr Beisitzer! Ich hätte es in meinen Berichten für die Presse, die ich heute nachmittag noch herausgeben werde, nicht besser formulieren können. Sie haben mir die Worte förmlich aus dem Mund genommen!

Ja – ich bin Journalist. Wir Journalisten sind Aufklärer. Manchmal wühlen wir im Schlamm, um Machenschaften aufzudecken. Aber auch, um Unfähigkeit anzuprangern. Manchmal stellen wir Fallen, um Verdächtige stolpern zu lassen. Wir einfachen Journalisten können Dinge verändern, wie Politiker es niemals zu tun wagen. Weil wir unabhängig sind, während sie sich ständig ängstlich darum bemühen, es allen recht zu machen. Ich will mit meiner Berichterstattung erreichen, dass ein Passagierschiff wie unsere *ARGO* nicht erneut so schlecht vorbereitet in ein derart gefährliches Seegebiet geschickt wird und dass anstelle so unerfahrener und pflichtvergessener Offiziere wesentlich besser Geeignete auf der Brücke stehen müssen. Wir sprechen also dieselbe Sprache, Herr Richter. Habe ich recht oder etwa nicht?"

Nachdem der Vorsitzende abermals den Tumult im Saal geschlichtet hat, nimmt er zu den Worten Steinhaus' Stellung und seine Stimme ist dabei nicht frei von feiner Ironie: „Herr Steinhaus, zunächst vielen Dank für Ihr Geständnis. Das erleichtert uns die Arbeit heute ganz außerordentlich. Des Weiteren erläutere ich Ihnen hiermit, dass Sie sich in bornierter Arroganz und überheblicher Selbstüberschätzung eines schweren Vergehens schuldig gemacht haben, nämlich des „gefährlichen Eingriffs in den Schiffsverkehr". Sie werden deshalb von einem ordentlichen Gericht zur Verantwortung gezogen werden. Im Übrigen bitte ich Sie, es uns zu überlassen, wie wir hier mit den anwesenden Schiffsoffizieren der *ARGO* verfahren , ja?"

Und zu Petersen gewandt, fährt der Richter fort: „So – jetzt können Sie den Herrn Steinhaus mitnehmen. Die beiden Wachtmeister werden Sie sicher gerne dabei unterstützen."

Aus den Reihen der Zuschauer erklingt gehässiges Gelächter. Dieses Mal aber greift der Vorsitzende nicht ein.

Noch am selben Nachmittag um 16 Uhr ziehen sich der Vorsitzende und seine Beisitzer für eine Stunde zur Beratung in das Hinterzimmer von Saal 12 zurück. Dann erscheinen sie wieder, um dem Auditorium und der Schiffsleitung der *ARGO* ihren Seeamtsspruch zu verkünden, der an Deutlichkeit und Ernst nichts auslässt:

Im Falle der Grundberührung des unter deutscher Flagge fahrenden Passagierschiffes MS *ARGO* aus Bremen kommt das Seeamt Emden zu den folgenden Erkenntnissen:

Das von der *ARGO* befahrene Seegebiet, die Nordwestpassage, ist ein an sich schon schwieriges Gewässer. Es ist bezüglich der Wassertiefen nur spärlich vermessen und weder durchgehend und überall betonnt noch für Nachtfahrt befeuert. Das zur Verfügung stehende Seekartenmaterial ist wenig aktuell und geht auf die durch Eisgang, Stürme und starke Strömungen verursachten ständigen Veränderungen der Fahrrinnen und Beschaffenheit der Ufer und des Grundes der Gewässer nicht ein. Diese Tatsachen verschuldet indes niemand, denn bis heute ist die Nordwestpassage eine äußerst wenig befahrene Wasserstraße. Der einzige namhafte Schiffsverkehr besteht aus den wenigen Passagierschiffen, deren Fahrgästen eine Kreuzfahrt dort zu horrenden Preisen als „Abenteuerreise" angeboten wird. Diese Passagiere unterschreiben sogar Einverständniserklärungen, die die Reedereien im Falle einer Havarie von jeglicher Haftung befreien. Aus dem vorher Gesagten mag deutlich werden, dass jeder Reeder dort auf eigene Gefahr fährt. Daran ändert auch die Anwesenheit eines einheimischen Lotsen nichts. Auch er kann nichts anderes leisten, als die Seekarten zu interpretieren und die Schiffsleitung nach bestem Wissen zu beraten. Das aber ist zuwenig für eine Schiffsleitung wie die der *ARGO*, die über keinerlei Erfahrung oder gar Vorkenntnisse über die kanadische Arktis verfügte, als sie von Cambridge Bay nach Resolute auslief. Andererseits kann man einem Reeder nur wenige Vorwürfe machen: Woher hätte er eine erfahrene Brückencrew nehmen sollen? Es gibt kaum eine!

Man mag es der Schiffsleitung auch kaum vorwerfen, dass sie sich nahezu unkritisch dem Rat des Lotsen anschloss, bei King William Island dicht unter Land zu ankern. Was hätte sie ihm entgegnen sollen?

Was in der Nacht der Grundberührung wirklich geschah, lässt sich aus den Aussagen der Wachoffiziere Bonnhoff und Mangelsdorf allein nicht rekonstruieren. Sie wissen ja selber nicht, ob das Wasser in der Simpson Strait fiel, ob die Anker nicht hielten und die *ARGO* abtrieb oder warum es sonst zu der Grundberührung kam. Hier nun liegt die Tragik dieses Seeunfalles, die uns zu dem abschließenden Urteil zwingt: Aus dem Geständnis des Journalisten Steinhaus, er selbst habe die Echolote so manipuliert, dass sie die Verringerung der Wassertiefe nicht akustisch gemeldet haben, ergibt sich zwangsläufig die Ereigniskette, dass die Grundberührung vermeidbar gewesen wäre, wenn die Echolote nicht abgestellt worden wären, denn dann wäre die *ARGO* wohl noch rechtzeitig mit eigener Kraft freigekommen. Das Versäumnis der Wachoffiziere wird besonders deutlich anhand der fehlenden Eintragungen im Logbuch. Niemand hat die Lote beachtet. Hätten die Offiziere dies aber pflichtgemäß nach guter sorgfältiger Seemannschaft getan, dann wäre ein Festkommen des Schiffes höchstwahrscheinlich auch ohne den akustischen Alarm der Lote vermieden worden.

Damit ist die Grundberührung letztendlich dem fahrlässigen Verhalten der beiden Wachoffiziere zuzuschreiben.

Eine Übertragung der Verantwortung auf den diensthabenden Kapitän Herrn Gabianes ist ebensowenig geboten wie auf den krank danieder liegenden Kommodore Schröder. Dem glaubhaften Bericht des Bordarztes Dr. Groth zufolge war Herr Schröder nicht schuldig dienstunfähig. Er ist inzwischen genesen und hat ebenso glaubhaft versichert, die Grundberührung nicht bemerkt zu haben. Herr Gabianes hat Nachtruhe in seiner Kammer gehalten und war nicht verpflichtet, die Arbeit seiner beiden Inhaber der Befähigungszeugnisse AWG (Wachoffizier für Große Fahrt) zu kontrollieren. Er hätte dies tun können, wenn er ihnen nicht das gebotene Vertrauen entgegengebracht hätte.

Das Seeamt stellt abschließend fest, dass der Unfall der *ARGO* auf Fehler in der Schiffsführung zurückzuführen ist.

Gemäß dem Wortlaut des § 3 Absatz 2, Satz 1 Seeunfalluntersuchungsgesetzes ist erkannt worden, dass – im Wortlaut des Gesetzes – den Beteiligten eine Eigenschaft fehlt, die zur Berufsausübung (hier) als Schiffsoffizier erforderlich ist.

Als fehlende Eigenschaft haben wir die dringend gebotene Sorgfalt bei der Beobachtung aller Bedingungen erkannt, die zum unfallfreien Betrieb eines Seeschiffes unter allen nur denkbaren Umständen erforderlich ist. In diesem Sinne haben es die Beteiligten vor allem unterlassen, die Wassertiefe unter dem Schiff zu beobachten.

Gemäß Seeunfalluntersuchungsgesetz § 19 Absatz 1, Satz 1 hat das Seeamt Befähigungszeugnisse zu entziehen, wenn eine nach § 3, Absatz 2, Satz 1 erforderliche Eigenschaft fehlt. Die Entziehung kann befristet werden.

Das Seeamt entzieht hiermit den Schiffsoffizieren Herrn Gert Bonnhoff und Herrn Günter Mangelsdorff ihre Befähigungszeugnisse AWG (Wachoffizier für große Fahrt) für die Dauer von zwei Jahren. Die Befähigungszeugnisse sind unverzüglich bei dem Seeamt abzuliefern. Danach ist eine Berufsausübung in der entsprechenden Befähigungsstufe untersagt.

Eine schriftliche Ausfertigung dieses Spruches wird Ihnen umgehend zugestellt.

Gegen diesen Spruch ist Widerspruch zugelassen bei dem Oberseeamt innerhalb einer Frist von zwei Monaten.

Die Verhandlung ist geschlossen.

Epilog

Die beiden Offiziere Bonnhoff und Mangelsdorff legten keinen Widerspruch gegen den Spruch des Seeamtes Emden ein. Nach Eintreten der Rechtskraft des Spruches wurden sie von ihrem Reeder Hans Heinrich Langenkamp „wegen Wegfalls ihrer Beschäftigungsmöglichkeit" fristlos entlassen. Gert Bonnhoff fand für zwei Jahre Arbeit in der Befrachtungsabteilung einer Seehafenspedition und fährt heute wieder als Dritter Offizier bei einer monegassischen Tankerreederei. Günter Mangelsdorff hängte die Seefahrt an den Nagel und gründete eine Tauchschule auf den Kapverdischen Inseln.

Ralf Steinhaus wurde vor dem Landgericht Bremen wegen „schweren gefährlichen Eingriffs in den Schiffsverkehr" zu einer Freiheitsstrafe von fünf Jahren verurteilt. Hans Heinrich Langenkamp erreichte als Nebenkläger eine zusätzliche Verurteilung auf Schadensersatz und Steinhaus verlor dadurch seine sämtlichen Einkünfte aus den Presseberichten über die Grundberührung und aller Honorare aus der TV-Dokumentation über die Abwrackung der Schiffe im indischen Alang. Er lebt seit der Haftentlassung auf Basis von Arbeitslosenhilfe in einer Einzimmerwohnung, die ihm vom Sozialamt vermittelt wurde und bezahlt wird. Einer bezahlten Arbeit geht er nicht nach, weil jede Einnahme sofort gepfändet würde. Seine Schadensersatzzahlungen an die Reederei *Atlantic Lloyd* belaufen sich zur Zeit auf umgerechnet etwas über 200 000,- Euro. Die Grundberührung der *ARGO* kostete mit allen Folgekosten rund zwei Millionen Euro. Das Schiff wurde vier Wochen nach der Grundberührung in Montreal aus dem Dock entlassen und war wegen seiner - wenn auch zweifelhaften - „Berühmtheit" auf allen nachfolgenden Reisen voll ausgebucht. Inzwischen hat es auch eine weitere Reise in die Nordwestpassage unternommen, bei der es erneut auf Grund lief, dieses Mal allerdings an anderer Stelle! Man könnte glatt auf den Gedanken kommen, dass Grundbrühungen Programm sind ...

Dr. Sylvia Steinhaus hat sich von ihrem Mann getrennt. Sie verkaufte ihren Anteil an der Privatklinik in Bergzabern an den Miteigentümer. Mit dem Millionenerlös gründete sie eine gemeinnützige Stiftung und kaufte mit Kurt Schröder, der vom *Atlantic Lloyd* ebenfalls fristlos entlassen worden war, eine vierzig Meter lange sechzig Jahre alte holländische Tjalk, die auf einer Werft in Haarlem umgebaut und modernisiert wurde. Auf diesem herrlichen Segelschiff, das den Namen *Grote Hoop* trägt, leben Kurt und Sylvia in ihrer gemütlichen und komfortablen Wohnung im Achterschiff im Winter. Im Sommer segelt die *Grote Hoop* mit bis zu fünfzehn Jugendlichen in den wunderschönen Gewässern der Ostsee. An Bord lernen die aus Problemfamilien stammenden Kinder Sozialverhalten und Disziplin, Verantwortungsbewusstsein und Kameradschaft, das Handwerk der Seeleute und die Achtung der Natur. Dann ist auch Valerie Schröder oft an Bord. Sie kocht fantastische Seemannskost und bewirkt mit ihrem milden und ausgeglichenen Wesen bei den jungen Leuten wahre Wunder. Alle lieben Valerie.

In Alang werden nach wir vor Ozeanriesen abgewrackt, die in den Hochöfen der indischen Stahlfabriken landen. Nach wie vor sterben jedes Jahr etwa tausend Schrottarbeiter an Verbrennungen, Vergiftungen, Knochenbrüchen und Infektionen. Umgerechnet auf abgewrackte Schiffstonnage sind es etwa 10 Männer pro Schiff von der Größe der einstigen deutschen Superfähre *FINNJET*. Die ereilte 2008 ihr Schicksal ...